As Compras e a Gestão de Materiais

As Compras
e a Gestão de Materiais
ESPECIFICIDADES NA ADMINISTRAÇÃO PÚBLICA

2012

Mário Bernardino
Administrador Hospitalar

AS COMPRAS E A GESTÃO DE MATERIAIS
ESPECIFICIDADES NA ADMINISTRAÇÃO PÚBLICA
AUTOR
Mário Bernardino
EDITOR
EDIÇÕES ALMEDINA, S.A.
Rua Fernandes Tomás, nºs 76, 78, 80
3000-167 Coimbra
Tel.: 239 851 904 · Fax: 239 851 901
www.almedina.net · editora@almedina.net
DESIGN DE CAPA
FBA.
PRÉ-IMPRESSÃO
EDIÇÕES ALMEDINA, S.A.
IMPRESSÃO E ACABAMENTO
PENTAEDRO, LDA.

Maio, 2012
DEPÓSITO LEGAL
343901/12

Apesar do cuidado e rigor colocados na elaboração da presente obra, devem os diplomas legais dela constantes ser sempre objecto de confirmação com as publicações oficiais.
Toda a reprodução desta obra, por fotocópia ou outro qualquer processo, sem prévia autorização escrita do Editor, é ilícita e passível de procedimento judicial contra o infractor.

 | GRUPOALMEDINA

BIBLIOTECA NACIONAL DE PORTUGAL – CATALOGAÇÃO NA PUBLICAÇÃO
BERNARDINO, Mário
As compras e a gestão de materiais : especificidades na Administração Pública. – (Manuais universitários)
ISBN 978-972-40-4817-8
CDU 35
       005

"Para enfrentar o desafio é preciso um ponto de partida.
Este começa num mapa do saber da empresa em quatro áreas:

- *Saber o quê (know what)*
- *Saber como (know how)*
- *Saber porquê (know why)*
- *Criatividade a partir da auto motivação dos colaboradores".*

(Thomas Davenport)

Agradecimento especial:

- *À minha mulher,*
- *À minha filha;*
- *Ao meu amigo Lourenço.*

PREFÁCIO

1. "As Compras e a Gestão de Materiais" é uma obra que se inscreve no longo percurso que a afirmação da "gestão empresarial" num contexto de administração pública tradicional ainda vive e que, no caso da saúde, tem assumido características de uma "quase saga", desde a longínqua década de 60 até hoje, com muitos avanços mas também com alguns recuos.

Mas abordar a "Gestão de Materiais" é também passar o enfoque do plano da gestão global para um aspeto sectorial, o que ressalvadas algumas exceções oriundas da área puramente financeira ou, com menor frequência, da área dos recursos humanos, não é usual.

Trata-se de uma dimensão crescentemente importante da gestão em saúde em que as despesas com consumíveis, fornecimentos e serviços externos ganham peso e significado no contexto de uma atividade em que, tradicionalmente, a interação humana se impunha, também em termos financeiros, às outras componentes da atividade em saúde fortemente sempre dominada por outro tipo de questões e, designadamente as que têm a ver com a origem e a aplicação dos recursos, quase sempre a nível dos sistemas de saúde e muito poucas vezes descendem à análise da eficiência a nível da gestão das organizações que os integram.

Isto é, por uma vez, não estamos a "abafar" uma realidade crescentemente importante, através do recurso depreciativo ou simplesmente desvalorizador à qualificação como "questões administrativas".

E essa quase "nova cidadania" é mérito que também tem que ser imputado à obra que estamos a prefaciar.

E se continua a ser essencial analisar tudo o que tem a ver com a origem e a distribuição dos recursos em saúde, é demasiado redutor deixar por aqui a discussão, subvalorizando aspetos sectoriais da gestão como se eles também não estivessem integrados na busca de eficiência e de efetividade que a tem que orientar e o combate aos "desperdícios" ou (como diz o autor) aos esbanjamentos, não fosse uma via quase sem alternativa para tentar equilibrar recursos limitados com necessidades extremamente elásticas.

Por isso, sem querer, com estas curtas palavras preliminares, distrair o leitor da autêntica chamada de atenção que a Parte I deste livro encerra, não posso deixar de me associar ao esforço de revalorização de um sector que, nas unidades de saúde, ganha peso em cada dia e em que, na área da saúde, os esforços de racionalização e inovação são inadiáveis.

2. O debate sobre o financiamento das prestações de saúde ou, se quisermos ser mais compreensivos, dos sistemas de saúde tem sido uma quase constante nas últimas décadas com os defensores dos modelos de financiamento público (baseado no imposto) a divergirem dos que defendem níveis de participação financeira dos consumidores no ato final de consumo[1].

Debate que tem sido inconclusivo ou pelo menos duvidoso, embora provavelmente mais influenciado pela movimentação (reconhecidamente pendular) decorrente dos "ciclos políticos" do que pelos méritos da argumentação trocada que aliás e em boa parte, associa à dimensão técnica, dimensões de cariz visivelmente ideológico.

Mas neste contexto de discussão há uma coisa que para todos, dos políticos aos economistas da saúde, parece consensual.

Há toda a probabilidade de que, no futuro, as despesas de saúde subam ou, mais precisamente, continuem a subir. Consenso que até ultrapassa a clara imprevisibilidade do consumo de cuidados de saúde comandado que é, não pela vontade de consumir mas pelo "sentido de necessidade".

Razões de vária ordem (algumas até bem positivas porque traduzem aumento de esperança de vida e de bem estar), contribuirão para a concretização desta previsão:

- Umas são razões, de natureza claramente demográfica (ocasionadas pelo prolongamento da vida e pelo envelhecimento da população);
- Outras são ocasionadas por viragens epidemiológicas que agravarão, provavelmente, "o peso da doença na sociedade";

---

[1] O que não exclui o recurso a mecanismos voluntários de seguro.

PREFÁCIO

- Outras decorrerão do progresso e das novas tecnologias;
- Com menos motivo de celebração, outras ainda estão associadas sobretudo aos comportamentos da população (aos chamados estilos de vida).

Mas, enquanto as despesas de saúde subirão, outros tipos de despesas decrescerão, refletindo o crescente valor que a sociedade dá à saúde relativamente a outros tipos de consumos.

Esta expansão seria, no entanto, suportável num quadro de expansão ou de estabilidade económica, isto é se a questão se resumisse ao facto da saúde se preparar para comer uma fatia maior de um bolo que também está a crescer ou que, pelo menos, não está a diminuir.

O que não acontece e faz com que a dúvida não esteja apenas em se podemos/devemos gastar mais em saúde (eventualmente à custa de outros consumos) mas também sobre quem vai pagar e como é que vai ser paga essa opção.

Os cuidados ou as prestações de saúde são, recorrentemente, apresentados como "um bem central", isto é, como um bem que, não só satisfaz necessidades individuais como também dá satisfação a necessidades gerais da população.

"Bem central" que, ainda por cima, representa hoje uma parte muito significativa da economia de cada país, sendo raros aqueles em que fica aquém dos 10% do respetivo Produto Interno Bruto.

Ao que acresce o facto do sector da saúde, muito embora suscite bastos motivos de satisfação, designadamente pelos enormes progressos conseguidos, ser ao mesmo tempo alvo de muitas críticas, designadamente:

- Pela dimensão e pelo ritmo de crescimento dos custos com a saúde;
- Pelas desigualdades que ainda marcam o seu acesso;
- Pela qualidade das prestações que põe em causa demasiadas vezes a segurança dos doentes.

Estamos pois num sector em que ao legítimo orgulho pelos bons resultados obtidos, se associam problemas extremamente delicados o que justifica plenamente que, já em 1989, Enthoven e Kronick lhe chamassem um "paradoxo de excessos e carências"[2].

---

[2] Enthoven, A. Kronick, R. – A consumer-choice health plan for the 1990s. New England. Journal of Medicine. 1989; 320:29

No cerne desta situação está o desequilíbrio entre os recursos que são como acontece frequentemente em muitos sectores da área social, apresentados como limitados e as necessidades que, em função da elasticidade que lhes é atribuída, são quase infinitas.

E, hoje, um dos maiores desafios das políticas de saúde, situa-se nas fronteiras desse "gap" e tem como questão central a sua eliminação ou pelo menos a sua redução para promover ou, pelo menos, para manter os bons resultados que se têm obtido.

Trata-se de um desafio que suscita inúmeras e delicadas questões, umas mais substanciais do que outras mas que começam invariavelmente por uma questão de tipo metodológico:

- Como abordar o desequilíbrio recursos/necessidades?
- Devemos atacar a vertente escassez de recursos ou vamos antes pela segunda – as necessidades em saúde e a enorme elasticidade com que hoje se manifestam?
- A primeira alternativa tem, natureza quase exclusivamente financeira, estejam na sua origem falhas do financiamento ou a má utilização dos recursos atribuídos.
- Mas será aconselhável avançar por aqui, injetando novos (quer dizer ... mais) recursos nos sistemas de saúde?

É que, mesmo que não atravessássemos um período de intensas e extensas dificuldades, uma eventual resposta afirmativa, levanta imediatamente outras questões.

Qual a extensão dos recursos necessários?

No que se refere às necessidades, não é fácil obter a sua quantificação, embora se saiba que conhecem um acelerado processo de crescimento que, esse sim é possível estimar.

Para tal e recorrendo às "despesas correntes em cuidados de Saúde" em Portugal que, de algum modo e por defeito[3] refletem as necessidades do sistema de saúde português, verificamos que, entre 2000 e 2008 (dados provisórios), passaram de 10.942,953 para 16.359,652 milhares de euros[4].

---

[3] Por defeito porque, valerá a pena recordar que há necessidades que, por não serem atendidas, não chegam a traduzir-se em despesa.
[4] Saudados.

PREFÁCIO

Trata-se de um aumento muito significativo (quase 50% em 8 anos) e com uma taxa de crescimento anual que quase sempre ultrapassa os 6%.

E recorde-se que estamos perante necessidades não estabilizadas e que, agora mais do que nunca, os sistemas de saúde atravessam um período (que a crise avoluma) e em que, as prestações de saúde são identificadas como um bem que, uma vez produzido, deve estar disponível para toda a comunidade, havendo pois uma enorme absorção pela comunidade de qualquer inovação ainda que apenas anunciada.

Mas, para além deste facto, uma qualquer resposta faz "explodir" imediatamente uma outra questão que é a de saber:

Quem é que irá disponibilizar esses novos recursos?

O sistema de saúde português baseia-se no financiamento público e muitos autores defendem que o financiamento público é o modo mais eficiente e sobretudo equitativo de financiar as prestações de saúde, sublinhando que o financiamento privado é menos eficiente até porque o risco não está sediado em plano coletivo.

Assim sendo, a adoção, em exclusivo ou predominantemente desta via obrigaria a um reforço do financiamento coletivo a médio prazo, continuando a discutir-se se sob a forma de impostos ou regressando a modalidades de seguro social.

Mas o financiamento privado, só por si, e preservando a acessibilidade e consequentemente a universalidade de um sistema de saúde, não poderá resolver os desequilíbrios recursos/necessidades atrás referidos.

Pode desenvolver um papel válido quando, associado a sistemas de financiamento público, for utilizado para promover alguma competição, para corrigir certos aspetos da prestação feita em contextos específicos como os da utilização excessiva em regimes de gratuitidade ou de suporte ao acesso alternativo e voluntário a cuidados de baixo custo e em que a preferência possa ser valorizada.

São perguntas que não são fáceis porque as respostas estão prenhes de consequências, não se vislumbrando candidatos para suportar de boa vontade esse ónus e, quer no plano individual, quer em termos de sociedade organizada, haver fundadas dúvidas sobre as reais disponibilidades para mobilizar recursos mais financeiros adicionais e/ou reencaminhar novos contributos para o sector da saúde.

Não parece pois óbvia a reposta e esta delicada questão mesmo que se consiga um balanço ideal entre as duas alternativas.

Assim sendo e perante as dificuldades na resposta á questão sobre quem é que vai disponibilizar os novos recursos, é natural que se equacionem, intervenções sobre a segunda vertente do desequilíbrio apontado (as tais necessidades crescentes).

O que também não parece promissor se atentarmos na reduzida capacidade de intervenção sobre os fatores que serão indutores do crescimento das necessidades, suscitando-se dúvidas e reservas sobre as medidas a que recorrer para, por esse lado, conter ou mesmo racionalizar uma expansão que tem sido explosiva:

Excluindo medidas de índole financeira, neste quadro de desequilíbrio entre recursos e necessidades, não há ilimitadas alternativas de intervenção.

Sem querer ser esgotante:

- Introduzem-se limitações (técnicas, geográficas, administrativas) ao acesso afetando em maior ou menor extensão a acessibilidade e a universalidade da cobertura?
- Raciona-se a oferta de prestações?
- Estabelecem-se prioridades no acesso?
- Regula-se de modo mais ou menos apertado a introdução de novas tecnologias quer a nível de diagnóstico quer a nível de terapêuticas?

Não seriam, medidas nem inovadoras nem originais.

Só que não convém esquecer que este tipo de medidas, se podem conter a expressão das necessidades não as reduzem, pois elas continuam a existir para além das barreiras que forem criadas.

O que significa que estas serão sempre "medidas contracorrente" porque que vão contra as expectativas dominantes que a evolução dos ganhos em saúde tem alimentado.

Mas a menor viabilidade de medidas que aumentem os recursos escassos ou reduzam necessidades que têm uma invulgar elasticidade, não condena a saúde a viver sem resposta para este falso dilema.

É bom recordar que o problema do "gap" recursos/necessidades, também tem a ver com a utilização menos eficiente de recursos que assim se tornam ou parecem escassos perante o conjunto de necessidades.

Isto é e por outras palavras, a superação deste "gap" é, no plano micro e antes de mais, um problema de gestão, pois pode envolver o processo de coordenação de atividades de uma organização ou de um sistema para que possam ser realizadas com eficiência e efetividade os seus objetivos.

PREFÁCIO

Voltando às afirmações iniciais é uma situação que requer a adoção de medidas de gestão global e outras de natureza sectorial.

Se, tradicionalmente eram as despesas com pessoal que, nos sistemas de saúde consumiam a parte mais significativa dos recursos, concentrando a intervenção dos maiores esforços para obter ganhos de eficiência, essa realidade vai-se esbatendo, assumindo hoje um significado cada vez maior no conjunto das despesas de saúde as aquisições de bens e serviços e com fornecimentos externos.

Muito claramente este livro, "As Compras e a Gestão de Materiais" orienta-nos numa parte menos iluminada e percorrida dessa terceira via que também aposta nos ganhos de gestão e na atenuação ou eliminação dos desperdícios para reequilibrar uma situação em que o crónico "paradoxo de excessos e carências" quase se transforma num dilema que só contempla saídas dolorosas.

Não tenho e se calhar muitos de nós não têm, certezas nestas áreas. Mas não é também a dúvida e a vontade de a confirmar ou infirmar que faz avançar o conhecimento?

Vamos pois a isso.

VASCO PINTO DOS REIS
Lisboa, novembro de 2011

LISTA DAS PRINCIPAIS ABREVIATURAS

€	Euro
ABC	Regra dos 20x80, *management by exception*
ADSE	Assistência aos Doentes Servidores do Estado
AIM	Autorização de introdução no mercado
ANCP	Agência Nacional de Compras Públicas
Art.	Artigo
Arts.	Artigos
CCP	Código dos Contratos Públicos
CE	Conselho Europeu
CEE	Comunidade Económica Europeia
Cfr.	Confrontar
CPA	Código do Procedimento Administrativo
CPV	*Common procurement vocabulary*
CRP	Constituição da República Portuguesa
DGCC	Direção-Geral do Comércio e da Concorrência
DL	Decreto-Lei
DR	Diário da República
DSE	Direitos de Saque Especiais
EPE	Entidade Pública Empresarial
FCS	Fatores críticos de sucesso
InCI	Instituto da Construção e do Imobiliário
INFARMED	Autoridade Nacional do Medicamento e Produtos de Saúde, I.P.
IVA	Imposto sobre o Valor Acrescentado
JIT	*Just-in-time*

JOUE	Jornal Oficial da União Europeia
LEO	Lei de Enquadramento Orçamental
LOPTC	Lei de Organização e Processo do Tribunal de Contas
PIB	Produto Interno Bruto
SA	Sociedade Anónima
SNS	Serviço Nacional de Saúde
SPA	Sector Público Administrativo
v.g.	*verbi gratia* – por exemplo
VMI	*Vendor managed inventory*

INTRODUÇÃO

No âmbito do sector público administrativo e do sector empresarial do Estado, são regularmente divulgados relatórios de entidades especializadas que identificam esbanjamentos e assinalam percentagens significativas de desperdício na gestão de materiais. O processo de *"procurement"* é normalmente apontado como a componente principal dessa ineficiência. São referidas necessidades de competência das equipas, verificando-se grandes dificuldades na identificação e definição de requisitos e especificações técnicas dos materiais, na negociação e no desenvolvimento dos processos de compra.

Este trabalho faz uma abordagem à gestão de compras inserida na gestão de materiais que integra e garante a função aprovisionamento como atividade e suporte fundamental. É o resultado de um conjunto de reflexões alicerçadas em anos de vivência e observação da realidade. Com o objetivo de empregar teorias e conceitos apropriados, desenvolveu-se uma pesquisa bibliográfica e confirmou-se a aplicação de algumas metodologias existentes. Dada a natureza do trabalho suficientemente sintético, em que cada capítulo conserva relativa autonomia, não se pretende extrair dele nenhuma conclusão em especial. Ambiciona-se, apenas, dispor de um manual com reflexões aparentemente "soltas", às quais se procurou garantir uma certa sequência e unidade, sem intenção de elaborar conceitos mas sugerir perspetivas que, por si só, possam contribuir para o avanço de um pequeno passo no conhecimento.

A compilação em três partes facilita a consulta dos assuntos em função dos interesses em concreto. A primeira parte deste manual salienta a interação da gestão de materiais com a estratégia das empresas abordando alguns temas centrais como a gestão das organizações, as dimensões da logística, as políticas de aprovisionamento, os modelos de gestão de produtos e a sua aplicação em saúde que, dada a sua especial complexidade, se institui um campo de eleição para o estudo destas matérias.

Na segunda parte são analisados os aspetos jurídicos das compras e particularmente os considerados mais importantes no âmbito da locação ou aquisição de bens e serviços na Administração Pública, salientando-se o estudo do regime de realização das despesas públicas e do regime material da formação dos contratos na perspetiva do controlo da despesa pública. Pretende--se apresentar um enquadramento jurídico dos conceitos e instrumentos utilizados no processo de realização de despesa e contratação pública.

A terceira parte apresenta alguns modelos de documentos e peças processuais de particular importância na tramitação dos procedimentos contratuais atualmente regulados pelo Código dos Contratos Públicos. Pretende oferecer respostas a questões mais comuns relacionadas com o suporte da fundamentação da despesa e apresentar modelos práticos de implementação dos procedimentos de aquisição.

Tem como destinatários todos aqueles que estão diretamente envolvidos ou se preparam para assumir responsabilidades na área de gestão de materiais das empresas. É de particular interesse para aqueles cuja atividade se desenvolve no âmbito do serviço público.

Parte I
Gestão de Materiais e Aprovisionamento

Nesta primeira parte procuramos interpretar o papel da função compra e o seu enquadramento com as demais linhas de força da empresa. A identificação das funções elementares e a sua correlação define o modelo de "organização interna" da empresa e constitui condição essencial para a sustentabilidade.

Se a gestão de capitais e dos recursos humanos é tradicionalmente confiada a duas funções específicas, a gestão de materiais é responsável por todas as atividades, tarefas e rotinas que dizem respeito à transferência de bens e serviços externos para dentro da empresa e a administração dos mesmos até serem consumidos ou empregues no processo de produção, operação ou venda.

Em muitas empresas, a despesa com consumíveis, fornecimentos e serviços externos e imobilizações[5] é similar à componente salarial. Assim, a despesa com bens e serviços[6] é uma componente que merece especial atenção e que, pela sua expressão, abre caminho a um enorme potencial interventor ao nível da gestão e, em particular, da gestão de materiais.

---

[5] Entendam-se por imobilizações, todos os elementos patrimoniais que se destinam a ser utilizados e a permanecer nas empresas durante vários exercícios económicos e que exigiram o desembolso de quantias importantes (Nabais, 1997).

[6] Entendemos como despesas com bens e serviços, por oposição às "despesas com pessoal", as "outras despesas correntes" (despesas de funcionamento) e as "despesas de capital" (terrenos,

AS COMPRAS E A GESTÃO DE MATERIAIS

A gestão de materiais é uma atividade em plena evolução que deve ser desenvolvida por colaboradores especializados, competentes e preparados para as técnicas de venda dos fornecedores. Não pode estar subordinada à produção com estatuto de menoridade mas, pelo contrário, deve ser uma função de previsão e planeamento próxima da decisão estratégica com influência no futuro da empresa.

Apresentamos alguns apontamentos sobre as principais reflexões que contribuem para a definição de uma política de compras, particularmente no âmbito da Administração Pública[7]. Será desejável que cada responsável utilize e desenvolva os necessários raciocínios, com vista a implementar um sistema de aprovisionamento eficaz. Qualquer aprofundamento referente a um tema especial poderá ser encontrado na bibliografia especializada.

Qualquer que seja a qualidade da política de aprovisionamento adotada, é de primordial importância a escolha de colaboradores com perfil adequado às funções e a criação de uma estrutura de gestão apropriada de forma a garantir o sucesso.

Por outro lado, mostra-nos a experiência que algumas boas políticas e bons sistemas de organização do aprovisionamento, podem não funcionar se a estrutura não tiver sido estabelecida em consonância com os objetivos definidos para a empresa. Não existe uma técnica especial elegível, devendo o bom senso presidir às reflexões que permitam a consecução da melhor política de aprovisionamento com uma estrutura equilibrada e eficaz.

---

construções e instalações) ou de "investimento" (instrumentos e equipamentos). As *despesas de funcionamento* incluem as resultantes da compra de material de consumo corrente, de secretaria e equipamento de curta duração adquirido ao longo do ano, gastos de água, gás e eletricidade, aquisições de serviços, etc. Nos *terrenos, construções e instalações*, incluem-se as despesas com a aquisição de terrenos e construção ou compra de edifícios, incluindo trabalhos de beneficiação, alteração ou manutenção de edifícios. Nos *instrumentos e equipamentos*, incluem-se as despesas com a aquisição de grandes instrumentos e equipamentos (média ou longa duração), programas e documentação de software, sistemas e aplicações.

[7] Entendemos a Administração Pública, na esteira de Freitas do Amaral, como o conjunto de órgãos, serviços e agentes do Estado, bem como das demais entidades públicas e seus funcionários, que asseguram em nome da coletividade a satisfação disciplinada, regular e contínua das necessidades coletivas de segurança, cultura e bem-estar (Amaral, 1984).

Nos próximos capítulos iremos tentar perceber algumas das questões fundamentais para a organização da função aprovisionamento. Antes disso, vale a pena recordar os importantes contributos das teorias da gestão para entender o impacto das atividades de *"procurement"* e de gestão de stocks na estratégia das empresas.

1. A GESTÃO DE MATERIAIS NAS EMPRESAS
1.1. As Origens das Teorias da Gestão

Qualquer política de aprovisionamento deve ser sempre pensada e determinada no âmbito da estratégia geral da empresa, coerente com ela, com as outras políticas funcionais (produção, comercial, etc.) e com a estrutura de gestão instituída. A estrutura, como parte da Organização, diferencia as atividades no sentido horizontal (departamentalização) e no sentido vertical (hierarquia). Escrevemos Organização com a primeira letra maiúscula como sinónimo de empresa, para a distinguir de outras realidades como função (o ato de organizar) e estrutura.

Quando falamos de gestão, importa evocar que alguns princípios como a *divisão do trabalho*, a concentração de esforços e recursos e a *especialização*, se encontram profundamente enraizados, quer na teoria económica, quer mesmo na ciência militar, e a sua origem parece ter acompanhado a evolução da própria humanidade (Santos, António; 1998).

Adam Smith[8] terá defendido que *"a especialização e a racionalização da produção aumentavam a produtividade, quando propôs o exemplo clássico da fabricação de agulhas: os operários eram mais produtivos quando cada um se especializava apenas na execução de uma tarefa específica simples e repetitiva, do que quando*

---

[8] *Adam Smith* (1723-1790) foi um economista e filósofo escocês. É o pai da economia moderna e considerado o mais importante teórico do liberalismo económico. Autor de "Uma investigação sobre a natureza e a causa da riqueza das nações", na qual procurou demonstrar que a riqueza das nações resultava da atuação de indivíduos que, movidos apenas pelo seu próprio interesse, promoviam o crescimento económico e a inovação tecnológica. Adam Smith ilustrou bem seu pensamento ao afirmar "não é da benevolência do padeiro, do açougueiro ou do cervejeiro que eu espero que saia o meu jantar, mas sim do empenho deles em promover seu *autointeresse*". Apontado como o primeiro a invocar a importância do interesse próprio, defendia que o objetivo económico eticamente aceitável seria a maximização do lucro próprio, mas respeitando os princípios éticos fundamentais.

todos tinham que desempenhar todas as atividades inerentes à produção de uma agulha". E que *"deve orientar a atuação do todo o chefe de família prudente, nunca produzir em casa aquilo que lhe custa mais produzir do que comprar".*

Também, segundo *Lipsey*,[9] a especialização do trabalho revela-se extraordinariamente eficiente, quando comparada com a autossuficiência, por duas ordens de razões (Lipsey, 1980):

- *"As capacidades e habilidades individuais diferem e a especialização permite que cada pessoa faça aquilo que pode realizar melhor, deixando que o resto seja executado por outros;*
- *Uma pessoa que se concentre apenas numa única atividade, torna-se necessariamente melhor no desempenho dessa atividade do que se tivesse que dispersar a sua atenção e energia no desempenho de uma série de atividades".*

Estes conceitos foram adotados pela teoria da gestão, no virar do século XIX, gerando duas teorias distintas, ainda que complementares: a *teoria da gestão científica* e a *teoria clássica da gestão.*

Teoria da gestão científica

A *teoria da gestão científica* terá tido origem nos Estados Unidos, a partir dos trabalhos de *Frederick Taylor*[10]. *Henry Ford*[11] é normalmente apontado como um dos seguidores pelo facto de ter implementado as mesmas ideias nas suas fábricas.

As preocupações fundamentais desta corrente (Santos, António; 1998) prendiam-se com o aumento da produtividade, através do aumento da eficiência ao nível operacional, apoiada na máxima atribuída a *Taylor* de que (*one and only best way*) *"só há uma melhor maneira de desempenhar um tarefa".*

---

[9] *Richard George Lipsey,* (nascido em 28 de agosto de 1928) é um economista e académico canadiano. Ganhou o prémio *Schumpeter 2006* para o melhor escritor sobre economia evolucionista.

[10] *Frederick Winslow Taylor* (1856-1915), inicialmente técnico em mecânica e operário, formouse em engenharia mecânica. É considerado o "Pai da Gestão Científica" por propor a utilização de métodos científicos cartesianos na administração de empresas.

[11] *Henry Ford* (1863-1947) foi o fundador da *Ford Motor Company* e o primeiro a aplicar a "montagem em série" de forma a produzir automóveis em massa, em menos tempo e a um menor custo. A introdução de seu modelo *"Ford T"* revolucionou os transportes e a indústria dos Estados Unidos. Como único dono da *Ford Company*, tornou-se num dos homens mais ricos e conhecidos do mundo.

Só através da divisão do trabalho e da especialização era possível melhorar a eficiência produtiva, daí a focalização excessiva nas tarefas.

Foi com este objetivo que defenderam a decomposição de cada atividade em tarefas elementares, simples e repetitivas, e ao estudo do tempo e dos movimentos necessários para a sua execução da "forma correta". A partir daí, eram definidos padrões de desempenho, em relação aos quais era avaliado cada operário. Competia aos gestores (com responsabilidades de planeamento e controlo), a seleção criteriosa dos operários mais habilitados à execução de cada uma das tarefas, e dos instrumentos a utilizar e a supervisão do trabalho, compensando e punindo os operários em função da avaliação do desempenho (considerando o salário como a única fonte de motivação dos trabalhadores).

Teoria clássica da gestão

A segunda corrente teve origem em França, com os trabalhos de *Henry Fayol*.[12] Embora partilhe, em grande medida das ideias de *Taylor*, em particular as referentes aos benefícios da especialização e da divisão do trabalho, enquanto conducentes ao aumento da eficiência e produtividade, a teoria clássica da gestão não se foca exclusivamente nas tarefas, preocupando-se sobretudo com a estrutura e o funcionamento das Organizações. Preocupa-se fundamentalmente com a análise da estrutura hierárquica. Põe o acento na linha de comando. Tenta caracterizar as funções de cada responsável hierárquico. Sendo que ao gestor compete *prever, organizar, comandar, coordenar e controlar*. Cada subordinado deve ter uma única linha de mando, sendo valorizadas a autoridade e responsabilidade, a disciplina, o espírito de corpo e de iniciativa.

Foi assim que *Fayol* nos legou, na sua obra *"General and Industrial Management" (1916)*, os famosos catorze princípios da gestão (Santos, António; 1998):

> *1. Divisão do trabalho: considera-se que é fundamental para permitir a especialização necessária à garantia da eficiência.*

---

[12] *Jules Henri Fayol* (1841-1925) foi um engenheiro de minas francês, fundador da Teoria Clássica da Gestão e autor de *"Administração Industrial e Geral"*. Orientou seu trabalho para a empresa como um todo, procurando cuidar da empresa de cima para baixo, complementando as ideias adotadas por Taylor e Ford.

2. *Autoridade e responsabilidade: são vistas como mecanismos fundamentais para assegurar o bom desempenho das atividades, através de recompensas e punições.*
3. *Disciplina: determinada pela capacidade de liderança, de argumentação e de aplicação judiciosa de punições.*
4. *Unidade de comando: cada funcionário deve receber ordens de apenas um superior hierárquico.*
5. *Unidade de direção: as atividades relacionadas com um determinado objetivo devem ser coordenadas por um mesmo plano e por um mesmo responsável.*
6. *Subordinação do interesse individual ao interesse geral.*
7. *Remuneração do pessoal: importa sobretudo que seja justa, que encoraje o bom desempenho, mas que não seja excessiva (o respetivo método deve ser selecionado com cuidado).*
8. *Concentração: as Organizações necessitam de um determinado grau de centralização, que permita a coordenação das suas atividades. No entanto, o grau de centralização/descentralização a adotar, deve ser o que melhor uso fizer das capacidades dos trabalhadores.*
9. *Linha de comando: a comunicação deverá fluir de cima para baixo, dos níveis mais elevados para os mais baixos. É admissível a comunicação horizontal, desde que os superiores sejam informados.*
10. *Ordem: é fundamental que, tanto as pessoas como as instalações, os equipamentos, os stocks, etc., estejam no seu devido lugar, para ser mais fácil a organização e execução das atividades.*
11. *Equidade: tratamento dos empregados com justiça e cortesia. Dessa forma se melhorará o seu desempenho e tornam-se mais leais.*
12. *Estabilidade do pessoal: deve ser evitada a rotação do pessoal, devido ao tempo requerido para a formação do substituto.*
13. *Iniciativa: o espírito de iniciativa dos empregados deve ser encorajado, dentro dos limites da autoridade e disciplina.*
14. *Espírito de corpo: deve ser encorajado o espírito de colaboração e cooperação entre os trabalhadores.*

Desenvolvimento das teorias da gestão

Max Weber[13] tentaria mais tarde generalizar a máxima de *Taylor* às Organizações como um todo. Aplica às Organizações o seu método de análise

---

[13] *Maximilian Carl Emil Weber* (1864-1920) foi um intelectual alemão, jurista e economista, considerado um dos fundadores da Sociologia.

– um modelo puro de Organização (*modelo burocrático da Organização*). O *modelo weberiano* da Organização – *burocracia*[14] – é o paradigma da administração racionalizada. Cultiva a predeterminação de tudo e em todos os níveis. Formula regras e papeis a serem desempenhados pelos indivíduos. O indivíduo tem apenas que seguir comportamentos prefixados e determinados. Todas as situações estão previstas. O sistema é fechado e imutável face ao exterior que se pode prever e caracterizar. *Weber* é levado a concluir que a Organização mais eficiente correspondia à mais mecanizada, que denominou de "*rational-legal organization*" em contraste com aquilo que designava de Organizações "carismáticas" e "tradicionais".

Mais tarde, surge a *Abordagem Comportamentalista*[15], como contraponto e em oposição direta às abordagens clássicas. Antagoniza o que eram os pensamentos dominantes em matéria de gestão empresarial. O Homem tem de ser o ponto de partida e chegada de qualquer análise do funcionamento organizacional. Só através do estudo do comportamento humano se pode entender o comportamento organizacional (ponto de partida). As Organizações devem ser estruturadas à medida dos seus trabalhadores (ponto de chegada). Os novos trabalhadores eram indivíduos que apresentavam índices culturais e expectativas muito diferentes das do operário indiferenciado do início do século. Por outro lado, a sofisticação tecnológica veio exigir cada vez mais a aplicação intelectual do trabalhador. O esforço físico do trabalhador era substituído pela máquina. O homem deixava de ser visto como um mero elemento do sistema interno da Organização e passava a ser visto como um todo, um ser humano. O comportamento humano começava a ser visto como o elemento crucial, o verdadeiro objeto do estudo das Organizações. A motivação e o relacionamento interpessoal passaram a ser considerados a chave da eficiência produtiva.

---

[14] A "burocracia" é um termo híbrido, composto pelo francês, *bureau* (escritório) e pelo grego, *krátos* (poder ou regra) que significa o exercício do poder pelos funcionários dos escritórios.
[15] *John Broadus Watson* (1878-1958) (EUA), psicólogo, é considerado o fundador do *comportamentalismo* ou, simplesmente, *behaviorismo*. *Behaviorismo* (comportamento, conduta), é o conjunto das teorias psicológicas (dentre elas a *Análise do Comportamento*, a *Psicologia Objetiva*) que postulam o comportamento como o mais adequado objeto de estudo da Psicologia. Apresenta a Psicologia como um ramo puramente objetivo e experimental das ciências naturais. A finalidade da Psicologia seria, então, prever e controlar o comportamento de todo e qualquer indivíduo.

Sucedem as *abordagens pragmáticas e sistémicas* da gestão das Organizações, com o objetivo de proporcionar, ao gestor, as ferramentas adequadas à orientação da produção para o resultado que o mercado procura. Estudam-se conceitos como a gestão por objetivos, a inovação e o marketing. Conceptualiza-se a empresa como um sistema social aberto em interação dinâmica com o meio envolvente.

Atualmente, como berço dos mais famosos sistemas de organização da produção industrial, é no país do "Sol Nascente" que, nas últimas décadas, se verifica uma revolução silenciosa na gestão, particularmente, na indústria automóvel. No âmbito das ferramentas de gestão, termos japoneses ficaram célebres como:

- "kaizen" – melhoria contínua;
- "genba" – termo japonês que significa "o lugar real" e que estabelece a necessidade de ir a casa do cliente/consumidor, conhecer os estilos de vida e entender seus problemas para se implementar um sistema de qualidade na empresa orientado para esse cliente;
- "kanban" – um sistema de cartões para operacionalizar o "just-in-time" (método de gerir existências que visa eliminar todas as fontes de desperdício, com vista a conseguir um volume de stocks zero) nos fornecimentos à produção; e
- "muda" – combate ao desperdício onde se inclui a ideia de "zero defeitos" para uma gestão de custos ao iene.

A procura obcecada pela qualidade com as suas equipas "auto-organizadas" e uma certa forma de "gestão participativa" tornou-se uma marca japonesa, mais tarde exportada. Recentemente (Rodrigues, 2008), uma multinacional desenvolveu um estilo de gestão que assenta em três pilares:

- Maximização do papel das redes de comunicação e da interação entre os trabalhadores;
- Experimentalismo e gestão das contradições como processo evolutivo de inovar;
- Valorização da sabedoria que vem da experiência.

As redes de comunicação permitem uma circulação rápida, entre empregados e quadros, do conhecimento tácito que vem da experiencia.

Incentiva a expressão de opiniões e o confronto de contradições sendo, também, um método de difusão do saber. Elege-se o culto do experimentalismo, em particular quando aplicado a "metas impossíveis", segundo rotinas rígidas desenvolvidas de acordo com uma cábula de oito passos (Rodrigues, 2008):

- Clarifique qual o problema;
- "Parta" o problema em pedaços;
- Defina um alvo;
- Analise a raiz do problema;
- Desenvolva contramedidas;
- Observe bem a evolução dessas contramedidas;
- Monitorize os processos e resultados;
- Transforme em "standard" o processo que resulta.

Em resumo, as novas teorias de gestão defendem como metodologia de atuação nas Organizações o *"learning organization"*: *"criar, desenvolver e aplicar o conhecimento com vista à excelência"*. O conhecimento é a base do desenvolvimento e da gestão das Organizações.

Tanto a "decomposição de cada atividade em tarefas elementares" da teoria de gestão científica, como a "preocupação com a estrutura e o funcionamento das Organizações" que caracteriza a teoria clássica da gestão e, ainda, a procura de uma forma de "gestão participativa"[16] com equipas "auto-organizadas", constituem a base do desenvolvimento das novas teorias de gestão das Organizações mas, também, são os pilares da gestão de materiais, como elemento estruturante daquelas.

A gestão de materiais implica a obrigação primeira de garantir a atividade logística da Organização e deverá desenvolver-se segundo uma estrutura de funcionamento que acautele a máxima eficiência das tarefas elementares dessa atividade. Razão pela qual deve acompanhar a evolução das teorias de gestão das Organizações e ser pioneira na incorporação dos novos conceitos.

---

[16] A gestão participativa caracteriza-se, essencialmente, pelo envolvimento dos colaboradores nas principais decisões que afetam a Organização, mas também, pela assunção de responsabilidades, por parte desses colaboradores, com vista à implementação das medidas decorrentes daquelas decisões.

AS COMPRAS E A GESTÃO DE MATERIAIS

1.2. Gestão das Organizações
Conceito de "organização"

O conhecimento adquire-se quando se estabelece uma clarificação e delimitação dos conceitos. O conceito de gestão de materiais nas Organizações é a nossa causa. Conhecer a Organização é o princípio. Podemos identificar três sentidos que a linguagem, quer corrente quer técnica, atribui à palavra "organização" (Rocha J. N., 1992/1993):

- *Organismo* (sinónimo de empresa em sentido lato) é a realidade viva, corpo social, sistema sócioténcico[17] perspetivado para a concretização de um ou múltiplos objetivos;
- *Função* (atividade de organizar) conjunto de atos que concorrem para a realização dos objetivos da empresa;
- *Estrutura*, como parte da organização, é a diferenciação das atividades no sentido horizontal (departamentalização) e no sentido vertical (hierarquia).

Função e *estrutura* são duas realidades inseparáveis na empresa. Conforme já foi referido, para efeitos deste trabalho, denominamos Organização (com a primeira letra maiúscula) quando aplicada como organismo, sinónimo de empresa em sentido lato, para a distinguir das outras duas realidades.

---

[17] O modelo sociotécnico (com origem nos trabalhos desenvolvidos no Instituto Tavistock de Londres, nos anos 50) parte da abordagem de que a Organização, enquanto sistema de produção, recebe (importa) matéria-prima (energia, informação, recursos,...) do meio envolvente, processa essa matéria-prima, através de uma *conversão*, em energia, informações, produtos acabados ou semiacabados e serviços, que são depois expedidos (exportados) conforme exigências do meio envolvente. Segundo este modelo, a Organização é concebida como um sistema estruturado em dois subsistemas: *Subsistema social,* que compreende os trabalhadores com suas características fisiológicas e psicológicas, o seu nível de qualificação (formação e experiência), as relações sociais dentro da organização e as condições organizacionais do trabalho; *Subsistema técnico,* que compreende as tarefas a serem realizadas e as condições técnicas para a sua realização, envolvendo o ambiente de trabalho, as instalações, as máquinas, os equipamentos, as ferramentas e os procedimentos e normas operacionais, inclusive as condicionantes temporais para cada operação.

GESTÃO DE MATERIAIS E APROVISIONAMENTO

Relativamente à *função*, na *dimensão horizontal* da empresa (organismo/ /Organização), diversos autores (Ghiavenato, 1979)[18] (Mintzberg, 1982)[19] identificam a seguinte trilogia básica:

a) *Funções gerais*, respeitam à empresa no seu conjunto e caracterizam- -se "por registarem factos ou resolverem problemas relativos, indis- tintamente, a qualquer das outras funções ou, inclusivamente, a si próprias".

b) *Funções complementares*, aquelas que, com a função principal, interes- sam sobretudo às "operações da empresa".

c) *Função principal*, é a que diz respeito à atividade fundamental da empresa, a que constitui a sua razão de ser, o seu objetivo espe- cífico.

Na *dimensão vertical* da empresa identifica-se outro tipo ou conjunto de *funções* (Ghiavenato, 1979):

a) *Administração*, colocada no primeiro nível, "procura adequar, em cada momento, os recursos aos fins essenciais da empresa. Fixa obje- tivos e planos gerais, faculta meios, coordena sectores assegurando a coerência entre eles, avalia resultados".

b) *Direção*, assume-se como uma atividade de coordenação ou de con- dução técnica de serviços ou grupos de serviços e de controlo do seu funcionamento, podendo ser:
   i. *Direção funcional*, mais abrangente e com responsabilidades de coordenação de vários serviços ou áreas de atividade;
   ii. *Direção operacional*, mais sectorial, responsável pela condução das atividades e pelo respetivo controlo.

c) *Chefia*, responsabiliza-se pela execução.

A *gestão* é transversal ao tipo de funções identificadas. Gestão – é uma arte, traduzível numa *atitude* – ou conjunto de atitudes – *comum às três*

---

[18] Idalberto Chiavenato, nascido em 1936 no Brasil, é um dos autores conhecidos e respeitados na área de Administração de Empresas e Recursos Humanos.

[19] Henry Mintzberg, nascido em 1939 no Canadá, é um autor muito conhecido com diversas obras sobre estratégia de gestão e negócios.

funções (administração, direção, chefia). A designação de gestor tanto pode ser atribuída aos que administram, como aos que dirigem, como aos que chefiam (Rocha J. N., 1992/1993).

FIG. 1 – Funções e Gestão

Funções da Organização		Técnicas da Organização
Dimensão vertical da estrutura	• Administração • Direção • Chefia	Gestão "Management"
Dimensão horizontal da estrutura	• Funções gerais • Funções complementares • Função principal	

Fonte: Adaptado de (Rocha J. N., 1992/1993)

Sobre a gestão das Organizações é de ressaltar a aplicação do modelo de Pfeffer (Pfeffer, 1981). Este modelo baseia-se em dois conceitos considerados fundamentais: o *poder* e a *política*. O poder de alguém influenciar o comportamento de outrem em relação a uma determinada questão. A política é aqui concebida como a estrutura e o processo através dos quais se faz uso da autoridade e do poder no sentido de afetar a definição de objetivos e a determinação da Organização.

Organização e Gestão

A Organização não sobrevive sem um sistema de gestão eficaz. Abarcando toda a Organização, cabe ao *sistema de gestão* dirigir a tecnologia, organizar o pessoal e os outros recursos e cuidar das relações externas (entre a Organização e o ambiente que a rodeia). (Rocha, 1992/1993) "Assim, o *sistema de gestão* de uma Organização deve garantir:

- O *estabelecimento dos objetivos* da Organização tendo em conta as condições internas e externas;
- O *planeamento das atividades* necessárias à realização desses objetivos;
- A *estrutura interna* adequada ao desenvolvimento das diversas atividades;
- A *criação de condições* que permitam uma utilização eficiente e eficaz dos recursos;

GESTÃO DE MATERIAIS E APROVISIONAMENTO

– O *controlo permanente* dos resultados e o seu confronto com os objetivos tendo em vista a tomada das necessárias medidas corretivas".

Cabe, então, ao *sistema de gestão* de uma Organização estabelecer objetivos, planear atividades, garantir a estrutura adequada ao desenvolvimento dessas atividades, criar condições que permitam uma utilização eficaz dos recursos e efetuar o seu controlo.

Para a prossecução desse desiderato, o *sistema de gestão* é constituído por três elementos fundamentais (Mintzberg, 1982) (Rocha J. N., 1992/1993) que, no seu interior, se podem considerar outros tantos sistemas:

a) Os dirigentes – *sistema humano* (de gestão);
b) A tecnologia – *sistema tecnológico* (de gestão);
c) A estrutura hierárquica – *sistema estrutural*.

Tanto os dirigentes como a estrutura hierárquica não precisam de grandes desenvolvimentos para a sua identificação numa Organização. Todavia, estes dois componentes do sistema de gestão têm uma influência relevante no terceiro componente – a tecnologia, entendida como a filosofia e o modelo de gestão (conjunto de conhecimentos e técnicas necessárias à execução das tarefas).

Gestão – sistema decisional
Da interação destes três sistemas (humano, tecnológico e estrutural), no seu ponto de encontro, e como seu grande produto, emerge o *sistema decisional*, com as atividades de *Planeamento, Organização, Liderança, Controlo* e *Informação*.

AS COMPRAS E A GESTÃO DE MATERIAIS

FIG. 2 – Sistema decisional

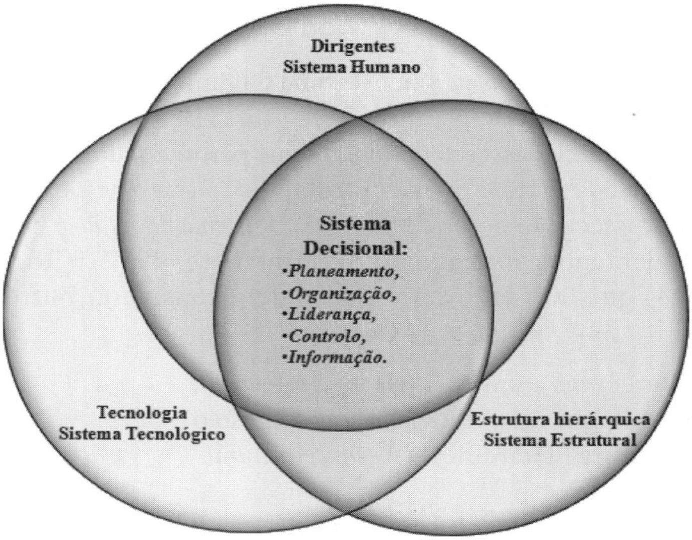

Fonte: Adaptado de (Rocha J. N., 1992/1993)

Este *sistema decisional* contém, por sua vez, cinco subsistemas (Rocha J. N., 1992/1993):

- *Sistema de planeamento* – responsável pela *transformação* das finalidades da Organização em *objetivos de gestão* e pelo estabelecimento dos *planos de ação*;
- *Sistema de organização* – responsável pela concepção e contínua adaptação da *estrutura organizacional* (divisão do trabalho, hierarquia e conjunto de relações funcionais) às finalidades e aos objetivos a atingir;
- *Sistema de liderança* – responsável pela *condução das pessoas*, aos diferentes níveis da estrutura organizacional, para a realização dos objetivos, associados a cada um desses níveis;
- *Sistema de controlo* – responsável pela *interpretação e avaliação dos resultados* fornecidos pelo sistema de informação;
- *Sistema de informação* – responsável pela *captação de dados* internos e externos e pela produção, aos diferentes níveis, da informação necessária a todos os sistemas decisionais, compreendendo, ainda, todo o sistema informal de comunicações interpessoais.

GESTÃO DE MATERIAIS E APROVISIONAMENTO

O entrelaçar dos cinco sistemas constitui o *Sistema Integrado de Atividades de Gestão* responsável pela produção de resultados.

FIG. 3 – Sistema Integrado de Atividades de Gestão

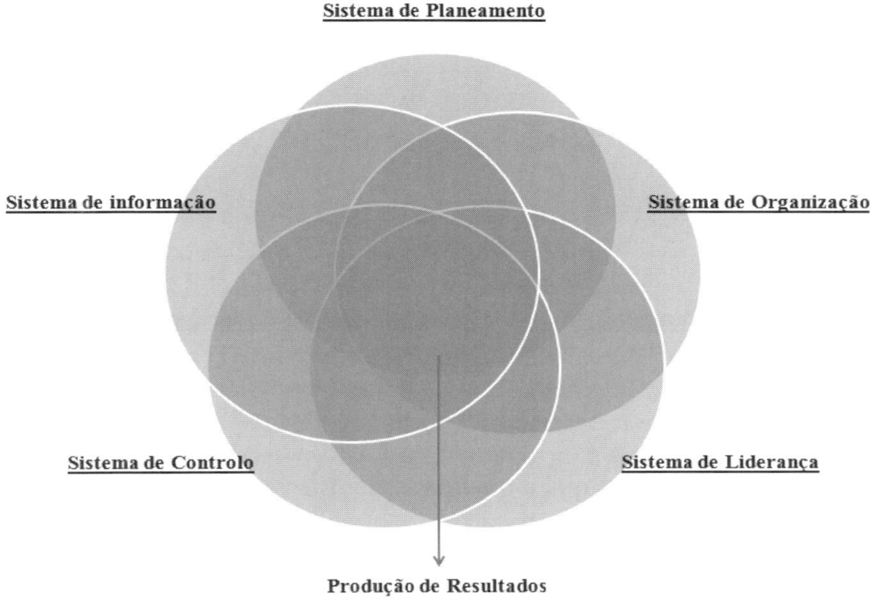

Fonte: Adaptado de (Rocha J. N., 1992/1993)

Por outras palavras, o *sistema de gestão,* constituído pelos três elementos fundamentais (os dirigentes, a tecnologia e a estrutura hierárquica) concebe o *sistema integrado de atividades de gestão* (siag) de onde emerge o *sistema decisional,* com as atividades de *Planeamento, Organização, Liderança, Controlo* e *Informação.*

FIG. 4 – Sistema Integrado de Atividades de Gestão//Sistema Decisional

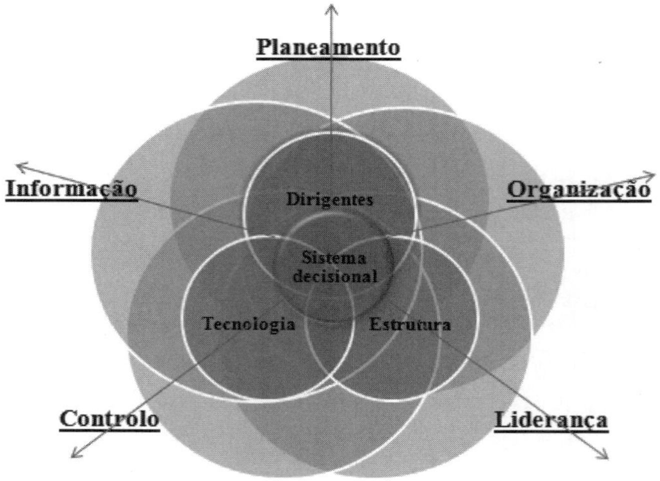

Fonte: Adaptado de (Rocha J. N., 1992/1993)

Devendo afirmar-se que a qualidade do *sistema decisional* e dos 5 subsistemas que o integram (planeamento, organização, liderança, controlo e informação) depende da qualidade do sistema que o gera (siag) e dos seus 3 componentes (dirigentes, tecnologia e estrutura).

Podendo concluir-se que não se obterá um bom *sistema integrado de atividades de gestão* se os dirigentes, a tecnologia e a estrutura forem de inferior qualidade.

Organização – Estrutura

A estrutura de gestão pode ser baseada em centros de responsabilidade, departamentos, serviços e/ou unidades de dimensão gestionária adequada. Implicando a definição de níveis de gestão institucional, intermédia e operacional.

A *gestão institucional ou estratégica* é utilizada por gestores situados no topo da Organização como responsáveis pelo seu funcionamento global. Definem a estratégia da Organização, os seus objetivos, as suas operações mais importantes, as suas normas e a regulamentação interna. Representam a Organização no seu relacionamento interno e externo.

Na *gestão intermédia*, encarregam-se da gestão tática por oposição à gestão estratégica e operacional. Ocupam uma posição entre os gestores de

GESTÃO DE MATERIAIS E APROVISIONAMENTO

nível institucional e os de nível operacional. São os responsáveis pela transformação das estratégias e missão definidas no topo (pela gestão institucional) em objetivos e técnicas de implementação. Cabe aos gestores de nível intermédio encontrar modos de harmonização entre as estratégias da organização e a realidade com que se confrontam os gestores operacionais.

Os gestores de nível *operacional* chefiam diretamente o serviço ou unidade orgânica sob a sua responsabilidade. Dirigem e garantem a execução dos trabalhos em conformidade com as estratégias e objetivos estabelecidos no âmbito da gestão institucional e intermédia. Orientam a atividade e as tarefas em função dos objetivos definidos. Coordenam as atividades dos diversos profissionais em função da sua experiência e competências, com vista à realização das tarefas.

Se ao nível operacional identificamos na estrutura da Organização o serviço e unidade funcional, ao nível da gestão intermédia reconhecemos os departamentos e os centros de responsabilidade.

Em particular, na área da saúde, de acordo com Vasco Pinto dos Reis, "no plano da diferenciação/especialização da atividade hospitalar, tradicionalmente, a organização interna do hospital foi fundada no conceito de "serviço", enquanto unidade polarizadora de recursos homogéneos do ponto de vista técnico e científico. Contudo, o processo de diferenciação do hospital, tornando-o mais especializado e proliferando novas competências, motivou inconvenientes no plano organizacional. Por outro lado verificou-se uma relação muito forte entre dimensão e complexidade dos hospitais e o seu grau de perfomance. Por motivos de estrutura interna, os maiores hospitais tinham piores perfomances."

"Para fazer face a estas preocupações, procurou-se compatibilizar especialização com integração de atividades em busca de melhores *perfomances*, com recurso a novas combinações e agrupamentos. Procurou-se definir novo modelo de divisão do trabalho qualitativamente satisfatório e tecnicamente eficiente que sobreleve o conceito de *serviço*. Surgem então os *departamentos* como unidades de organização e prestação de cuidados, baseados num trabalho pluridisciplinar que permite a colaboração de diversos especialistas médicos no seio da mesma equipa que, assim, assume globalmente a responsabilidade pelas prestações perante o doente e perante o hospital" (Reis V. P., ano VII, Julho/Dezembro).

Assim, os departamentos nascem com o objetivo de, por um lado melhorar a qualidade e a rapidez da tomada de decisão e a eficiência da coordenação quer a nível operacional quer a nível logístico, por outro dar melhor resposta aos utentes quer globalmente quer considerando as suas necessidades individuais. A criação de departamentos visou responder a preocupações de índole predominantemente técnica, propondo-se reunir pessoas e equipamentos que têm objetivos comuns.

Mas se no plano técnico surgiu a figura do "departamento", no plano mais vasto da gestão e no quadro de responsabilização dos diferentes protagonistas nos vários níveis do processo de gestão, o conceito de "centro de responsabilidade" assumiu interesse de relevo. Trata-se de uma integração de unidades funcionais, não por razões apenas do tipo predominantemente técnico, "mas para uma gestão comum".

O Centro de responsabilidade é uma unidade da Organização que dispõe de objetivos próprios orientadores da sua atividade e chefiada por um gestor com poder de decisão sobre os meios necessários à realização desses objetivos, podendo assumir diferentes modelos consoante o âmbito da responsabilidade do centro e a extensão do poder de decisão conferido ao seu responsável. Designa-se *Centro de custo* quando o âmbito da responsabilidade recai apenas sobre os custos e o responsável (gestor) tem poder de decisão sobre os recursos utilizados. Designa-se *Centro de resultados ou Centro de proveitos* quando o âmbito da responsabilidade recai sobre os custos e proveitos, e o responsável tem poder de decisão, não apenas sobre os recursos utilizados (despesas) mas também e através da produção do centro, sobre as receitas da Organização. Com maior autonomia identificamos um *Centro de Investimento* quando o âmbito da responsabilidade recai sobre os custos, proveitos e activos patrimoniais, e o responsável tem não só poder de decisão sobre custos (despesas) e proveitos (receitas) mas também sobre outros elementos patrimoniais activos ou passivos.

Regressando ao processo de decisão na Organização, verificamos que os componentes do sistema decisional (*planeamento, organização, liderança, controlo, informação*) distribuem-se com intensidade e responsabilidade desiguais pelos diferentes níveis de gestão (institucional, intermédia e operacional), ou seja, pelos diferentes níveis da estrutura hierárquica (administração, direção ou chefia).

FIG. 5 – Distribuição do sistema decisional pelos níveis de gestão

Estrutura da Organização	Funções da Organização	Níveis de Gestão	Decisões
• Dimensão vertical da estrutura	• Administração • Direcção • Chefia	• Estratégica ou institucional • Intermédia ou funcional • Operacional	• Estratégicas • Funcionais ou intermédias • Operacionais

Fonte: Adaptado de (Rocha J. N., 1992/1993)

Com as necessárias e ponderadas adaptações, esta estrutura de gestão é aplicável em todas as empresas e, também, nas Organizações de saúde. Apesar das dificuldades próprias e de toda a complexidade existente num conjunto funcional tão heterogéneo e em permanente evolução como o hospital, é possível *instituir um processo decisional e de responsabilidade*, com a criação dos três níveis hierárquicos – o institucional, o intermédio e o operacional – "alimentado" cada um deles pelo adequado e coerente binómio *autoridade-responsabilidade* (Rocha, 1985).

Atribuindo ao termo gestão um alcance tridimensional, o sistema abrange não apenas os que *administram* mas também os que *dirigem* e os que *chefiam* – (*desconcentração*).

Embora com as diferenças inerentes a estas três funções da dimensão vertical, cada uma delas faz o seu uso da tecnologia da gestão:

– Ao *nível institucional*, utiliza-a a administração no seu papel integrador e globalizante – gestão estratégica.
– Ao *nível intermédio*, utilizam-na quer a direção funcional na sua atividade de condução e orientação técnica supra sectorial, quer o segundo nível da administração, a intermédia, atuando dentro dos "centros de responsabilidade".
– Ao *nível operacional*, utilizam-na os dirigentes na sua função de direção e chefia diretas no exercício ou na administração que para este nível seja desconcentrada.

Organização – gestão de materiais

Como à frente desenvolveremos, a "organização interna" das empresas assenta, essencialmente, no planeamento e determinação de cinco políticas de gestão: financeira, recursos humanos, materiais, produção e marketing.

Porque o nosso tema é a abordagem do sistema de gestão de materiais nas Organizações, importa salientar que, também aqui, podemos identificar três elementos igualmente fundamentais: os dirigentes – sistema humano (de gestão); a tecnologia – sistema tecnológico (de gestão); a estrutura hierárquica – sistema estrutural.

Sendo que tanto os dirigentes como a estrutura hierárquica têm uma influência relevante na tecnologia, entendida como o conjunto de conhecimentos e técnicas necessárias à execução da função logística (aqui aplicada como sinónimo de gestão de materiais).

Do mesmo modo, os componentes do sistema decisional (*planeamento, organização, liderança, controlo, informação*) ganham particular intensidade e responsabilidade no âmbito da gestão de materiais. Não haverá boas compras sem o controlo da produção e da gestão dos fluxos de abastecimento desde a saída do fornecedor até ao utilizador final (um serviço da empresa ou um cliente exterior à empresa). Por outro lado, o domínio dos fluxos intangíveis (informação) sobre os fluxos materiais (todo o acervo de material de consumo, serviços e outros bens de investimento em instalações e equipamentos) é fundamental para o sistema logístico. Por conseguinte, é indispensável um adequado planeamento, organização, liderança e controlo de todas as operações.

Também, em caso algum se pode esperar ter um bom sistema de gestão de materiais ou um bom serviço de aprovisionamento operacional na implementação das políticas de abastecimento, se os dirigentes, a tecnologia e a estrutura forem de inferior qualidade.

1.3. A Gestão e a Estratégia
1.3.1. Estratégia da Organização
Estratégia geral da empresa

Se a empresa ou a Organização não sobrevive sem um sistema de gestão eficaz, a inexistência de uma estratégia coíbe a determinação da gestão. Por *estratégia geral da empresa* entende-se o conjunto de decisões que vão afetar a posição da empresa no mercado e a influência que pode exercer no meio envolvente. Estas decisões exprimem-se na definição de *planos de ação*, na implementação de *sistemas de gestão* (métodos de organização e sistemas de controlo) e na elaboração de *orçamentos operacionais*.

A *estratégia* é um conceito de origem grega (*strategus*) entendido com "arte do general". A arte de planear e dirigir campanhas militares. É um termo utilizado e aplicado na teoria económica e na área da gestão, com referência a estrategas militares como Clausewitz[20] ou Sun Tzu[21].

Na área de gestão deve entender-se por *estratégia*, o "onde" a empresa pretende combater o seu inimigo (concorrência). Por oposição à *tática*, o "como" derrotá-lo. A tática não é mais do que a forma como deve ser implementada a estratégia.

A elaboração da estratégia geral da empresa pressupõe o conhecimento dos *dados do sector* (meio envolvente) e dos *recursos da empresa*, conforme esboço que segue.

FIG. 6 – Elaboração da estratégia geral da empresa

Dados do Sector (meio envolvente)	Recursos da Empresa
Dados económicos	
– Conhecimento do mercado (necessidades a satisfazer, tipos de clientela, índice de crescimento,...);	*As competências técnicas das equipas*
– Identificação dos concorrentes (estrutura concorrencial, processos de produção utilizados,...).	*A qualidade e especificidade do produto no mercado*
Fatores de Risco e de Rentabilidade	
– Análise da estrutura de custos (Importância relativa mão de obra/compras,...);	*Os processos utilizados e a forma de organização da produção*
– Variações prováveis dos custos (modificação do produto, riscos de aprovisionamento e dos níveis de stocks,...).	*O nível tecnológico*
Dados técnicos	
– Processos de produção utilizados;	
– Importância dos equipamentos (automatização, evolução tecnológica, vetustez,...);	
– Importância da mão-de-obra (efetivos, qualificações,...).	
Estratégia Geral da Empresa	
Objetivos gerais expressos em termos de posicionamento da empresa no meio envolvente. Estes objetivos estabelecem "metas" a atingir e implicam a definição dos meios adequados para as alcançar.	

Com base nos dados do sector de mercado e nos recursos da empresa será definida a estratégia geral da empresa que incorpora objetivos gerais expressos em termos de posicionamento da empresa no meio envolvente. Estes objetivos estabelecem "metas" a atingir e implicam a definição dos meios (*técnicos*, *humanos* e *financeiros*) para as alcançar.

---

[20] *Carl Von Clausewitz*, general prussiano com escritos sobre a guerra, reunidos em 9 volumes (1832). *Da Guerra*, Livros de Bolso Europa-América.

[21] *Sun Tzu*, estratega militar que viveu no nordeste da China há 2500 anos.

A *estratégia geral da empresa* incorpora a definição de objetivos realistas, hierarquizados e expressos em termos operacionais relativamente às funções de aprovisionamento, produção e comercial.

Também aqui, e com as necessárias adaptações, estes conceitos são aplicáveis nas Organizações de saúde apesar da sua especificidade, dificuldades próprias e de toda a complexidade existente num conjunto funcional tão heterogéneo e em permanente evolução.

Nesta aproximação à área da saúde, poderemos reconhecer que a política comercial poderá não ter a mesma relevância no sector público e no sector privado. Porém, o peso do aprovisionamento e da produção apresentam importância idêntica.

No sector público, a definição dos objetivos da Organização terá em consideração a política de saúde nacional, as linhas orientadoras do Ministério da Saúde e das Administrações Regionais de Saúde que se traduzem em *contratos-programa*. Internamente, as Organizações privilegiam a contratualização com os diretores dos centros de responsabilidade, dos departamentos e dos serviços, que pode ser materializada na assinatura de *compromissos de desempenho*, com metas de produção e orçamentos.

Tanto nas empresas como nas Organizações de Saúde, a preparação e implementação da Estratégia de Gestão assenta na definição dos seguintes aspetos:

– Visão	Imagem do futuro que desejamos. Que aspirações partilhamos. Que rumo queremos seguir. Qual o nosso papel no mundo.
– Missão	Torna a Visão tangível. É a descrição dos elementos-chave para caminhar em direção à Visão: principais produtos ou serviços que oferecemos; principais clientes que temos ou que desejamos ter; vantagens competitivas e diferenciadoras que detemos; principais parceiros e outros *stakeholders*.
– Valores	Conjunto de princípios pelos quais nos orientamos. Como nos comportamos com a comunidade, com os nossos clientes, parceiros e concorrentes. Como nos relacionamos e trabalhamos em conjunto.
– Objetivos estratégicos	Grandes linhas orientadoras de ação para concretizar a Visão.

Particularmente na área da saúde, se a preparação da estratégia apresenta um elevado grau de complexidade quando requer a utilização de profundos conhecimentos sobre os dados do sector (meio envolvente) e sobre os recursos da Organização, a sua *operacionalização* ostenta um nível superior de dificuldade quando interage com:

- a organização interna;
- a Comunidade;
- os hospitais de referenciação;
- os cuidados primários;
- os cuidados continuados;
- a Administração Regional de Saúde.

FIG. 7 – Operacionalização da Estratégia

Nas empresas em geral mas, também, nas Organizações de saúde, ao definir objetivos realistas, hierarquizados e expressos em termos operacionais, a estratégia atua principalmente ao nível da "organização interna".

Em termos de "organização interna" podem ser adotados diferentes *instrumentos e técnicas de gestão* com vista à consolidação da empresa e à prossecução da sua missão:

- Gestão participada por objetivos;
- Contratualização interna;
- Envolvimento, motivação e competição para a eficiência;
- Políticas de responsabilização;

- Sistema de informação fiável;
- Sistemas de monitorização, controlo e de avaliação dos resultados, etc.

FIG. 8 – Instrumentos de gestão

Reconhecemos que a definição da Estratégia das Empresas está orientada para o exterior mas atua ao nível da "organização interna" e assenta, essencialmente, além dos sistemas de controlo e de avaliação dos resultados, no planeamento e determinação de cinco políticas de gestão: financeira, recursos humanos, materiais, produção e marketing.

FIG. 9 – Políticas de gestão

(A "organização interna" assenta no planeamento e determinação de cinco políticas de gestão).

GESTÃO DE MATERIAIS E APROVISIONAMENTO

Já admitimos que a política de marketing poderá não ter a mesma relevância no sector público e no sector privado. No sector privado, o propósito da estratégia tem em vista a maximização do lucro, a criação de "valor" para o acionista e a maximização do "valor" de mercado. Enquanto que na Administração Pública, ambiciona a criação de "valor público", alcançar a visão e o cumprimento da missão com eficácia e eficiência.

Todavia, no sector privado ou no sector público, é essencial reconhecer a necessidade de definir objetivos estratégicos realistas, hierarquizados e expressos em termos operacionais para cada uma destas políticas, constituindo-se como grandes linhas orientadoras para a prossecução da missão.

Assim a função de *Gestão Financeira* deverá estar organizada, tendo em conta a dimensão da entidade (empresa) e complexidade das suas atividades, de acordo com uma estrutura funcional que assegure:

- A contabilidade geral, orçamental e analítica;
- A gestão de contas a receber;
- A gestão de contas a pagar;
- A gestão de tesouraria;
- A adequada segregação das funções de liquidação e de cobrança, quanto às receitas, e de autorização da despesa, de autorização de pagamento e de pagamento, quanto às despesas.

A função *Gestão de Recursos Humanos* deverá estar organizada, tendo em conta a dimensão da entidade e complexidade das suas atividades, de forma a:

- gerir os recursos humanos;
- processar as remunerações dos colaboradores;
- promover uma adequada segregação de funções interna, em termos de registo e autorização dos dados mestre e processamento das remunerações;
- ser independente dos Serviços Financeiros.

A função *Gestão de Materiais*, deverá estar organizada de forma a assegurar as atividades que dizem respeito à transferência de materiais e serviços externos para dentro da Organização e a gestão dos mesmos até serem consumidos ou empregues no processo de produção ou venda.

AS COMPRAS E A GESTÃO DE MATERIAIS

A função *Gestão da Produção* tem por atribuições e responsabilidades:

- definir o plano estratégico para a função;
- definir indicadores de produtividade;
- acompanhar o desempenho dos diversos serviços (departamentos ou unidades de gestão) pela análise de indicadores de atividade e dos resultados operacionais;
- definir planos de implementação das medidas corretivas e acompanhar as medidas implementadas;
- avaliar as medidas implementadas.

Relativamente ao *Marketing*, é de referir que durante muito tempo, a preocupação maior dos dirigentes das empresas foi a produção. As suas preocupações eram, essencialmente, o crescimento da capacidade de produção, a diminuição dos custos e o aumento da produtividade. A satisfação dos consumidores era muitas vezes secundária relativamente à conclusão da venda do produto.

Contrariamente à concepção precedente, a ótica do Marketing reconhece a soberania do consumidor. Portanto, a empresa já não se define apenas em relação ao seu produto, mas em relação às necessidades que procura satisfazer, a fim de melhor se adaptar ao mercado. A empresa tem, necessariamente, de conhecer e analisar as expectativas dos consumidores antes de implementar os seus produtos e determinar as condições de comercialização.

Como mais à frente desenvolveremos, nenhuma empresa pode sobreviver sem vender os seus produtos, isto é, sem satisfazer as necessidades dos consumidores aos quais se dirige. Sob este aspeto, a definição dos instrumentos da política de marketing (o produto, o preço, a distribuição e a comunicação) são pressupostos indispensáveis.[22]

O aprovisionamento e a estratégia da empresa

A política de gestão de materiais deve ser orientada em estreita ligação com a estratégia geral da empresa. Sabemos que os colaboradores do aprovisionamento participam na estratégia da empresa, contribuindo para as decisões estratégicas a tomar nos seguintes aspetos:

---

[22] Ver "Distribuição – Instrumento da Política de Marketing".

GESTÃO DE MATERIAIS E APROVISIONAMENTO

- Decisões estratégicas voltadas para o *exterior da empresa*:
  - Estudos de mercado de compras – realização de ações sistemáticas de pesquisa de informações nos mercados e nos potenciais fornecedores.
- Decisões estratégicas voltadas para o *interior da empresa*:
  - Atividades a empreender no sentido do desenvolvimento dos produtos da empresa (análises de valor e de custos, operações de normalização, etc.);
  - Avaliação sistemática das necessidades dos utilizadores[23] (internos) e planeamento da sua satisfação;
  - Efetivação de políticas de compra, incluindo a política de fornecedores e de produtos, os processos e as negociações (gestão de compras);
  - As opções em matéria de armazenagem, conservação e distribuição (gestão de stocks).

A influência da função aprovisionamento na decisão voltada para o exterior, pode traduzir-se no seguinte:

- O aprovisionamento tem por missão implícita vigiar a evolução das tecnologias para manter a empresa a par de qualquer modificação externa suscetível de interessar, seja ela considerada uma ameaça ou uma oportunidade;
- O seu papel traduz-se igualmente na realização de economias consideráveis resultantes da influência direta no preço de custo dos produtos acabados, fornecendo à empresa uma arma concorrencial.

A política de aprovisionamento deve ser determinada no âmbito da estratégia geral da empresa, coerente com ela e com as outras políticas funcionais, de produção, recursos humanos, gestão financeira e marketing.

Importa estabelecer um esquema metodológico claro que permita determinar uma política de aprovisionamento coerente com a estratégia

---

[23] São utilizadores, os "clientes" do serviço de aprovisionamento. Na prática, todos os serviços da Organização são serviços utilizadores do aprovisionamento na medida em que este é o único serviço com competência para comprar, armazenar e distribuir.

geral da empresa. No âmbito da gestão do aprovisionamento, tal como nas restantes funções, devem organizar-se todas as metodologias e processos que contribuem para a efetivação das políticas definidas na estratégia geral da empresa, implementando:

- Sistemas de previsão;
- Sistemas de gestão de compras e stocks;
- Sistemas de manutenção e substituição de equipamentos;
- Sistemas e modalidades de controlo de qualidade;
- Sistemas de tratamento da informação.

O serviço de aprovisionamento deve garantir a maior articulação com o sector de produção na medida em que o desempenho daquele compromete a concepção dos produtos da empresa, em termos de processo e resultados.

Uma das principais atividades da função aprovisionamento e particularmente do sector de compras, é a escolha de materiais que tem necessariamente repercussões importantes no *resultado final* do produto, nos *processos de produção* e *custos* a ele associados. Por este mesmo motivo, o sector de compras está implicado na *política de qualidade* aplicada na empresa.

A importância que o aprovisionamento assume, está patenteada no lugar que ocupa dentro do organograma da empresa, sendo, nas Organizações mais evoluídas, uma função superior ou de direção ao mesmo nível das restantes funções: técnica, comercial, financeira, produção, etc. (Heinritz & Farrel, 1986).

1.3.2. Particularidades da Gestão em Saúde

As Organizações de saúde são entidades diferentes, em termos de gestão. Lidam com valores únicos, como a vida, a morte, a saúde, o sofrimento, o bem-estar. Na esteira de Vasco Reis, a diferença destas Organizações reconhece-se:

- *no âmbito da sua missão;*
- *nos recursos que mobilizam;*
- *nos processos que dinamizam;*
- *na sua produção e resultados;*
- *na sua envolvente externa.*

Razão pela qual, segundo Caldeira da Silva, "*a Organizações peculiares terá que corresponder uma gestão (e até uma estrutura) especial, diferente*" (Silva, 1984). Sobre esta particularidade acrescenta Vasco Reis que "*se é possível identificar noutras Organizações algumas ou mesmo muitas destas características, em nenhum outro tipo de Organização elas se verificam em simultâneo como na saúde*" (Reis V. P., 2007). A estrutura de gestão do hospital, difere substancialmente dos modelos identificáveis noutro tipo de Organizações, nomeadamente por duas ordens de razões:

- No hospital há um relacionamento muito específico entre a autoridade formal (representada pela chamada hierarquia) e a autoridade técnica (representada pelos profissionais, sobretudo médicos). Este modo de relacionamento tem como consequência "uma estrutura formal algo difusa e única" que alguns autores qualificam como de "*dupla linha de autoridade*".
- Existe uma profunda *diferenciação e especialização* de atividades, o que determina a divisão do trabalho dos profissionais agrupando-os em diversas unidades funcionais.

O reconhecimento da especificidade da gestão das Organizações de saúde tem séculos. Foi reconhecida pelo Rei D. Manuel I, no Século XVI, quando criou a figura do "provedor do hospital". Nos Estados Unidos, início da década de 20, pela Comissão criada pela Fundação *Rockefeller*, pela especificidade da área de administração hospitalar que levou à criação do primeiro Curso, em pós-graduação, na Universidade de Chicago, em 1934. De referir ainda, as grandes escolas do Reino Unido, Suécia e França (esta com o prestígio da Escola de *Rennes*).

Podemos constatar que a gestão em saúde efetua-se em três níveis distintos, embora interdependentes, que podem ser identificados como *Macro*, *Meso* e *Micro*, que se encontram esquematizados no gráfico que segue.

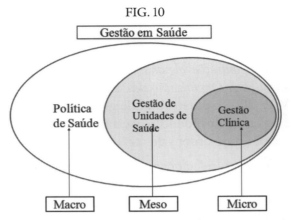

Fonte: Adaptado de Rubio, Vicente Ortún, 2003, "Gestión Clínica y Sanitaria. De la pratica diária a la academia, ida y vuelta", Masson, Barcelona.

O primeiro nível (*Macro*) é normalmente apontado como o mais difícil de delinear, uma vez que a sua ação se encontra condicionada quer pela dificuldade de medição e adaptação às necessidades e às suas alterações frequentes, quer pela ação prática dos agentes nos outros níveis.

Entre os desafios mais importantes da gestão em saúde, em qualquer dos seus níveis, encontra-se a capacidade de promover ações que garantam, simultaneamente:

– aos cidadãos, o acesso em tempo útil aos cuidados de que necessitam (*equidade*),
– aos serviços de saúde, que tenham os recursos de que necessitam para prestar esses cuidados (*efetividade*),
– e ao sistema de saúde, que consiga responder às necessidades dos cidadãos e dos serviços utilizando apenas os recursos adequados para tal (*eficiência*).

Para responder a este desafio e garantir a *equidade*, a *efetividade* e a *eficiência*, é necessário responder adequada e atempadamente aos problemas que surgem, estabelecendo prioridades.

– *Efetividade* significa a capacidade de atingir objetivos utilizando corretamente os recursos disponíveis.

GESTÃO DE MATERIAIS E APROVISIONAMENTO

– *Eficiência* refere-se à melhor relação entre os resultados e os recursos empregues.
– O conceito *value for money* é igualmente aplicável, encontrando-se associado à melhoria dos recursos aplicados e dos resultados subsequentes a estes.

A eficiência económica pode ser favorecida com a concentração de atividades, quando as economias de escala[24] possam gerar poupanças significativas nos custos de produção. Mas, também aqui, a saúde apresenta especificidades. Na verdade um serviço de urgência permanente aberto numa Organização de saúde, apresenta custos fixos do processo de produção demasiado elevados e, para além da adequada reestruturação muitas vezes necessária, não poderão ser reduzidos exclusivamente em função da unidade de produção (número de doentes atendidos) sob pena de não garantir a qualidade exigida na prestação de cuidados. Isto é, os mesmos custos fixos têm necessariamente que existir durante 24 horas independentemente de serem atendidos 500 ou 100 doentes.

Sobre o papel do gestor nas Organizações e a singularidade das suas decisões, Vasco Reis costuma apresentar uma citação de *Webber*, inteiramente aplicável nas áreas da saúde:

"Como o médico, o gestor é um prático. Da mesma forma que o médico utiliza ciências básicas como a química, a biologia ou a fisiologia, o gestor utiliza a matemática, a psicologia, a sociologia. O gestor como o médico, não encontra na ciência todas as suas respostas. Ela não lhe diz tudo quanto ele tem que saber e ele não pode esperar até que ela o faça. Tem que atuar agora. Tem que ir além do que é conhecido com certeza, até ao que é apenas vagamente apercebido. Todos os práticos usam a sua ciência e depois fazem um ato de fé, saltando no desconhecido, não cega ou imprudentemente, mas, apesar de tudo, saltando" (Webber, 1975).

---

[24] Economias de escala refere-se à redução dos custos de produção que é possível obter quando se aumenta a quantidade (escala) produzida e resultam quando os custos fixos do processo de produção são elevados (Bento, 2011). Por exemplo, um bloco operatório cujas instalações tanto podem realizar 1000 como 10.000 intervenções cirúrgicas, obtém economias de escala se conseguir realizar 10.000. Isto é, por quanto mais unidades for possível repartir o custo dessas instalações, mais barato fica produzir cada unidade, uma vez que aquele custo é fixo.

1.3.3. Particularidades da Gestão de Materiais

Segundo Crespo de Carvalho e Tânea Ramos (Carvalho & Ramos, 2009), o desenvolvimento das Organizações tem como suporte três pilares: os acionistas, a organização interna e os clientes. Cada um destes pilares ou drivers desenvolve-se segundo uma lógica própria gerando um paradigma próprio, isto é, um conjunto de teorias próprias, campo de estudo e escola adequadas.

FIG. 11 – Pilares das Organizações

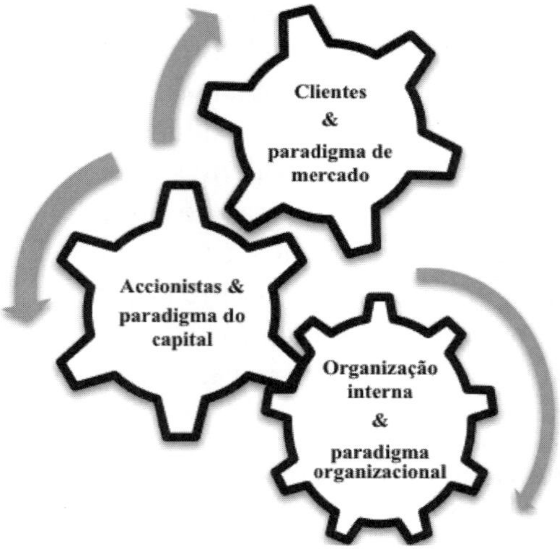

(Três pilares e três paradigmas dentro da empresa)

De acordo com estes autores, o pilar *organização interna* privilegia a componente recursos. Como consumidor de recursos financeiros, ao investir e ao pagar esses recursos (sejam pessoas ou ativos – equipamentos e matéria-prima), obtém produtos, serviços e soluções que o mercado valoriza, comprando (verificando-se acréscimo de valor por via da transação). Deste *driver* emergem escolas e teorias centradas sobre a dimensão e valia dos recursos.

O pilar *acionistas/capital* desenvolve e privilegia a componente financeira e o equilíbrio da estrutura de capitais. Este *driver* é essencialmente financeiro uma vez que o acionista, ao investir um determinado montante, pretende esse mesmo montante acrescido de uma rentabilidade equivalente ao risco.

O *driver clientes/mercado* desenvolve a ideia de que a empresa oferece produtos, serviços e soluções que os clientes adquirem, fazendo entrar dinheiro na empresa. Não sendo o driver mais importante, porque todos são importantes, é por seu intermédio que a empresa constrói e sustenta valor. E valor é dinheiro. Esse dinheiro tem dois fins, alimentar a organização interna e remunerar o acionista.

Todas as Organizações, qualquer que seja a sua atividade, existem para acrescentar valor aos seus *"stakeholders"*. Os três *drivers* são responsáveis pela existência de paradigmas, teorias e práticas diferentes dentro da empresa. Explica a existência de diversas escolas e pensamentos que desenvolvem interpretações muito particulares do valor. Embora se reconheça que o valor é criado pela transação empresa-cliente, a interpretação de valor para a organização interna ou para o acionista é diferente.

O *acionista* tem uma leitura de valor pela valorização atual e potencial das ações. A *organização interna* tem uma leitura de valor pela quantidade e qualidade dos recursos que consegue reunir e disponibilizar. O *mercado* tem uma leitura de valor transacional (dos produtos, serviços e soluções). As transações entre a empresa e o mercado são as fontes geradoras efetivas de dinheiro para a empresa e a sua verdadeira sustentação (Carvalho & Ramos, 2009).

Concluem que, ao contrário das tradicionais áreas funcionais da empresa, *"a gestão logística não tem paradigma, lógica e escola própria. Partilha e desenvolve conhecimentos das várias escolas e paradigmas. Diz-se da logística que é pré-paradigmática. Não tendo paradigma próprio (...) procura gerir elos e consensos entre escolas, pensamentos e paradigmas diversos"*(Carvalho & Ramos, 2009).

Sobre este aspeto importa ter em consideração que os acionistas (paradigma do capital) pretendem obter a máxima rentabilidade do capital investido. Assim como é conhecido o interesse dos clientes (paradigma do mercado) que procuram a máxima qualidade ao preço mínimo. Para completar esta aparente incompatibilidade, os colaboradores procuram obter da organização interna (paradigma organizacional) o máximo conforto e a melhor segurança na execução do trabalho. E, é à volta destes interesses que se desenvolvem modelos próprios de organização, escolas e estudos sobre interpretações muito particulares do valor. Deste modo, sabendo-se que o valor é criado na transação empresa-cliente, no âmbito do paradigma do mercado desenvolvem-se estudos para a definição das políticas de produção e de marketing. No âmbito do paradigma do capital desenvolvem-se estudos para as políticas de gestão financeira da empresa. No âmbito do paradigma organizacional os estudos privilegiam a componente recursos, sejam pessoas ou ativos (materiais, equipamentos, imobilizações e serviços). Destes estudos resultam políticas de gestão de recursos humanos, gestão financeira, gestão de materiais, produção e marketing.

No desenvolvimento deste raciocínio poderemos inferir que, do mesmo modo, a gestão logística em Saúde baseia-se na compatibilidade de três interesses: o utente, o prestador e o financiador. Cada um com uma diferente leitura de valor.

FIG. 12 – Gestão logística em Saúde

(*A área de intervenção é a procura de equilíbrios*)

O *utente/cliente* tem uma leitura de valor associada ao seu bem-estar como resultado da qualidade dos cuidados de saúde obtidos. O *prestador* tem uma leitura de valor associada à disponibilidade e nível de segurança dos recursos (bens/serviços) que consegue reunir. O *financiador* tem uma leitura de valor associada à máxima rentabilidade, ao menor custo e condições de pagamento dos materiais consumidos.

A gestão destes interesses aparentemente divergentes constitui um desafio que caracteriza a especificidade e peculiaridade das Organizações de saúde.

O utente é o início e o fim de todo o raciocínio logístico e tudo se passa em função dele. Importa colocar lado a lado os prestadores de saúde e os profissionais da gestão para que uns e outros possam compreender-se, agindo em conjunto e procurando sempre o benefício da Organização e dos utentes. Nem o prestador de cuidados de saúde deve ver a área de gestão como algo que atrapalha ou inibe a ação, nem a gestão deve ver o prestador como opositor à interiorização de um conjunto simples de princípios, que estão na esteira do bom senso, de forma a conseguir a disciplina e o rigor que são essenciais para sustentar a Organização.

Se os cuidados de saúde são o "*core*", também é verdade que sem gestão os prestadores de cuidados dificilmente conseguirão passar da boa vontade à profissionalização e sustentação das equipas e das Organizações, bem como à responsabilização dos profissionais envolvidos.

A área de intervenção da gestão logística é essencialmente a procura de equilíbrios, de consensos, de soluções balanceadas entre todos os paradigmas. É, assim, "*a procura de soluções que beneficiem o trinómio do custo, do tempo e da qualidade do serviço como um todo*" (Carvalho & Ramos, 2009).

FIG. 13 – Gestão logística e o trinómio

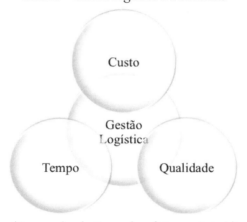

(*Procura de soluções que beneficiem o trinómio*)

As empresas e particularmente as Organizações de saúde dispõem, normalmente, de serviços de aprovisionamento, farmácia, produção, recursos humanos, financeiros, instalações e equipamentos, hoteleiros, comissões de farmácia e terapêutica e comissões de normalização e novos produtos, que devem ter preocupações de carácter logístico. De acordo com Crespo de Carvalho e Tânea Ramos, a necessidade de consensualização e de criação de objetivos conjuntos promove um trabalho de integração e de fronteira que caracteriza a gestão logística.

2. GESTÃO DE MATERIAIS, LOGÍSTICA E APROVISIONAMENTO

O desenvolvimento da logística comporta numerosas origens militares. Em termos militares, pertence à *logística* colocar o pessoal, o material e os abastecimentos adequados, no local próprio, em tempo oportuno e nas melhores condições. Compreender o desenvolvimento destas atividades militares ajuda a perceber a sua aplicação nas empresas.

As atividades logísticas militares compreendem *cinco funções*: abastecimento, transporte, manutenção, evacuação e hospitalização, e serviços. A cada unidade militar cabe executar as diversas funções logísticas próprias (batalhão de engenharia, companhia de saúde, batalhão de transmissões, etc.).

O *"abastecimento"* militar abrange as atividades cujo objetivo é fornecer os artigos necessários para equipar, manter e fazer atuar as tropas.

A função *"transporte"* abrange o movimento do pessoal, dos animais e do material, a direção daquele movimento e a gestão do equipamento e instalações a ele associados.

A *"evacuação e hospitalização"* abrange todas as atividades do sistema de apoio sanitário em campanha e visa a preservação dos efetivos bem como a recuperação dos feridos e doentes por forma a manter as tropas ao mais alto nível.

A função *"manutenção"* abrange todas as atividades cujo objetivo é conservar o material em condições de operacionalidade e assegurar tal condição ao material que a não possui.

A função logística *"serviços"* abrange todas as atividades logísticas não integradas nas funções de reabastecimento, transporte, manutenção, evacuação e hospitalização, nomeadamente, construção, recuperação de material, administração de bens imóveis, descontaminação, lavandaria, alimentação, etc.

Sobre a execução destas funções, são particularmente interessantes as conclusões de Crespo de Carvalho e Tânea Ramos (Carvalho & Ramos, 2009), em que o pensamento militar no teatro de operações assenta, essencialmente, em três grandes pilares: "o *saber*, ligado à estratégia, à informação sobre a capacidade ofensiva do inimigo e seu armamento; o *querer*, ligado à força moral das tropas, à sua resiliência e à capacidade de se superarem; o *poder*, ligado às condições para fazer a guerra, em termos de armamento, tropas, terreno, condições climatéricas, alimentos, medicamentos, transporte, evacuação, etc. Um poder ligado essencialmente a condições de natureza logística".

Podemos afirmar que, também, o sucesso da logística nas empresas está condicionado por estes três predicados, o saber, o querer e o poder. O *saber*, ligado a uma política de aprovisionamento que deve ser sempre pensada e determinada no âmbito da estratégia geral da empresa, coerente com ela, com as outras políticas funcionais (produção, comercial, etc.) e com a estrutura de gestão instituída. O *querer*, ligado à preparação e motivação dos colaboradores, à sua resiliência e à capacidade de se coadjuvarem em função dos objetivos definidos para a Organização. O *poder*, ligado às condições para garantir uma produção competitiva e de superação face à concorrência, em termos eficiência, eficácia e efetividade.

Gestão da cadeia de abastecimento e gestão logística

De acordo com as definições oriundas do *Council of Supply Chain Management Professionals*[25], a gestão da cadeia de abastecimento apresenta um carácter mais abrangente que a logística. Assim, "a *gestão logística* é a parte da gestão da cadeia de abastecimentos que planeia, implementa e controla com eficácia e eficiência os fluxos diretos e os fluxos inversos dos bens ou serviços e informação relacionada, desde o ponto de origem ao do consumo, prospetando um elevado serviço ao cliente. A *gestão da cadeia de abastecimento* compreende o planeamento e a gestão de todas as atividades da gestão logística. Esta, inclui a coordenação e colaboração com os parceiros da cadeia de abastecimento que podem ser fornecedores, intermediários, prestadores de serviços logísticos e clientes entre outros. Integra o abastecimento e a procura (*supply and demand*) no contexto das Organizações e entre as Organizações".

Assim, podemos afirmar que a gestão logística está mais focada na operação e na distribuição, atividades a jusante. Enquanto a gestão da cadeia de abastecimento engloba, além daquelas componentes, as compras,

---

[25] (*Council of Supply Chain Management Professionals –www.cscmp.org*), prestigiada associação profissional e académica da área.

AS COMPRAS E A GESTÃO DE MATERIAIS

o abastecimento das empresas, a qualificação e gestão de fornecedores, atividades a montante. Para compreender o alcance do conceito, Crespo de Carvalho e Tânea Ramos sublinham que integra a gestão logística (Carvalho & Ramos, 2009):

- Não só, *"o planeamento, a implementação e o controlo dos fluxos de matérias-primas, produtos em vias de fabrico, produtos finais, serviços e soluções (componentes tangíveis)"*;
- Como também, *"o planeamento, a implementação e o controlo dos fluxos de informação associados aos fluxos de matérias-primas, produtos em vias de fabrico, produtos finais, serviços e soluções (componentes intangíveis)"*.

Tal como nas empresas, a gestão logística é uma atividade fundamental das Organizações de saúde. A "gestão logística em Saúde" integra um sistema de atividades pelo qual fluem produtos e informação desde a origem (fornecedor) ao utilizador final (consumidor), de acordo com as necessidades deste. Se um hospital necessita de um produto farmacêutico para ministrar aos utentes em doses individuais, é necessário:

- Encontrar um ou mais fornecedores (qualificação de fornecedores, definição das condições de fornecimento, formalização dos contratos – *procurement*);
- Fazer encomendas (fluxo de informação) e receber respostas planeadas ao abrigo do contrato firmado (fluxo físico/material);
- Proceder à recepção e armazenagem dos produtos;
- Preparar os produtos para distribuição e consumo, com transformação em doses individuais (sistema de unidose) para entrega aos Serviços Clínicos e administração aos utentes.

De salientar ainda que todo o processo de pedidos e entregas do fornecedor ao hospital, e dos Serviços de Aprovisionamento ou Farmácia aos Serviços Clínicos, devem estar sujeitos a acompanhamento permanente para efeitos de avaliação de *performance* (controlo). Tornando-se indispensável acompanhar:

- Os bens tangíveis (produtos recebidos dos fornecedores, posteriormente preparados e distribuídos para consumo final) – *fluxo direto*;
- A devolução dos excedentes, quebras, artigos fora de prazo – *fluxo inverso*;

GESTÃO DE MATERIAIS E APROVISIONAMENTO

– A informação associada ao circuito dos produtos como encomendas, requisições, guias de remessa, guias de transporte, prescrição médica, guias de devolução, etc. – *fluxos intangíveis.*

Por conseguinte, considera-se como gestão logística toda a gestão de *fluxos materiais* (tangíveis) e de fluxos *intangíveis.**

Por *fluxos intangíveis* entendemos todo o tipo de informação *técnica*, relacionada com as características dos produtos em termos de qualidade e níveis de segurança; como também a informação *estatística*, relacionada com as quantidades adequadas em cada uma das fases da encomenda, armazenagem e distribuição; bem como a informação *financeira*, relacionada com o orçamento afeto (disponível) e com o *custo total de aprovisionamento*.

Os *fluxos materiais/físicos* constituem todo o acervo de material de consumo, serviços, matéria-prima e outros bens de investimento em instalações e equipamentos.

A melhor gestão dos fluxos (tangíveis e intangíveis) obriga a um adequado planeamento que envolve a coordenação das entidades envolvidas no processo: fornecedores, aprovisionamento/farmácia e serviços clínicos. Na área da saúde, essa coordenação é orientada em função do utente/doente – assegurando o produto certo, com administração na hora certa, na quantidade certa, no local certo e a um custo mínimo. É esse o objetivo do sistema logístico: colocar "o produto certo, no local certo, no momento certo". Pretende assegurar a disponibilidade dos produtos, com máxima rapidez nas entregas, com zero erros nas entregas e com zero desperdícios. Se na indústria, a logística é um processo que envolve o aprovisionamento e particularmente o transporte e distribuição dos produtos ao cliente, nas Organizações de saúde integra a gestão dos fluxos materiais e intangíveis que participam na prestação de cuidados de saúde.

Gestão de materiais e aprovisionamento

Por *gestão de materiais* (*materials management*), deve entender-se o "somatório de todas as tarefas, funções, atividades e rotinas que dizem respeito à transferência de materiais e serviços externos para dentro da Organização e a gestão dos mesmos até serem consumidos ou empregues no processo de produção, operação ou venda" (Lysons, 1990).

AS COMPRAS E A GESTÃO DE MATERIAIS

A gestão de materiais, tal como a gestão da cadeia de abastecimentos, mantém a função aprovisionamento como atividade e suporte fundamental. Por outro lado, integra o controlo da produção e toda a gestão dos fluxos de abastecimento desde a saída do fornecedor até ao utilizador final (um serviço da empresa ou um cliente exterior à empresa).

Esta gestão global dos fluxos potencia uma melhoria da coordenação de funções interdependentes, facilitando a introdução do processamento de dados e técnicas de investigação operacional fundamentais à tomada de decisões, à coordenação global e ao controlo/avaliação da gestão. Identifica, também, uma evolução da estrutura organizacional da empresa na progressiva consciencialização do peso financeiro que a gestão de materiais representa no orçamento de exploração.

Por *aprovisionamento* podemos entender o "conjunto de ações que visam a disponibilização permanente de bens e serviços adequados ao funcionamento da empresa, em quantidade, qualidade, no momento oportuno, ao menor custo e com a segurança desejada" (Reis & Paulino, 1994). Integram-se neste conceito as funções de gestão de compras e de gestão de stocks. Nesta definição é de salientar a caracterização dos bens e serviços:

- Adequados à utilização a que se destinam;
- Nas quantidades necessárias;
- No momento oportuno;
- Ao menor custo.

De referir, também, que se elegem as seguintes ações de importância e responsabilidade: *comprar, armazenar* e *distribuir*.

Sendo de salientar que é na atividade de comprar que incide este trabalho.

O Aprovisionamento na empresa ou na Organização, é uma função essencial para combater o desperdício e minimizar os custos, atendendo ao peso relativo da despesa em termos orçamentais.

"O Aprovisionamento é uma função que fabrica lucros (T.W. Lewis)". *"O Aprovisionamento é um trabalho de especialistas. É sempre possível comprar, pois mais tarde ou mais cedo surge alguém pronto a vender. Mas é muito mais difícil comprar bem* (Danty-Lafrance)".

Lead-time, flexibilidade e resiliência

No desenvolvimento do raciocínio de gestão de materiais ou gestão logística, importa clarificar e perceber alguns conceitos e características. Assim, esta função (de gestão de materiais, logística ou aprovisionamento) caracteriza-se por um esforço permanente de conciliação das dimensões em conflito e um estado de proatividade que visa alcançar todos os requisitos estabelecidos na definição que acima se apresentou (assegurar a melhor qualidade com o menor tempo e o menor custo).

A intenção de conciliar alguns dos requisitos pretendidos, por exemplo, o produto certo na quantidade certa e no local certo, faz salientar a *flexibilidade* do sistema logístico, isto é, o seu grau de adaptação a um novo contexto ou envolvente, pela gestão de *trade-off's*, de equilíbrios e de trabalho de fronteira.

De referir como importante, também, a *resiliência* do sistema, isto é, a forma como absorve um estímulo exterior para voltar à situação normal (estabilidade). A capacidade de repor a situação sem qualquer prejuízo do cliente.[26]

Por outro lado, a conjugação do tempo certo com o custo mínimo remete-nos para o conceito de tempo de entrega. O tempo de entrega é o tempo de resposta a um pedido e corresponde a um valor acordado entre a entidade que expede e a que recebe, adquirindo a designação universal de *lead-time*.

2.1. Dimensões da Gestão Logística

> *"Aprovisionamento – conjunto de ações que visam a disponibilização permanente de bens e serviços adequados ao funcionamento da empresa, em quantidade, qualidade, no momento oportuno, ao menor custo e com a segurança desejada".*

A definição de aprovisionamento encerra alguma ideia de impossibilidade. O serviço esforçar-se-á por atingir todos aqueles requisitos embora lhe

---

[26] O cliente ou o utente são aqui entendidos como os destinatários dos bens e serviços prestados pela empresa.

seja difícil alcançá-los a todos. Para materializar a definição anterior e reduzir a sua complexidade, Crespo de Carvalho e Tânea Ramos identificam o trinómio das dimensões da gestão logística (Carvalho & Ramos, 2009): o custo, o tempo e a qualidade.

FIG. 14 – Trinómio das dimensões de gestão logística

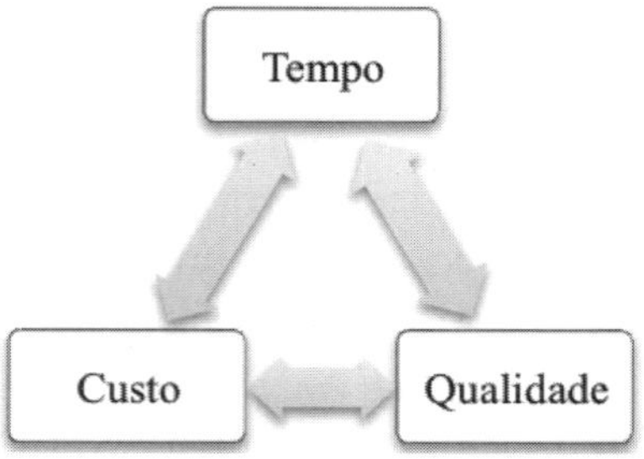

Tempo

Custo — Qualidade

Fonte: Adaptado de (Carvalho & Ramos, 2009)

No raciocínio lógico da gestão logística ou do aprovisionamento, utilizam-se estas três dimensões centrais como instrumentos que promovem decisões, essencialmente de *trade-off*, entre elas. *Trade-off* define uma situação em que há conflito de escolha. Tendo recursos limitados, o investimento numa dimensão acarreta alteração nas restantes.

Usando uma expressão popular, diríamos *"cobre-se a cabeça, destapam-se os pés"*. O exemplo clássico de *trade-off* é o dilema entre as armas e a manteiga. Temos de escolher entre comprar armas desinvestindo na produção de manteiga, ou o contrário. Assim, se houver mais investimento nas armas, não temos meios para a produção de manteiga. Se for maior nos meios de produção de manteiga, não temos armas para assegurar a defesa dos meios de produção.

Voltando ao trinómio, pretende-se o menor tempo de resposta, com baixos custos e elevada qualidade de serviço ao cliente. Assegurar a melhor qualidade de serviço com o menor tempo de resposta e ao custo mínimo de forma simultânea, torna-se uma operação quase sempre impossível mas deve ser sempre um propósito ambicionado (*wishful thinking*).

Em princípio, assegurar a resposta em menor tempo a um pedido/ /requisição de um serviço clínico, implica o recurso a mais funcionários afetos à distribuição, a um maior número de equipamentos (carros ou malas de distribuição) e a um maior número de funcionários afetos à preparação e aviamento nos armazéns do aprovisionamento/farmácia. Ou seja, menos tempos de resposta implicam quase sempre mais recursos e, consequentemente, mais custos.

"A conjugação das dimensões, duas a duas, desenvolve argumentos que identificam a forma como se posiciona o sistema logístico face à dificuldade manifesta de conseguir melhorias na trilogia como um todo (melhorando cada dimensão em particular)" (Carvalho & Ramos, 2009).

FIG. 15 – Posicionamento do sistema logístico

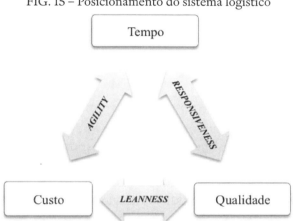

Fonte: Adaptado de (Carvalho & Ramos, 2009)

Reconhecendo-se a dificuldade em assegurar a melhor qualidade com o menor tempo e o menor custo, obtendo melhorias individuais em cada dimensão, que conduzam a melhorias no todo, deve aceitar-se que o sistema logístico pode tornar-se especial pela conjugação de duas dimensões da trilogia, posicionando-se em questões de agilidade, de leveza ou de capacidade de resposta.

Assim, de acordo com estes autores, o sistema logístico é *ágil* se privilegia o tempo e o custo com prejuízo da dimensão qualidade. *Leve* quando o tempo é a dimensão prejudicada. Com *capacidade de resposta* quando a dimensão lesada é o custo.

A *agilidade (agility)* será a capacidade de, perante um estímulo externo, responder movimentando-se para um novo estado estável, adotando-se uma boa combinação dos reflexos, de velocidade, de coordenação, de força e de equilíbrio. A agilidade do sistema logístico resulta da

AS COMPRAS E A GESTÃO DE MATERIAIS

boa conjugação das variáveis "tempo" e "custo" para que se obtenha um custo comportável face ao tempo de resposta pretendido.

A *leveza (leanness)* é a capacidade de gerir o sistema logístico sem excedentes, mantendo a qualidade de serviço com os custos mais baixos. A leveza resulta da boa conjugação das variáveis "custo" e "qualidade", sendo capaz de obter baixo custo com elevada qualidade do serviço. O resultado desta conjugação torna o sistema mais eficiente, baixando os custos e revela a leveza (magreza, dependendo da tradução) do método.

A *capacidade* de resposta *(responsiveness)* é a aptidão para gerir o sistema logístico de forma a conseguir resposta rápida sem comprometer a qualidade do serviço ao cliente. O resultado da conjugação entre tempo e qualidade revela a conformidade e capacidade de resposta do sistema.

A promoção de raciocínios e decisões de *"trade-off's compensatórios"* entre as dimensões (Carvalho & Ramos, 2009), constitui a essência do sistema logístico posicionando-o, conforme a opção, em termos de agilidade, de leveza ou de capacidade de resposta. De acordo com os autores, consideram-se *"trade-off's compensatórios"* as trocas entre as dimensões tempo, custo e qualidade que beneficiam o trinómio como um todo, embora possam prejudicar individualmente, uma ou duas destas dimensões.

2.2. Organização interna da Função Aprovisionamento

As Organizações de saúde apresentam-se como um excelente campo de estudo para a avaliação da função aprovisionamento dada a extensa variedade de produtos comprados e consumidos.

Em 2001 analisámos as despesas dos hospitais portugueses (com base nos dados da execução orçamental de 1999), separando as de pessoal das relacionadas com bens e serviços[27], e apurámos que estas representavam em média 43% do montante global. Constatou-se até que em dois hospitais a percentagem da despesa com bens e serviços era superior à do pessoal sendo de 64% num caso e 69% no outro.

---

[27] Como já referimos, entendemos como despesas com bens e serviços, por oposição às despesas com pessoal, as outras despesas correntes (despesas de funcionamento) e as despesas de capital (terrenos, construções e instalações) ou de investimento (instrumentos e equipamentos).

A situação parece manter-se atualmente sem desvios significativos. Acresce que, sendo conhecido e frequente o recurso nos últimos anos ao outsourcing por parte das Organizações de saúde para assegurar grande parte das funções gerais e complementares, o alargamento às funções principais, designadamente, à prestação direta de cuidados de saúde, tem apresentado um significativo desenvolvimento.

Estes factos indiciam que, nas Organizações de saúde, a despesa com consumíveis, produtos farmacêuticos, fornecimentos e serviços externos (FSE) e imobilizado pode ser similar, ou superior, à componente salarial. Por conseguinte, uma grande parte dos orçamentos dos hospitais está direcionada para a aquisição de bens e serviços, tornando-se indispensável dedicar uma particular atenção à gestão de materiais e ao desempenho do Serviço de Aprovisionamento, como o principal interlocutor dos serviços utilizadores na realização destas despesas.

A função aprovisionamento é uma atividade transversal a todos os serviços do hospital uma vez que o regular funcionamento destes está condicionado ao sucesso daquela. Os serviços assistenciais deixarão de prestar os cuidados de saúde se não tiverem ao seu dispor os artigos e equipamentos indispensáveis para efetuar o diagnóstico, tratamento e reabilitação. Da mesma forma, a atividade dos serviços de apoio ficará paralisada se o Serviço de Aprovisionamento não disponibilizar, de um modo permanente, os bens e serviços necessários e adequados.

A transversalidade impõe linhas de informação bidirecional e acima de tudo, *articulação*. Da articulação entre os serviços utilizadores e o Serviço de Aprovisionamento depende o desempenho deste último. A eficácia da função aprovisionamento depende não só da organização interna deste Serviço mas também da colaboração dos Serviços utilizadores nas situações em que seja necessário o seu apoio, designadamente:

- A elaboração oportuna e rigorosa justificação da expressão de necessidades;
- A caracterização do bem ou serviço (especificações técnicas) adequado à satisfação da necessidade expressa;
- Através dos elementos do júri designados, assegurar o desenvolvimento dos processos de aquisição responsabilizando-se pela condução do procedimento e pela realização atempada de todas as operações relacionadas com este até à apresentação do relatório final, podendo, para o efeito, solicitar o apoio a outras entidades;

– Designação dos representantes do Serviço utilizador que asseguram a articulação e acompanham as atividades de requisição, recepção e controlo dos bens ou serviços, de forma a garantir que correspondem ao objeto do contrato e satisfazem as necessidades expressas.

Um aspeto de particular importância é a formação e execução dos contratos uma vez que, na prossecução do interesse público, as entidades adjudicantes devem otimizar a satisfação das necessidades coletivas que a lei define como suas atribuições. A organização interna da função aprovisionamento numa empresa deve atender a uma estreita colaboração com os Serviços utilizadores não só na formação mas também na execução dos contratos. O cumprimento da missão é da responsabilidade de todos os colaboradores:

– *Do Serviço de Aprovisionamento*, que conduz todas as ações que visam a disponibilização permanente de todos os bens e serviços;
– *Dos Serviços Utilizadores*, que intervêm a diversos níveis desde a seleção dos produtos ao controlo de qualidade.

Os níveis de corresponsabilização dos Serviços utilizadores passam pelos aspetos seguintes, entre outros:

– Definição e expressão das necessidades;
– Definição das especificações técnicas dos produtos a adquirir;
– Acompanhamento e avaliação dos produtos existentes e dos novos produtos a introduzir no consumo corrente;
– Avaliação técnica das propostas dos fornecedores, enquanto membros do júri;
– Utilização correta dos produtos e controlo de qualidade dos mesmos.

Constitui especial responsabilidade do Serviço de Aprovisionamento, o desenvolvimento das seguintes tarefas:

– Planeamento das necessidades da empresa;
– Prospeções de mercado, planeamento, implementação e acompanhamento dos processos de compra, para satisfação das necessidades da empresa;

- Definição de uma política de gestão de stocks e métodos de distribuição;
- Monitorização dos consumos e sua relação de conformidade com a produção;
- Análises de valor;
- Estudos de avaliação técnica de produtos alternativos.

Apesar do número de tarefas da responsabilidade exclusiva do Serviço de Aprovisionamento e das que são partilhadas com os Serviços utilizadores no âmbito da corresponsabilização com os resultados da empresa, importa referir que a importância da função aprovisionamento varia face ao grau de complexidade e ao peso relativo na estratégia geral. Assim, a posição do Serviço de Aprovisionamento na empresa depende de fatores como:

- Dimensão da empresa;
- Estrutura de gestão instituída;
- Montante financeiro gerido pelo Serviço de Aprovisionamento;
- Nível de contribuição para o êxito da exploração da atividade e da missão da empresa.

De um modo geral, o lugar que o Serviço de Aprovisionamento ocupa na estrutura da empresa pode variar entre:

- Função de gestão intermédia;
- Função de direção operacional;
- Conjunto de procedimentos administrativos de rotina dependentes de outras áreas de atividade (financeira, produção, comercial, etc.).

Por sua vez, a organização interna do Serviço de Aprovisionamento pode obedecer a diversas combinações das soluções tipo que se indicam:

- Estrutura por funções;
- Estrutura por família de artigos.

A estrutura por funções caracteriza-se pela especialização dos profissionais em áreas específicas de intervenção, como por exemplo, elaboração de peças processuais (programa de procedimento e caderno de encargos), prospeção de mercado, avaliação de propostas, negociação,

AS COMPRAS E A GESTÃO DE MATERIAIS

controlo e gestão de encomendas. Esta especialização permite um conhecimento das técnicas e formas de atuação associados à execução das tarefas. Apresenta, contudo, uma visão parcial dos processos e da função por parte dos colaboradores.

A estrutura por famílias de artigos dá especial relevo à gestão global dos artigos. Caracteriza-se pela especialização dos profissionais por artigos ou grupos de artigos. Apresenta algumas vantagens, designadamente:

– Conhecimento global de toda a atividade associada ao exercício da função;
– Melhor conhecimento dos artigos permitindo melhor diálogo e articulação com os fornecedores e utilizadores.

Nas empresas poderão existir soluções intermédias estruturadas por funções e família de artigos que devem ser adotadas em função grau de importância dos produtos (da sua classificação como "itens não críticos", "itens de alavancagem", "itens estrangulados" e "itens estratégicos")[28], das aptidões dos recursos humanos envolvidos, da organização de gestão instituída e do grau de importância atribuído ao desempenho do Serviço de Aprovisionamento.

Nas empresas em geral e nas Organizações de saúde em particular, atendendo ao peso relativo de cerca de 50% do orçamento, uma das principais preocupações dos seus dirigentes deve ser orientada para o desempenho do Serviço de Aprovisionamento, estando identificadas algumas ações a desenvolver:

– Instituir ou, pelo menos, incentivar que a responsabilidade das operações relacionadas com a avaliação e seleção de fornecedores e produtos, bem como a negociação das condições de compra e fiscalização da execução dos contratos, sejam atribuídas a profissionais devidamente preparados ou habilitados;
– Profissionalizar a função aprovisionamento, com exigência de *formação específica* aos funcionários para poderem desempenhar atividades complexas como o levantamento das necessidades, pla-

---

[28] Ver desenvolvimento em Temas Elementares da Gestão de Materiais, Gestão de Produtos.

neamento e desenvolvimento das tarefas associadas aos processos de compras e gestão de stocks;
- Preparar e sensibilizar os elementos do júri, para avaliação das propostas e dos produtos a adquirir;
- Acompanhar o júri nas diferentes fases dos procedimentos com vista a assegurar a melhor regularidade e a maior celeridade nos processos;
- Eliminar os tempos de espera indevidos na instituição garantindo a melhor articulação entre os fornecedores, o Serviço de Aprovisionamento e os Serviços utilizadores.

2.3. Fases do processo de compra

Começamos por recordar que na atividade de *aprovisionamento*, de acordo com a definição genericamente aceite, estão englobadas todo um conjunto de ações que permitem *disponibilizar*, de um *modo permanente*, os bens e serviços *necessários e adequados* ao funcionamento da instituição, em *quantidade, qualidade*, no *momento oportuno*, ao *menor custo* e com a *segurança* desejada.

Como já referimos, reconhecendo-se a dificuldade em assegurar a melhor qualidade com o menor tempo e o menor custo, obtendo melhorias individuais em cada dimensão que conduzam a melhorias no todo, deve aceitar-se que o sistema logístico pode tornar-se especial pela conjugação de duas dimensões da trilogia, posicionando-se em questões de agilidade (*agility*), de leveza (*leanness*) ou de capacidade de resposta (*responsiveness*).

O melhor posicionamento do sistema logístico resulta das decisões de "*trade-off's compensatórios*" que possibilitam um benefício do trinómio como um todo.[29] Porém, o melhor desempenho do aprovisionamento tem, necessariamente, como pressuposto a boa organização e eficácia das duas grandes atividades – a *gestão de compras* e a *gestão de stocks*.

No âmbito da gestão de compras, a escolha de cocontratante (fornecedor), pressupõe a resolução prévia de um conjunto vasto de fatores de

---

[29] Conforme já referido, consideram-se "*trade-off's compensatórios*" as trocas entre as dimensões tempo, custo e qualidade que beneficiam o trinómio como um todo, embora possam prejudicar individualmente, uma ou duas destas dimensões (Carvalho & Ramos, 2009).

AS COMPRAS E A GESTÃO DE MATERIAIS

ordem técnica, legal e financeira que influenciam o sucesso da compra dos bens ou serviços adequados à satisfação das necessidades. Constituem-se como fatores de ordem técnica (organizacional) de particular relevo no processo de compra, os seguintes:

- A manifestação de necessidades (expressão de necessidades devidamente justificada);
- O levantamento das necessidades de consumo;
- O planeamento dos processos de compra;
- A definição das especificações técnicas (bens, serviços ou obras);
- A elaboração das peças processuais que suportam o tipo de procedimento para a contratação;
- A designação dos representantes da Organização no acompanhamento e desenvolvimento do processo de compra (júri);
- A designação do "gestor do contrato" como representante da Organização no acompanhamento e fiscalização da execução.

Através do aprovisionamento são, normalmente, desenvolvidos os seguintes tipos de compras:

- Bens de investimento:
  - equipamento (infraestruturas, máquinas e outras imobilizações).
- Produtos destinados ao consumo:
  - Matérias-primas – produtos que servem de base ao fabrico; encontram-se nos produtos fabricados;
  - Matérias consumíveis – produtos que concorrem direta e indiretamente para o fabrico. As compressas, seringas, agulhas, etc., bem como as pequenas ferramentas e o material de escritório entram nesta categoria.
- Prestações de serviço:
  - Transportes;
  - Segurança e vigilância;
  - Outras prestações de serviço.

Qualquer processo de compra comporta algumas fases em sequência que conduzem à decisão de comprar, ou em que se podem deparar alguns obstáculos que levam à resolução de não comprar. Poderão ser identificadas as seguintes fases do processo de compra:

- Preparação do processo de compra:
  - Avaliação das necessidades dos utilizadores (verificação da sua pertinência);
  - Conciliação das diversas necessidades e planeamento global das necessidades a satisfazer;
  - Caracterização e identificação das especificidades de cada tipo de necessidade;
  - Prospeção e análise de mercado;
  - Avaliação dos produtos disponíveis no mercado capazes de satisfazer a necessidade (ensaios);
  - Elaboração das especificações técnicas do caderno de encargos.
- Decisão/Realização da compra:
  - Elaboração, aprovação e desenvolvimento do processo de compra:
    - Análise custo-benefício da despesa, autorização legal, cobertura orçamental;
    - Escolha do tipo de procedimento;
    - Elaboração das peças processuais (programa ou convite aos fornecedores, caderno de encargos);
  - Avaliação e seleção de propostas e produtos;
  - Negociação, adjudicação e celebração do contrato.
- Gestão do contrato – controlo da execução:
  - Gestão da encomenda;
  - Recepção quantitativa e qualitativa;
  - Conferência de faturas;
  - Liquidação e pagamento.

Na fase de *preparação da compra* e ao nível da *prospeção e análise de mercado* para avaliação dos produtos do mercado capazes de satisfazer a necessidade expressa, podem ser identificadas as seguintes fontes de informação:

- Internet;
- Catálogos e publicações técnicas dos fornecedores;
- Revistas de comércio e negócios;
- Revistas técnicas;
- Feiras e exposições;
- Conferências, seminários e congressos;
- Trocas de informação entre compradores.

Tanto na fase de preparação como na decisão de compra, e relativamente aos fornecedores, torna-se necessário avaliar os requisitos de capacidade e idoneidade técnica, através de critérios de aceitabilidade, baseados em informações mais detalhadas:

- Nível geral de organização da empresa;
- Organização da produção;
- Capacidade e estabilidade financeira;
- Posição no mercado;
- Atitude de cooperação.

Na fase de *decisão da compra*, para a escolha do(s) fornecedor(es) haverá, necessariamente, lugar à "avaliação das propostas". Trata-se da análise ponderada dos fatores de compra e dos diversos elementos da proposta de forma a selecionar aquela que consubstancie as melhores condições de fornecimento em condições mais vantajosas, que pode não corresponder à proposta de preço mais baixo.

Na fase de *gestão do contrato* importa acompanhar o desempenho do fornecedor face ao contrato celebrado. Deve proceder-se à avaliação do fornecedor quanto à execução do fornecimento nas suas diversas vertentes e à análise sistemática dos níveis de desempenho comparado entre fornecedores.

De salientar a importância primordial do "gestor do contrato" que, como conhecedor do objeto do contrato e respetivas cláusulas, tem a obrigação de assegurar a regular execução do mesmo, fiscalizando a prestação do fornecedor em termos quantitativos e qualitativos, e de proceder à conferência de faturas exarando o respetivo visto ou ordenando a sua devolução sempre que se verifique desconformidade.

3. ELEMENTOS DA POLÍTICA DE APROVISIONAMENTO

De acordo com Olivier Bruel, a política de aprovisionamento na empresa integra normalmente três vertentes (Bruel, *Politique de l'achat et gestion des aprovisionements*, 1985):

- Política de produto e definição de qualidade;
- Política de clientes;
- Política de fornecedores.

3.1. Política de produto e definição de qualidade

O principal elemento da política de aprovisionamento diz respeito à participação desta função na concepção dos produtos, na definição da qualidade e no seu controlo. Para além de outros elementos que poderão estar na origem de um produto, a *qualidade* pode ser aferida (Bruel, Politique de l'achat et gestion des aprovisionements, 1985):

- Pela *adequação a uma função* – em princípio, um produto é fabricado para preencher uma *função base* correspondente a uma necessidade expressa;
- Pelo nível de *fiabilidade* desejado – pode exprimir-se como a probabilidade de que o produto (componente) funcione como o previsto, durante um determinado período de tempo ou que esteja em conformidade com normas *standards* ou especificações técnicas.

A concepção de um produto pelo fabricante terá que satisfazer as necessidades expressas dos consumidores no que se refere à qualidade aferida pela *adequação à função* e pelo *nível de fiabilidade* desejado. Contribuem para a solução final adotada, uma cadeia de decisões (dos técnicos, dos profissionais de marketing e dos compradores) organizada num processo lógico que garante o melhor compromisso. Este processo lógico pode ser integrado no método *Análise de Valor* que se apresenta como um método de concepção, de análise dos produtos e dos processos de produção, cujo principal objetivo é conceber um produto que preencha as suas funções de utilização (e eventualmente de estima), pelo menor custo para o fabricante desse mesmo produto (Miles, 1966).

Por conseguinte, é relevante o papel do consumidor/cliente na definição da qualidade, na medida em que a sua preferência, seja pela adequação a uma função, seja pelo nível de fiabilidade, implica a seleção de um produto e a rejeição de outro ou outros. Por sua vez o fabricante, se quer garantir a sobrevivência da empresa, tem que satisfazer a necessidade expressa do cliente, confecionando o produto de acordo com as exigências e requisitos definidos por este, preenchendo as suas funções de utilização e de estima.

3.2. Política de clientes

Numa perspetiva de organização interna, os clientes do serviço de aprovisionamento são os colaboradores internos, considerados como utilizadores da própria empresa. A função compra da empresa (serviço de aprovisionamento) não possui necessidades próprias, antes existe para satisfazer as necessidades dos outros serviços (produção, comercial, etc.) que integram a empresa. Constitui-se como um departamento, serviço ou secção, do mesmo modo que a informática ou o controlo de gestão.

Para assegurar um desempenho adequado, a função compra não deve limitar-se a um papel passivo. Deve desenvolver diversas ações com vista a conhecer os utilizadores e respetivos interlocutores, analisar as diversas carências, efetuar previsões de necessidades a satisfazer, avaliar as motivações (racionais ou não) e identificar os procedimentos de compra para finalmente satisfazer as necessidades da empresa.

Este papel ativo é o meio mais eficaz para o serviço de compras sedimentar a sua credibilidade dentro da empresa e revalorizar a função, quase sempre subestimada. Neste enquadramento, podemos definir o âmbito do serviço de compras como a aquisição de todos os bens, produtos e serviços úteis à empresa, por oposição às necessidades financeiras e de pessoal confiadas a duas funções específicas.

Passaremos a analisar a política de clientes do aprovisionamento na área da saúde uma vez que, como já foi referido, constitui um campo privilegiado para o estudo das funções de compra e gestão de stocks. A generalização para qualquer outra atividade não oferece qualquer dificuldade. Assim, em qualquer unidade de saúde podem identificar-se quatro categorias de intervenientes implicados no processo de compra:

- A direção de planeamento e/ou direção técnica;
- Os serviços de produção – utilizadores;
- A direção geral – decisores
- O serviço de compras.

Direção de planeamento e/ou direção técnica

O papel da *direção de planeamento e/ou direção técnica* consiste em escolher os processos e técnicas de produção mais adequados e eficazes na prestação de cuidados de saúde. Em função da estrutura de gestão instituída, podem ser intervenientes o gabinete de planeamento, a direção clínica e/ou a direção dos serviços de produção (diretores de serviço, enfermeiros chefes, técnicos coordenadores), dependendo da estrutura hierárquica (sistema estrutural) instituída.

A resposta a dar pelos compradores a estes intervenientes é a seguinte:

- Informações acerca da evolução dos equipamentos ou das técnicas;
- Informações acerca das possíveis aplicações dos produtos ou materiais existentes;
- Informações acerca de novas tecnologias ou recentes descobertas, suscetíveis de modificar as técnicas em uso.

Os serviços de produção

Consideram-se *utilizadores* os serviços de produção e os profissionais que utilizam os produtos e materiais comprados e consumidos no processo de produção. Estes profissionais, manifestam as necessidades de consumo e testemunham a boa utilização dos produtos e materiais, podendo contribuir para o controlo de qualidade. Aqui é importante conhecer os interlocutores legitimados para representar cada serviço utilizador.

As suas motivações são essencialmente:

- Saber utilizar bem os produtos colocados à sua disposição;
- Ver as reparações dos materiais, rapidamente executadas;
- Atestar o aprovisionamento dos produtos nas melhores condições;
- Garantir o melhor nível de segurança.

Com vista a assegurar a melhor articulação dos diferentes sectores em função do objetivo último da Organização, os compradores deverão transmitir aos utilizadores as seguintes informações:

- Informações acerca da utilização dos produtos e dos sistemas de segurança existentes;
- Prazos de validade dos produtos e condições de acondicionamento;
- Níveis de stock e políticas de reaprovisionamento;
- Relatórios de qualidade ou resultados dos testes de controlo.

A direção geral

Os *decisores* definem as políticas e organizam os processos de produção. Preocupam-se com a definição da estratégia, o escrupuloso cumprimento das atribuições e o equilíbrio financeiro da Organização. As suas motivações são, essencialmente:

- A melhor rentabilidade das compras;

- Os melhores preços e condições de pagamento;
- A melhor política de aprovisionamento (no âmbito da função compras e gestão de stocks).

Para estas preocupações, o serviço de compras deve garantir as seguintes respostas:

- Um painel de gestão atualizado que forneça as principais informações relacionadas com as compras e a gestão de stocks;
- Informação regular acerca da importância da compra e do *supply market* relativamente aos principais produtos aprovisionados (em função do grau de complexidade, pode integrar não só os *itens estratégicos* como também os *itens estrangulados* e/ou de *alavancagem*).

O serviço de compras

O serviço de compras assume uma função preponderante na busca de informações, na avaliação dos fornecedores, na preparação dos processos de compra e na qualidade de preparador da decisão de compra.

Deve adotar um papel proactivo, identificando os utilizadores e respetivos interlocutores, analisando carências, efetuando previsões, avaliando motivações e identificando os procedimentos de compra para satisfazer as necessidades da Organização.

Cada categoria de intervenientes apresenta motivações divergentes no processo de compra. A melhor compra será aquela que consegue conciliar os interesses divergentes constituindo-se como um compromisso proveitoso para a Organização.

3.3. Política de fornecedores

De acordo com Olivier Bruel (Bruel, Politique de l'achat et gestion des aprovisionements, 1985) a definição de uma política de fornecedores incorpora a atividade designada de "marketing das compras". O marketing é, em termos gerais, um instrumento ao serviço de determinado empreendimento que agrega duas fases:

- Uma primeira fase caracterizada por um estado de espírito que privilegia a análise das necessidades do consumidor, latentes ou expressas, atuais ou futuras, bem como a possibilidade de satisfazê-las.

GESTÃO DE MATERIAIS E APROVISIONAMENTO

– Uma segunda fase que se caracteriza pela definição de uma estratégia de conquista do mercado conhecido e o conjunto de meios necessários à concretização do objetivo.

O marketing, quase sempre ligado à função da venda, é aplicável a outros domínios e particularmente à função da compra e opera-se pela utilização de certas técnicas:

– Análise de mercado – estudos do mercado ou das motivações;
– Conquista do mercado – publicidade, promoção, etc.

O conhecimento e a prática dos principais conceitos e técnicas do marketing, são necessários aos compradores[30]. Para além do papel que as compras desempenham na *concepção dos produtos*, designadamente, através das especificações técnicas definidas no caderno de encargos, os compradores influenciam os *preços*.

Os compradores devem avaliar permanentemente a consequência dos preços que aceitam pagar face à rentabilidade dos produtos comprados. Devem verificar se não existem limites para além dos quais a compra não se justifica. Devem raciocinar em termos de contabilidade analítica e dos restantes elementos financeiros, nomeadamente, descontos, bónus, condições de pagamento, capital imobilizado, etc.

Por outro lado, os compradores têm de explorar e até mesmo, por vezes, de iniciar o marketing dos fornecedores, competindo-lhes questionar (Bruel, Politique de l'achat et gestion des aprovisionements, 1985):

– No que respeita ao produto – irá o produto do fornecedor ao encontro das necessidades dos utilizadores/consumidores e dos standards do mercado?
– No que respeita à distribuição – a influência dos prazos de entrega, a importância dos níveis de stock, o tipo e natureza dos acondicionamentos;
– No que se refere aos preços – será um produto caro? O mercado é concorrencial? Estaremos perante um oligopólio? Poderá haver desconto em função da quantidade?

---

[30] Estes conceitos merecem novo desenvolvimento em "Distribuição – Instrumento da política de marketing".

- No que respeita a ações de publicidade e promoção do fornecedor – seremos um dos seus objetivos? Qual a nossa relação de força com ele? Qual o poder de venda do fornecedor?

O comprador situa-se efetivamente num ponto de comunicação entre a empresa e o meio em que esta se insere. As suas funções repartem-se segundo duas orientações:

- Internamente,
  - auxilia na definição precisa das necessidades dos utilizadores,
  - participa nas diversas decisões de compra,
  - assegura o acompanhamento, a gestão e o controlo das compras;
- Externamente:
  - assegura prioritariamente a busca de informações, nos mercados de fornecedores, necessárias às decisões das compras,
  - orienta o sistema de avaliação e seleção de produtos e fornecedores,
  - define as políticas de compra e dirige as negociações que visam a celebração dos contratos.

Nas empresas é de extrema importância a expressão e definição precisa das necessidades para posterior satisfação. Segue-se uma avaliação das possibilidades oferecidas pelo mercado. Elabora-se e atualiza-se o caderno de encargos. Só depois se selecionam os produtos e os fornecedores.

A seleção de fornecedores pode resultar da ponderação das seguintes opções:

- Política de *exclusividade* – fornecedor único – poderá possibilitar o desenvolvimento de relações contínuas com o fornecedor, compartilhando alguns meios de investigação.
- Política de *repartição* – fontes de aprovisionamento diversificadas:
  - A competição pode permitir a obtenção de preços mais justos, no caso de uma situação em que os fornecedores são muitos e o mercado é transparente. Se o mercado, pelo contrário, for monopolista ou oligopolista, poderá ser mais complexo.
  - O aprovisionamento diversificado oferece geralmente uma maior *segurança* (face às contingências de fabrico nos fornecedores ou a montante nos fornecedores destes).

- Pode, também, assegurar uma maior *flexibilidade*. A capacidade de produção distribuída por vários fornecedores permitirá uma maior e mais rápida reação à modificação da procura por parte dos utilizadores/consumidores.

De referir, por outro lado, que uma das frequentes preocupações dos compradores é a determinação do *preço adequado* e a sua justificação (indicação, descrição e quantificação dos fatores que para ele concorrem).

A primeira base de apreciação consiste em determinar o *"preço justo"*, ou preço pretendido pelo fabricante (que inclui o lucro) e apurado segundo um processamento resultante da análise de valor[31]. Seguidamente, deve tomar em consideração o *"preço de mercado"* que decorre da situação concorrencial. Paralelamente à noção de preço, convém tomar em conta as *condições financeiras praticadas* por cada fornecedor o que equivale, na prática, a não ter um único preço de mercado, mas sim preços diferenciados.

Não passa de ficção assumir que o cliente consegue obter informação completa do *"preço de custo"* do fornecedor. Todavia, podem ser adotados mecanismos de aproximação deste objetivo.

A experiência do fornecedor, adquirida à medida das quantidades produzidas pode influenciar a fixação do preço. A curva de aprendizagem pode ser explicada pela conjugação de vários fatores, designadamente:

- Melhoria da produtividade por especialização da mão de obra;
- Desenvolvimento de métodos de trabalho mais efetivos;
- Melhoria dos sistemas de controlo da produção.

Esta aprendizagem traduz-se numa redução dos custos diretos de produção. O estudo da curva de aprendizagem relaciona o tempo de mão de obra direta na execução de um trabalho (ou no fabrico de um produto) com o número de vezes que esse trabalho foi executado (ou número de unidades de produto saídas). A inclinação desta curva caracteriza o "nível de experiência" da empresa relativamente ao fabrico do produto. Desta

---

[31] Método de concepção, de análise dos produtos e dos processos de produção, cujo principal objetivo é conceber um produto que preencha as suas funções de utilização (e eventualmente de estima), pelo menor custo para o fabricante desse mesmo produto (Miles, 1966).

análise resulta geralmente que o *preço de custo* de um produto diminui regular e previsivelmente à medida que a produção acumulada (o nível de experiência) aumenta. Daí poderá concluir-se que, numa situação de regular concorrência do mercado, o fornecedor que maior número de unidades produziu:

- terá provavelmente os mais baixos custos;
- terá a possibilidade de acumular o maior lucro para determinado preço de mercado;
- terá a possibilidade de baixar os preços em primeiro lugar, sem causar prejuízo na produção da sua empresa.

4. TEMAS ELEMENTARES DA GESTÃO DE MATERIAIS

Tanto nas empresas como nas Organizações de saúde são várias as questões de natureza logística com influência no resultado (qualidade do produto final ou dos cuidados de saúde prestados) que poderão ser analisadas: o abastecimento e a gestão de produtos, análise ABC, *"procurement"*, gestão de stocks, internalização ou externalização, distribuição, etc. Nas páginas seguintes procuraremos fazer uma abordagem simples que pretende ser minimamente esclarecedora destes conceitos.

4.1. Gestão de produtos

Em regra, em qualquer Organização existem vários produtos e fornecedores. No que se reporta aos produtos e no âmbito da *compra* existem itens que movimentam verbas consideráveis e outros que movimentam verbas relativamente despiciendas.

Consoante a *complexidade do supply market,* isto é, conforme se trate de produtos sem problemas de abastecimento (usualmente com oferta superior à procura) ou de produtos com elevados problemas de abastecimento (usualmente com procura superior à oferta), podem configurar-se situações de baixa ou elevada complexidade de abastecimento.

Conciliando estas duas dimensões, a *importância da compra* em termos de impacto/benefício, com a *complexidade do supply market* em termos de risco de abastecimento, pode obter-se uma matriz de dupla entrada que explica grande parte da forma como as Organizações se devem posicionar relativamente à gestão dos seus produtos (Carvalho & Ramos, 2009).

FIG. 16 – Posicionamento da gestão de produtos

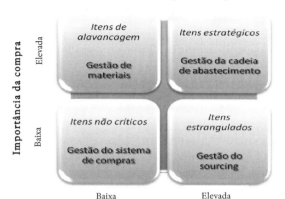

Complexidade do *supply marquet*

Fonte: Adaptado de (Carvalho & Ramos, 2009)

O posicionamento da gestão de produtos nas Organizações pode variar em função da conciliação da dimensão "importância da compra" com a "complexidade do *supply market*". Conciliando estas duas dimensões, podemos classificar os produtos em "itens não críticos", "itens de alavancagem", "itens estrangulados" e "itens estratégicos".

"Não críticos", também designados *"Transacionais ou de Rotina"* – produtos que normalmente têm uma qualidade standard básica e de baixa complexidade tecnológica, com custos relativamente baixos e sem grandes problemas com a troca de fornecedor. São produtos que caem essencialmente na classe C da análise ABC da carteira de compras. São exemplos o papel, lápis, esferográficas, CD, DVD, cabos de rede, ratos, teclados, tinteiros, sacos de plástico, etc.

"Alavancagem" – itens em que existe um grande número de fornecedores e com baixo risco de abastecimento mas o volume da compra é elevado. Poderão integrar este grupo os produtos de hardware e software de base como os sistemas operativos, aplicativos básicos, serviços de administração de sistemas, serviços de manutenção de bases de dados, etc.

"Estrangulados ou problemáticos" – produtos ou serviços em relação aos quais os fornecedores têm domínio sobre os compradores. Estamos perante produtos/serviços com especificações para as quais existe um número limitado de fornecedores e onde é relevante o interesse para o

AS COMPRAS E A GESTÃO DE MATERIAIS

comprador. Nestes casos os fornecedores têm um grande poder negocial e fazem exercer essa vantagem competitiva. Exemplos deste tipo de produtos/serviços podem ser as aplicações informáticas clínicas muito especializadas que disponibilizam funcionalidades quase únicas no mercado.

"Estratégicos" – integram os produtos e serviços que são críticos para o sucesso da Organização. Representam um item de elevado custo com poucos fornecedores capazes de abastecer. Poderão integrar este grupo os medicamentos de última geração para tratamento de patologias complexas, normalmente com poucos fornecedores ou em situação de monopólio.

Num hospital é provável que a razão entre o número de próteses da anca e número de compressas utilizadas possa variar de 1 para 10 000 unidades. O número de fornecedores possíveis de um e outro artigo não é comparável. O preço unitário e o valor global são, também, substancialmente diferentes. Nestes dois produtos, a complexidade do *supply market* e a importância da compra são substancialmente diferentes. O posicionamento destes produtos na matriz traria, seguramente, conclusões diversas e aproximações de gestão também diferentes. Um estudo de uma e de outra dimensão ditaria a aproximação da gestão de produtos que se deve preconizar.

Um estudo de uma e de outra dimensão acima referidas (a *importância da compra* em termos de impacto/benefício e a *complexidade do supply market* em termos de risco de abastecimento), dita o *posicionamento da gestão de produtos* que se deve preconizar relativamente a cada um destes itens: *gestão do sistema de compras; gestão de materiais; gestão do sourcing; gestão da cadeia de abastecimento*.

Assim, na *gestão do sistema de compras* os valores envolvidos na compra são baixos e não há grandes riscos de abastecimento. Interessa estandardizar e tornar o sistema de abastecimento o mais mecanizado possível, de forma a evitar erros e minimizar custos.

Na *gestão de materiais* importa ter em consideração o impacto financeiro que a compra e a posse destes produtos trazem para a instituição, procurando soluções como, por exemplo:

– Entrega do produto à consignação;
– Encomendas pontuais, em função do consumo que vai existir;
– Dilatação dos prazos de pagamento.

Na *gestão do sourcing* importa ter em atenção que, não obstante não estarem em causa grandes impactos financeiros colocam-se, no entanto, problemas de abastecimento e corre-se o risco de rotura. Em termos de opções podemos identificar:

- O *sourcing* seletivo, a aproximação aos fornecedores mais fiáveis, aos que garantem melhores níveis de serviço e capacidade de entrega.
- Procurar fornecedores alternativos para manter os abastecimentos fluidos e sustentáveis.

Na *gestão da cadeia de abastecimento* importa ter em consideração as questões de abastecimento e os elevados valores envolvidos na compra. Os materiais tornam-se estratégicos e exigem uma gestão mais atenta, mais complexa e mais trabalhosa. Em termos de opções, para além das soluções apontadas para a gestão de materiais importa procurar estabelecer relações de parceria entre fornecedor e cliente, construindo proximidades relacionais, entendimentos estáveis e convivências duradouras.

Em qualquer posicionamento da gestão dos produtos, com especial preponderância naqueles em que o grau de importância da compra é elevado como a gestão de materiais e a gestão da cadeia de abastecimento, poderá ser considerado o *Vendor Managed Inventory* (VMI), em português *Stock Gerido pelo Fornecedor*. O VMI é um sistema em que o fornecedor se responsabiliza pela gestão dos níveis de *stock* nos clientes. O fornecedor tem acesso aos dados relativos ao stock (vendas) do cliente e assume, ele próprio, as decisões sobre os reabastecimentos. O VMI integra-se na cadeia de abastecimento como forma de estabelecer uma real colaboração e partilha de informação entre o fornecedor e o cliente e com isso, não só permite reduzir o nível de stock ao longo da cadeia como proporciona uma redução de custos.

Resumidamente, para definir o posicionamento da gestão dos produtos, as Organizações devem:

- Assegurar uma classificação dos produtos e dos fornecedores;
- Adotar aproximações de gestão diferenciadas e segmentadas consoante os fornecedores e produtos em causa.

Não se pode tratar uniformemente todo o sistema de abastecimento. Há idiossincrasias (comportamentos e propriedades distintas) que ficam

AS COMPRAS E A GESTÃO DE MATERIAIS

espelhadas na matriz. Os produtos são diferentes e exigem diferentes tipos de gestão. Por apresentarem comportamentos e propriedades distintas, o posicionamento da gestão terá que ser necessariamente diferente.

4.2. Análise ABC

Como se demonstra, nem todos os artigos consumidos numa unidade de produção têm o mesmo grau de importância para a atividade desenvolvida. Assim, se há graus de importância diferentes, então devem ser adotadas políticas de compras e de gestão de stocks também diferentes.

A análise ABC é um método que permite classificar um conjunto de artigos em três classes: classe A, classe B e classe C. A classe A corresponde aos artigos mais relevantes, a classe B aos artigos de relevância intermédia e a classe C aos artigos menos relevantes.

Se concentrarmos mais recursos de gestão nos artigos da classe A, obtemos resultados muito mais significativos do que se utilizarmos uniformemente ou indiscriminadamente esses mesmos recursos pela totalidade dos artigos. A análise ABC é o instrumento utilizado para decidir em que tipo de artigos deve ser feito um investimento maior em termos de gestão de compras e de controlo de stocks.

É um método que, *em função de determinado critério*, permite pôr em evidência os elementos de uma população estatística aos quais se deve dedicar maior atenção por serem os mais relevantes.

Esta análise é uma generalização da *"Lei de Pareto"* (também designada regra dos 20x80, *management by exception*), o que significa que *20% dos elementos considerados representam 80% do critério analisado*. As regras da Análise ABC traduzem-se no quadro que segue.

QUADRO 1 – Regras da Análise ABC

Classe	População estatística	Critério
A	20%	80%
B	30%	15%
C	50%	5%

Utilizada esta análise no âmbito da gestão de stocks, significa que, a cerca de 20% do número *total de artigos existentes* em armazém (*população*

GESTÃO DE MATERIAIS E APROVISIONAMENTO

estatística) corresponde aproximadamente 80% do *valor financeiro* investido em stocks (*critério*) (Paulino, 2007).

Portanto, se naquele número de artigos (20%) for concentrada a maioria dos recursos da gestão, decerto *se obtêm resultados mais relevantes do que aconteceria se dispersássemos tais recursos pela totalidade dos artigos.*

Quando utilizada no âmbito da função compra permite-nos igualmente concluir que existe um conjunto bastante limitado de bens e serviços da carteira de compras que representa cerca de 20% do número total de itens, mas que em termos de orçamento de compras representam aproximadamente 80% do total de bens e serviços (classe "A").

Usualmente os itens da classe A são estratégicos, o que reforça a necessidade de os gestores trabalharem bem estes itens. No outro extremo, temos a situação em que um elevado número de artigos representam um baixo valor em termos de orçamento (classes "B" e "C").

Os quadros que seguem indicam a sequência dos procedimentos para identificação dos artigos que integram cada classe da Análise ABC.

QUADRO 2 – Cálculo do valor financeiro dos artigos consumidos

Referência do artigo	Consumo anual	Preço unitário	Valor financeiro
	(N)	(p)	(Nxp)
A 1	2	420	840
A 2	25	1	25
A 3	8	29	232
B 1	5	130	650
B 2	3	34	102
B 3	500	3	1500
B 4	40	2	80
B 5	0	425	0
C 1	2	5350	10 700
C 2	26	90	2 340
D 1	20	12,5	250
E 1	875	4	3 500
E 2	4	17	68
E 3	200	0,5	100
E 4	10	35	350
E 5	1	1240	1 240
E 6	20	21,5	430
E 7	347	1	347
F 1	5	5	25
F 2	3	241	723

AS COMPRAS E A GESTÃO DE MATERIAIS

QUADRO 3 – Ordenação dos artigos em função do valor financeiro

Número de artigos		Valor financeiro em euros			
Acumulado	%	Real	Acumulado	%	Classe
1	5	10700	10700	45,5	
2	10	3500	14200	60,4	
3	15	2340	16540	70,4	A
4	20	1500	18040	76,8	
5	25	1240	19280	82,0	
6	30	840	20120	85,6	
7	35	723	20843	88,7	B
8	40	650	21493	91,5	
9	45	430	21923	93,3	
10	50	350	22273	94,8	
11	55	347	22620	96,2	
12	60	250	22870	97,3	
13	65	232	23102	98,3	
14	70	102	23204	98,7	
15	75	100	23304	99,2	C
16	80	80	23384	99,5	
17	85	68	23452	99,8	
18	90	25	23477	99,9	
19	95	25	23502	100,0	
20	100	0	23502	100,0	

Verifica-se na presente Análise uma Classe A com um valor financeiro ligeiramente inferior aos 80% (76,8%) e as Classes B e C com valores financeiros ligeiramente superiores às regras definidas. Depreende-se, contudo uma distribuição de valores normal visto que obedece à generalidade das regras da Análise ABC.

Neste Análise, a *Classe A* é constituída por 4 artigos que representam 20% do total de artigos, com um valor de 76,8% do valor financeiro investido. A *Classe B* tem 6 artigos que correspondem a 30% do total de artigos e a um valor de 18% do valor financeiro investido. A *Classe C* tem 10 artigos que significam 50% do total de artigos e um valor de 5,2% do valor financeiro investido.

4.3. Procurement

Como já referimos, as Organizações de saúde apresentam-se como um campo privilegiado de estudo da gestão de materiais, dado o peso da despesa associada à função compra e aos consumos.

Em Portugal, os custos em saúde apresentam um crescimento de relevo nos últimos anos, conforme se pode constatar nas Auditorias do Tribunal de Contas orientadas à Consolidação de Contas e à Situação Económico-Financeira do SNS, e nos indicadores disponibilizados pela Pordata (Base de Dados Portugal Contemporâneo)[32].

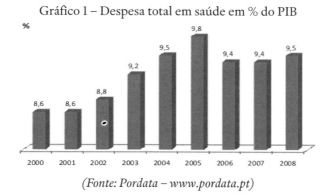

Gráfico 1 – Despesa total em saúde em % do PIB

(Fonte: Pordata – www.pordata.pt)

A despesa total em saúde, em percentagem do PIB, aumentou de 8,6 em 2000 para 9,5 em 2008, representando em 2010 cerca de 10%.

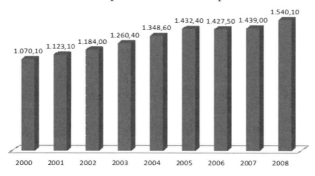

Gráfico 2 – Despesa total em saúde por habitante

(Fonte: Pordata – www.pordata.pt)

---

[32] A PORDATA é um serviço público criado pela Fundação Francisco Manuel dos Santos. Esta foi criada em 2009 pelos seus fundadores, Alexandre Soares dos Santos e sua família, descendentes de Francisco Manuel dos Santos, a cuja memória decidiram consagrar a fundação.

AS COMPRAS E A GESTÃO DE MATERIAIS

Assim como a despesa total por habitante em saúde aumentou cerca de 44% em 8 anos, passando de € 1.070,1, em 2000, para € 1.540,1 em 2008.

QUADRO 4 – SNS: Despesa total e com pessoal
(milhões de euros)

Ano	Total	Pessoal
1997	4.208,6	1.852,8
1998	4.704,4	2.069,9
1999	5.340,6	2.342,2
2000	5.977,7	2.596,1
2001	6.585,5	2.860,1
2002	7.067,2	2.991,4
2003	6.857,5	2.105,5
2004	7.758,1	2.207,8
2005	8.263,9	2.310,2
2006	8.153,7	2.051,7
2007	8.356,6	1.713,5

(Fonte: Pordata – www.pordata.pt)

De salientar ainda que, se a despesa total do SNS aumentou sensivelmente para o dobro numa década (1997-2007), os montantes dos gastos com pessoal ao serviço, no mesmo período, apresentam uma tendência de estabilidade.

Relativamente aos gastos anuais de medicamentos *per capita*, se em 2003 o seu valor era de 275 euros aproximadamente, em 2007 representava cerca de 325 euros (Ministério da Saúde, 2009).

É recorrente a citação de auditorias do Tribunal de Contas, sobre a situação financeira do Serviço Nacional de Saúde (SNS), que identificam entre 20 e 30% de desperdícios no sector. Refere-se frequentemente que a componente principal desta vertente de ineficiência está associada ao processo de *"procurement"*, sendo detetadas grandes dificuldades na identificação e definição dos requisitos e especificações técnicas dos materiais, na negociação e na gestão dos processos de compra (Grilo & Lapão, 2010). As equipas de gestão de materiais são, também, apontadas como exíguas e com carências de competência.

Designa-se *"procurement"*, o conjunto de etapas que vão desde a avaliação do sistema de abastecimento e a qualificação de fornecedores até à celebração do contrato. Podemos dizer que envolve:

- A definição das especificações;
- A pesquisa de mercado e a qualificação de fornecedores;
- O desenvolvimento do procedimento para avaliação e escolha das propostas;
- A negociação das propostas com os fornecedores;
- A celebração (outorga) do contrato.

Se no combate ao desperdício é importante conhecer as etapas do *procurement*" para a celebração do contrato, a fiscalização e o controlo da sua execução apresenta-se como uma atividade da maior relevância para garantir a justiça comutativa e assegurar a regularidade financeira do mesmo.

Um dos aspetos mais críticos e que influencia de forma determinante a performance do sistema de gestão de materiais é a gestão dos contratos. Para que possa existir um conveniente acompanhamento e controlo da execução contratual é necessário que os contratos tenham clausulado que o permita. O contrato pode integrar ou remeter para um anexo de "*service level agreements*" (SLA's). Nos SLA's são normalmente incluídas variáveis como:

- O tempo médio de entrega pós-encomenda (*lead-time* médio);
- O número de faltas de entrega aceitáveis por encomenda;
- O número de faltas de entrega aceitáveis por produto;
- Fatores de acondicionamento, segurança e fiabilidade do produto.

Conforme já mencionado na explanação das fases do processo de compra, em qualquer Organização é primordial e indispensável assegurar o acompanhamento da execução dos contratos, identificando e designando um responsável (gestor do contrato) a quem compete verificar se o fornecimento está em conformidade, para posterior liquidação e pagamento nos termos acordados.

4.4. A Negociação
4.4.1. Objetivos da negociação e relação de forças dos negociadores
A negociação no âmbito da função compra, constitui-se como uma fase pré-contratual que proporciona a oportunidade de estabelecer as melhores condições de fornecimento, considerando as reais necessidades do

comprador e as possibilidades do fornecedor, garantindo-se o equilíbrio financeiro de ambas as partes.

Torna-se necessário entender as fases de um processo de negociação, desde a preparação ao fecho e formalização de um acordo, bem como identificar as metodologias mais eficazes para melhorar a qualidade da comunicação para a concretização da compra ou da venda.

Qualquer profissional (seja ele da área do marketing, das compras, das vendas, ou dos recursos humanos) tem de negociar, mas muito poucos estão preparados para essa "arte". Quando um profissional, que sabe negociar, enfrenta outro que não sabe, o primeiro fica com a melhor parte do negócio. Qualquer profissional deve dominar a "arte" de negociar bem. Pouco importa se esse poder de negociação é com fornecedores, clientes, bancos ou funcionários. Tem é que existir e ser eficaz para ser Profissional.

Um final perfeito exige um começo perfeito. O fecho da compra ou da venda começa no início da transação, quando contacta pela primeira vez o potencial cliente ou fornecedor. Comprar ou vender é comunicar. Se for inoperante no contacto inicial, ao lidar com as controvérsias, ao efetuar apresentações ou em qualquer outra altura do processo de compra ou venda, ou se não conseguir fazer perguntas pertinentes, tudo estará perdido.

Robert B. Maddux define a negociação como *"o processo que utilizamos para satisfazer as nossas necessidades quando alguém controla o que queremos."*

Qualquer processo negocial de compra visa, em regra, prosseguir os seguintes objetivos:

- Definição clara do objeto do contrato em termos de quantidade, qualidade e prazos de entrega ou execução;
- Determinação do preço adequado para o objeto do contrato, considerando o preço justo, o preço de mercado e as condições financeiras praticadas pelo fornecedor;[33]

---

[33] A primeira base de apreciação consiste em determinar o *"preço justo"*, ou preço pretendido pelo fabricante (que inclui o lucro) e apurado segundo um processamento resultante da análise de valor (método de concepção, de análise dos produtos e dos processos de produção, cujo principal objetivo é conceber um produto que preencha as suas funções de utilização pelo menor custo). Seguidamente, deve tomar em consideração o *"preço de mercado"* que decorre da situação concorrencial. Paralelamente à noção de preço, convém tomar em conta as *condições financeiras praticadas* por cada fornecedor.

– Estabelecer as condições de execução e controlo de execução do contrato com vista a garantir o equilíbrio financeiro dos contraentes.

A negociação não é como um jogo. Num jogo, vinga a dicotomia: *ganhar/perder*. Numa negociação: ganhar/ganhar – satisfação mútua – conciliação de interesses (Paulino, 2007).

Na fase negocial, a posição dos negociadores depende dos fatores a considerar (Paulino, 2007). Pode verificar-se uma posição mais forte do comprador quando:

- Existem alternativas ao produto e à compra;
- O mercado é concorrencial;
- O fator tempo não é determinante;
- O fornecedor apresenta ansiedade em concretizar o negócio.

Pode verificar-se uma posição mais forte do fornecedor quando:

- O comprador tem urgência na compra;
- Existem situações de monopólio ou oligopólio;
- O fornecedor não tem interesse em vender ou o estabelecimento do contrato não é determinante.

De salientar, também, a importância da apresentação do negociador que, segundo *Ann Jackman* (Jackman, 2005), *"na comunicação cara-a-cara cerca de 50% da nossa mensagem é comunicada pela linguagem corporal, roupa e aparência, aproximadamente 40% pelo tom de voz e apenas 10% pelas palavras que escolhemos."*

Considerando que, no que se reporta ao tom de voz e às palavras que escolhemos, apesar de importante, releva o senso comum e a capacidade individual de adaptação, no que se refere à linguagem corporal, roupa e aparência, representando 50% da mensagem, apresentam-se as seguintes referências:

– O contacto visual com a outra pessoa indica o desejo de transmitir e receber informação.

– Postura inclinada para a frente sugere atenção.

– Encostar-se para trás evidencia hostilidade.

– Mão no queixo indica reflexão.

- Braços abertos revelam indecisão.
- Remexer com uma caneta pode indicar falta de interesse.

4.4.2. Atitude do negociador

Há diversos estilos de negociação caracterizados essencialmente pela *atitude* de cada negociador. De acordo com *Gavin Kennedy*, o negociador, quando fez uma oferta incondicional, foi *submisso*. Sempre que faz uma exigência unilateral, sem oferecer nada em troca, é *agressivo*. Nas ocasiões em que explorou alguém porque não conseguiu resistir à tentação, foi *dissimulado*. Quando negocia usando apenas propostas condicionais, é *afirmativo*. A atitude do negociador pode traduzir-se nos estilos opostos espelhados na matriz seguinte (Kennedy, 1998):

Estilos opostos

Aquele que quer alguma coisa em troca de nada	Aquele que troca qualquer coisa por alguma coisa
Agressivo Tira algo em troca de nada.	*Submisso* Dá algo em troca de nada.
Dissimulado Usa artimanha para ter algo em troca de nada.	*Afirmativo* Troca qualquer coisa por alguma coisa.

(Gavin Kennedy)

O negociador dissimulado, por exemplo, procura resolver o assunto de várias maneiras, inclusive, afastado de qualquer noção de justiça, tenta fazer o outro render-se. As técnicas de manipulação normalmente utilizadas são as técnicas de venda e a "conversa fiada". Joga com a ignorância do outro, ameaça-o com terríveis consequências se resistir às suas exigências.

Há negociadores que apresentam *predominantemente uma das características* apresentadas. Porém, há ocasiões em que o negociador pode apresentar as quatro variantes.

Segundo outros autores (Paulino, 2007), o *comportamento* do negociador poderá caracterizar-se segundo quatro tipos, atendendo a fatores de maior evidência:

- *Auto confiante*
  - Expresso-me de uma forma clara e concisa.
  - Trato-me a mim e aos outros com respeito e equidade.
  - Tomo decisões por mim próprio.

- Assumo que sou responsável pelas minhas próprias ações.
- Estou preparado para jogar os meus "trunfos" quando for altura disso.
- Peço desculpa quando me sinto sinceramente arrependido.
- Expresso as minhas opiniões mas também ouço respeitosamente as opiniões dos outros.
- Mantenho-me calmo, sereno e confiante.
- Espero resultado "ganhar/ganhar.

- *Agressivo*
  - Digo o que quero de forma autoritária.
  - Intimido e pressiono.
  - Violo os direitos das outras pessoas.
  - Emito opiniões como se fossem factos e não ouço os pontos de vista do outro.
  - Interrompo sistematicamente o discurso da outra parte.
  - Procuro acordos "Ganhar/Perder".

- *Passivo*
  - Não digo o que quero.
  - Vou atrás das decisões dos outros.
  - Declino a responsabilidade pelo que me acontece.
  - Tenho dificuldade em exprimir com clareza as minhas opiniões e posições.
  - Abuso da palavra "desculpe".
  - Desvalorizo-me com frequência.
  - Tenho dificuldade em fixar o outro.
  - Permito que os outros violem os meus direitos, me humilhem e me pressionem.
  - Torno-me hesitante e nervoso com a sensação de frustração.

- *Manipulador*
  - Não sou direto, esperando que as pessoas adivinhem o que quero.
  - Sou sarcástico.
  - Manipulo as pessoas jogando com os seus sentimentos – frequentemente o de culpa.
  - Reajo passivamente a intenções agressivas.
  - Utilização frequente de sinais não verbais.
  - A intenção é vencer a todo o custo.

4.4.3. Etapas da negociação

Todo o processo negocial comporta diversas fases desde a preparação à negociação propriamente dita. São, normalmente, identificadas cinco etapas para uma negociação (Paulino, 2007): Preparação, Abertura, Debate, Conclusão, Efetivação do acordo.

Preparação da negociação

A preparação da negociação deve ser orientada para duas áreas:

- Genérica – Através de formação em cursos, seminários, conferências, etc.
- Específica – Virada para os assuntos objeto de negociação. A sua extensão e grau de detalhe dependem da importância dos assuntos a tratar.

Nesta fase de preparação da negociação é essencial que o negociador pondere os seguintes aspetos:

- Diagnóstico da situação;
- Interesses fundamentais a defender;
- Necessidades essenciais a satisfazer;
- Objetivos a atingir;
- Critérios e argumentação que valorizem e legitimem esses objetivos;
- Alternativas em caso de insucesso;
- Tipo de relação e sua dinâmica;
- Limites do universo possível do acordo;
- Estratégia global de atuação;
- Formas de atuar e procedimentos a seguir;
- Possíveis cedências;
- Obrigações a estabelecer no acordo e viabilidade da sua satisfação pelas partes.

A fase da preparação é considerada a etapa mais importante. Sobre este aspeto, é frequente citar *Abraham Lincoln: "Give me six hours to chop down a tree and I will spend the first four sharpening my axe"*.

Abertura da negociação

Feitas as apresentações pessoais, definido o objetivo da reunião, o tempo disponível e a agenda da discussão, importa acautelar alguns aspetos comportamentais.

O que deve fazer	O que não pode fazer
Saber ouvir.	Interromper.
Utilizar questões abertas.	Rejeitar de imediato a posição da outra parte.
Verificar se entendeu claramente a posição da outra pessoa.	Mostrar as suas concessões.
Resumir.	Responder de forma minuciosa.

Debate

Durante esta fase deverá obter toda a informação necessária, aprofundar todas as questões, identificar as bases de consenso e os pontos de desacordo.

O que deve fazer	O que não pode fazer
Focalize a sua atenção no problema e não na pessoa.	Interromper.
Embora discutindo e avaliando as posições, concentre-se nos fins.	Falar de mais.
Atente nas bases comuns e possíveis pontos de atrito	Seja obsessivo e irredutível na defesa da sua posição.
Preste atenção ao que não é dito.	
Avalie a conformidade entre o que é verbalizado e a linguagem corporal.	
Faça perguntas objetivas e clarificadoras.	
Tome nota do que for relevante.	
Faça uma nota com os pontos de atrito.	Não se torne negativo mesmo que lhe pareça haver pontos de fricção.
Assuma uma atitude positiva e faça propostas positivas.	Não culpe as outras pessoas pela manutenção das suas posições.
Aborde qualquer potencial conflito de uma forma construtiva.	Não esqueça ou adie a resolução de um eventual conflito.
Peça uma interrupção quando necessário.	
Resuma à medida que avança.	Tornar-se defensivo ou atacar a outra pessoa.
Apresente razões antes de uma proposta ou decisão.	Deixar a discussão perder o foco.
Mantenha-se centrado no tema principal.	Questionar os motivos da outra pessoa.
Ganhe concessões " Se o senhor.... então eu".	Forçar decisões prematuras.
Construa bases comuns.	

Conclusão do debate

O que deve fazer	O que não pode fazer
Registe todas as decisões pondo-as por escrito.	Pressionar decisões antes de todos terem declarado a sua concordância.
Dar tempo às pessoas para ponderarem a sua aceitação	Deixar qualquer decisão para ser tomada depois.
Verificar se todas as partes estão comprometidas com a decisão e se confirmam os acordos.	
Confirmar que todos estão esclarecidos acerca dos próximos passos.	

Efetivação do acordo

O que deve fazer	O que não pode fazer
Enviar uma nota/e-mail a todas as partes resumindo os acordos conseguidos, recordando todas as ações acordadas e prazos de execução.	Esquecer-se.
Informar todas as partes interessadas, mesmo as que não estiveram presentes, acerca dos acordos conseguidos.	
Enviar uma carta de agradecimento a todos os que estiveram envolvidos na negociação.	

4.4.4. Tipos de negociação

A aplicação do processo negocial pode adotar uma grande diversidade de formas. São conhecidos alguns tipos de negociação que seguidamente se caracterizam de modo resumido.

Negociação dinâmica

Entendida como o processo de compra e venda de bens e serviços em mercados onde os preços podem variar em função das condições da oferta e procura. O *Leilão eletrónico* é forma básica de negociação dinâmica.

O atual Código dos Contratos Públicos prevê (artigo 140º e seguintes) este tipo de negociação dinâmica no caso de contratos de locação ou de aquisição de bens móveis ou de contratos de aquisição de serviços. Nestes casos a entidade adjudicante pode recorrer a um leilão eletrónico que consiste num processo interativo baseado num dispositivo eletrónico destinado a permitir aos concorrentes melhorar progressivamente os atributos das respetivas propostas, depois de avaliadas, obtendo-se a sua nova pontuação global através de um tratamento automático.

Leilão inglês invertido

Neste tipo de negociação o comprador fixa o preço base de licitação. Este preço pode ser aumentado se não existirem ofertas. Os fornecedores fazem licitações de oferta, baixando o preço inicialmente apresentado. Vence o fornecedor que fizer a licitação mais baixa.

Leilão americano invertido

Este tipo de negociação é idêntico ao leilão inglês possibilitando vários vencedores. Os fornecedores apresentam as suas licitações, indicando as quantidades e respetivos preços de aquisição.

Leilão holandês invertido
Aqui, o comprador apresenta um preço inicial mais baixo. O valor inicial vai aumentando até ser apresentada a primeira oferta. O primeiro fornecedor a licitar é o vencedor do leilão.

Leilão japonês invertido
Ao contrário do leilão holandês invertido, aqui, o comprador apresenta um preço inicial elevado, que vai diminuindo em intervalos regulares. Os fornecedores que não estão interessados no valor apresentado abandonam o leilão. O leilão termina quando existe apenas um fornecedor.

Leilão inglês multivariável
O comprador fixa o preço base de licitação. Os fornecedores apenas têm que superar a sua própria oferta. Além do preço existem outros critérios de avaliação.

Pedido de proposta fechada
Durante um determinado período de tempo, os fornecedores apresentam a sua oferta. Esta é fechada e única, não visível aos concorrentes.

4.5. Gestão de Stocks
Para salientar a importância da gestão de stocks, começaremos por reconhecer que em qualquer empresa é obrigatório o controlo da variedade do tipo de produtos e, nomeadamente, o caso de consumo de produtos diversos para o mesmo fim. Nas Organizações de saúde, em particular, é de referir o exemplo emblemático de tipos de fios de sutura, diferentes em função de cada cirurgião. Sabemos da dificuldade em uniformizar este tipo de produtos. Se tentar obter justificação das características técnicas, cedo percebe que todos os fundamentos são aceitáveis e, por conseguinte, a saída mais fácil é comprar um fio de sutura diferente por cirurgião. Neste caso, se quer obter a melhor resposta em termos institucionais (eficácia, eficiência e efetividade da Organização) é indispensável obter consensos em termos de opinião técnica, científica e motivações pessoais.

Os stocks constituem um elevado investimento nas Organizações de saúde e a gestão dos mesmos pode trazer benefícios económicos significativos. Acresce que a gestão dos produtos consumidos nestas Organizações é bastante complexa devido à sua especificidade e características, a saber (Carvalho & Ramos, 2009):

- *Variedade*: existência de grande variedade com comportamentos de consumo distintos.
- *Imprevisibilidade*: o consumo dos produtos é aleatório, dependente do tipo de patologias e da sua evolução, o que dificulta a previsão do consumo.
- *Criticidade*: alguns produtos são considerados críticos e necessitam de elevados níveis de serviço.
- *Prazo de validade*: grande parte dos produtos tem prazos de validade, acrescentando dificuldade na sua gestão.
- *Vida útil*: o desenvolvimento tecnológico, as alterações dos ciclos terapêuticos e o aparecimento de novas tecnologias contribui para que o ciclo de vida seja curto, suscitando a potencial criação de obsoletos.

O stock é o conjunto de produtos acondicionados à espera de consumo que permite satisfazer as necessidades dos utilizadores sem lhes causar inquietação com os prazos de fabrico ou de entrega dos fornecedores. É *útil*, *indispensável* e *dispendioso*, impondo-se a obrigação de ser bem gerido.

O stock é útil porque defende a Organização da escassez, procurando dar resposta às faltas que podem ocorrer no processo de compra e no desenvolvimento da produção. Esta utilidade pode, também, depender dos seguintes fatores:

- *Finalidade especulativa* – pode ser vantajoso constituir stocks quando os preços estão baixos para revender ou utilizar quando os preços subirem.
- *Evitar compras frequentes de pequenas quantidades* podendo tornar-se incómodo, oneroso e por vezes impossível de efetuar dada a eventual indisponibilidade do fornecedor.
- A compra em *grandes quantidades pode proporcionar reduções de preço* compensadoras do custo de armazenagem.

A existência de stocks permite que o processo de produção (com consumo de recursos) seja independente do abastecimento e reabasteci-

GESTÃO DE MATERIAIS E APROVISIONAMENTO

mento. As razões normalmente apontadas para a constituição dos stocks são (Carvalho & Ramos, 2009):

- Fazer face às variações da procura. Como na grande maioria das situações a procura não é conhecida, a manutenção do stock permite ir ao encontro das flutuações imprevistas da procura.
- Fazer face às variações da oferta (tempo de entrega praticado e quantidade). Do lado da oferta (abastecimento pelos fornecedores externos ou reabastecimento no caso do aprovisionamento/farmácia para os serviços clínicos) há situações de incerteza cujos efeitos são atenuados pela existência de stocks.
- Obter descontos de quantidade. Possibilidade de usufruir de descontos no preço unitário do produto pela aquisição de uma quantidade mais elevada (pela redução dos custos de transporte, promoções ou outros).
- Permitir a compra económica (lote económico). Relacionar os custos associados à realização das encomendas com os custos de armazenagem, identificando-se a quantidade por encomenda para que o custo total de aprovisionamento seja mínimo.

Parece indispensável a definição de políticas de gestão de stocks seguras de modo a lidar convenientemente com a complexidade inerente aos produtos consumidos nas Organizações. A gestão de stocks apresenta três vertentes: *Material* (recepção, armazenamento e movimentação, distribuição); *Administrativa* ("o que" temos, "quanto" temos, "onde" temos); *Económica* ("o que" encomendar, "quando" encomendar, "quanto" encomendar).

Entende-se por *Gestão Económica de Stocks*, o conjunto de operações que permite conhecer a evolução dos stocks, formular previsões da evolução destes e tomar decisões de quando e quanto encomendar com a finalidade de conseguir a melhor qualidade de serviço ao mínimo custo (Reis & Paulino, 1994).

A *Gestão Administrativa de Stocks* reporta-se à definição de regras e suportes documentais para controlo administrativo (inventário permanente) e contabilístico dos stocks.

A *Gestão Material de Stocks* (ou física) aborda as questões ligadas à localização dos armazéns, assim como os princípios e métodos de armazenagem, tendo em vista uma movimentação fácil, segura e económica dos stocks (Reis & Paulino, 1994).

No âmbito da gestão económica de stocks é importante conhecer alguns conceitos cuja aplicação permite satisfazer as necessidades de consumo anual de uma empresa da maneira *mais económica* possível.

Interessa comprar *grandes quantidades* de determinado artigo por encomenda, reduzindo o custo de realização da encomenda ou, pelo contrário, comprar *pequenas quantidades* desse artigo, várias vezes ao longo do ano, reduzindo o investimento em stock ou o custo de armazenagem? A resposta é: interessa adquirir o *Lote Económico (Le)* – o qual pretende determinar a quantidade por encomenda para que o *custo total de aprovisionamento* seja mínimo. A bibliografia indicada (Reis & Paulino, 1994) (Zermati, 2000) (Carvalho & Ramos, 2009) permite conhecer e desenvolver estes conceitos, sendo de particular importância conhecer:

- Métodos de previsão de consumos;
- Custo total de aprovisionamento;
- Lote económico ou quantidade económica de encomenda;
- Stock de segurança.

De salientar, ainda, a necessidade de identificar o modelo a empregar na gestão de stocks. Diversos autores identificam dois métodos limite de gestão económica de stocks, também designados métodos de reaprovisionamento:

- Método do ponto de encomenda;
- Método da periodicidade fixa de encomenda.

Pretende-se saber *em que momento* se deve proceder a uma encomenda e *em que quantidade* deve ser encomendada de modo a que se obtenha um custo total de aprovisionamento mínimo. Se fixarmos a quantidade a encomendar (quanto), estamos a adotar o *método do ponto de encomenda*. Se fixarmos a periodicidade de encomenda (quando), escolhemos o *método da periodicidade fixa de encomenda*.

Denominam-se métodos limites ou extremos porque outros (métodos híbridos) poderão ser concebidos com as vantagens de um e de outro.

Em termos de *armazenagem, layout e arrumação*, os processos, à entrada, à permanência dos produtos em armazém e à saída (distribuição), devem ser estandardizados e similares para todos os produtos, obviamente tendo em conta as suas especificidades. Deve ser ponderada a existência de armazém central e/ou armazéns avançados. Deve ser avaliada a arrumação (enchimento) e o aviamento (*picking*) em zonas distintas da estante. O *layout* deve ser transformado para uma lógica mais arrumada, implicando menos movimentos, menos complexo e com maior fluidez.

Existem dois métodos limite para desenvolver a atividade de *aviamento* (*picking*) num armazém, cabendo ao gestor a melhor opção que poderá ser um *mixe* de ambas.

– O aviamento (*picking*) por cliente – assume todos os tipos de produtos e quantidades numa encomenda/requisição única para proceder à entrega/distribuição;
– O aviamento (*picking*) por produto – concilia várias requisições/ /encomendas de vários clientes (serviços clínicos), identifica os produtos com pedidos repetidos e procede à sua recolha e aviamento por cliente, para posterior entrega/distribuição.

Previamente ao processo de arrumação e *picking* deve ser ponderado e definido, por artigo e considerando a relevância dos prazos de validade, o método de escoamento dos produtos a partir do stock constituído:

– FIFO – "*first in, first out*" (Primeiro a Entrar, Primeiro a Sair), em termos de controlo do stock, trata-se de um método de armazenamento onde os itens são consumidos por ordem de chegada;
– FEFO – "*first expired, first out*" (Primeiro que Vence é o Primeiro que Sai), em termos de controlo do stock, trata-se de um método de expedição de produtos com base no seu prazo de validade. Tem o propósito de manter atualizados os stocks de acordo com os prazos de validade.

A *distribuição* dos produtos deve, obviamente, ter em conta as especificidades destes e da Organização. Os métodos mais conhecidos, com desenvolvimento em secção própria, são:

– Método tradicional;
– Método de reposição por níveis;
– Método de troca de carros;
– Método de duplo compartimento;
– Unidose;
– Outras formas mistas.

AS COMPRAS E A GESTÃO DE MATERIAIS

No âmbito da distribuição há necessidade de definir modelos e responsabilidades de gestão de stocks, mais ou menos descentralizados. Nos casos em que os serviços clínicos dispõem de armazéns avançados importa definir:

- Os responsáveis pela posse desses stocks;
- Os responsáveis por eventuais roturas;
- Como se contabiliza e como se procede à imputação do custo de stock ao serviço;
- O responsável pelas contagens e pelos pedidos de reposição;
- O responsável pelo reabastecimento dos produtos do stock.

4.6. Internalização ou Externalização

Apesar de se reconhecer extrema dificuldade de consenso, é frequente a questão quanto ao que é e ao que deve ser o *core business* de cada Organização. Da resposta resultará a estratégia e a identificação dos contratos a celebrar em outsourcing.

No âmbito da atividade de uma unidade de saúde, é necessário ter um armazém de farmácia, de material de consumo clínico, de componentes, ou podem ser externalizados? A alimentação, a limpeza e higiene das instalações, a segurança, a lavandaria e os transportes de doentes? Os serviços de manutenção das instalações e dos equipamentos? Mesmo em matéria de serviços assistenciais, devem ser todos internalizados ou alguns podem ser externos? A radiologia, o laboratório de patologia clínica, a anatomia patológica, a fisioterapia e outros meios de diagnóstico e terapêutica, devem ser externos ou fazer parte da unidade de saúde?

O clássico *"make or buy"* deve colocar-se em todos os raciocínios logísticos, constituindo matéria de relevância. Num mundo ideal, seria possível ter uma empresa com recursos para fazer tudo e fazer tudo bem, de preferência a um custo competitivo. Porém na realidade empresarial, é obvio que há uma necessidade de especialização para obter a melhor qualidade e prosseguir uma constante otimização de recursos.

Adam Smith defendeu que *"deve orientar a atuação do todo o chefe de família prudente, nunca produzir em casa aquilo que lhe custa mais produzir do que comprar"*.

Neste enquadramento, o momento fundamental para a planificação logística é a definição clara e objetiva do *core business* da empresa. Quais são os segmentos de mercado onde a empresa vai atuar, se vai dedicar, investindo na aquisição de material e recursos humanos especializados para se apresentar de forma concorrencial no mercado.

Após definição dos objetivos estratégicos, surgem uma série de funções periféricas para as quais não é rentável adquirir material e recursos humanos. Neste processo serão identificados os *fatores críticos de sucesso* (FCS), entendidos como as variáveis (atividades/tarefas) que devem ser desenvolvidas particularmente bem para que a empresa tenha melhor desempenho que outras da mesma área.

É neste momento que se pondera a decisão de fazer ou mandar fazer e se equaciona a hipótese do *outsourcing*, que como o próprio nome indica vai utilizar uma fonte *(source)* exterior *(out)* à própria empresa.

Esta contratação de serviços periféricos tem o objetivo de reduzir custos internos aproveitando o *know how* e a especialização de empresas externas que, em determinadas áreas específicas, são uma opção mais vantajosa do que o desenvolvimento de uma nova área de atuação interna.

Comprovada a necessidade a satisfazer com interesse para a prossecução da missão, uma das mais importantes decisões, refere-se à opção de tomar a produção dessa atividade, a cargo da empresa ou subcontratar a uma entidade externa.

Entramos no âmbito do *outsourcing* definido como um processo através do qual uma empresa (contratante), em linha com a sua estratégia, contrata outra (subcontratado), na perspetiva de um relacionamento mutuamente benéfico, de médio ou longo prazo, para desempenho de uma ou várias atividades que a primeira não pode ou não lhe convém desempenhar, e na execução das quais a segunda é tida como especialista (Santos, António, 1998).

O *outsourcing* caracteriza-se como o "recurso a fonte externa", "mandar fazer fora", "externalização". Em sentido inverso o *insourcing* caracteriza-se pelo "recurso a fontes internas". De acordo com a definição de António Santos, a opção pelo *outsourcing* deve considerar em primeiro lugar a linha de orientação estratégica da Organização.

Na área de gestão deve entender-se por *estratégia* o "onde" a empresa pretende combater o seu inimigo (concorrência). Por oposição à *tática* o "como" derrotá-lo. A tática não é mais do que a forma como deve ser implementada a estratégia. O *outsourcing* surge como uma decisão tática que se preocupa essencialmente com o "como" derrotar o inimigo (con-

AS COMPRAS E A GESTÃO DE MATERIAIS

corrência) ou seja, como afetar da melhor maneira os recursos escassos no sentido de implementar a estratégia.

O *outsourcing* é necessariamente *um processo que deve considerar os aspetos essenciais* ligados ao seu desenvolvimento, desde o *estudo prévio* do contrato a celebrar, até à tomada de *decisão, implementação* e *controlo* desse mesmo contrato. Na fase de *estudo prévio*, até à tomada de decisão, devem ser tomados em consideração os seguintes aspetos:

- O envolvimento das pessoas chave da empresa na decisão;
- O enquadramento do *outsourcing* dentro da estratégia global da empresa;
- O ajustamento dos critérios de seleção do cocontratante, em relação aos objetivos do contrato;
- As implicações ao nível dos recursos humanos;
- A correta avaliação das alternativas;
- A definição de padrões de desempenho e de mecanismos de medida, controlo e penalização/recompensa;
- As possíveis alterações no meio envolvente (tecnologia, legislação, etc.).

A dependência da decisão de *outsourcing* em relação à estratégia, bem como a necessidade de *consonância* com esta, resulta fundamentalmente do facto de que é a estratégia que define os segmentos de mercado onde a empresa vai atuar. Daqui decorre que só após esta definição é possível a identificação dos FCS, relativos a cada segmento. Como já referido, os FCS são variáveis (*atividades/tarefas*) que devem ser desenvolvidas particularmente bem para que uma empresa tenha melhor desempenho que a concorrência (Vasconcelos e Sá, J., 1988). Poderão ser exemplos:

- Uma força de vendas com bons conhecimentos técnicos e de marketing;
- Uma boa imagem;
- O preço do bem ou serviço tem que ser adequado;
- Uma distribuição adequada;
- Um bom departamento de investigação e desenvolvimento.

Todas as variáveis são importantes para o bom desempenho da empresa, mas *"há umas mais importantes que outras"* (diria George Orwell). Às variáveis que são de elevado grau de importância para o bom desempenho num determinado segmento de mercado dá-se o nome de FCS.

Um contrato de *outsourcing* é, antes de mais, uma relação cujo sucesso se encontra dependente da forma como esta for gerida. É importante considerar que a relação deve ser mutuamente benéfica, no sentido de se criarem condições que assegurem a sua continuidade. A relação pode assumir formas de *dependência* ou de *cooperação* em função do grau de autonomia conferido no contrato. A relação entre contraente e cocontratante pode variar entre uma relação comum de cliente/fornecedor ou de parceria. Depende fundamentalmente:

- Do grau de proximidade das atividades contratadas, do *core business* da empresa;
- Do número de fornecedores (potenciais cocontratantes) alternativos e com credibilidade existentes;
- Da natureza e âmbito das atividades contratadas;
- Das dificuldades associadas à transição de uma situação de *insourcing* para *outsourcing*.

O recurso ao *outsourcing* resulta, não de um acaso ou decisão leviana, mas como corolário de um processo que foi objeto de cuidada ponderação a partir de um diagnóstico interno e externo, em que se estudaram os aspetos relevantes para a decisão. Assim, na *fase de decisão* é indispensável que estejam clarificados os aspetos seguintes (Santos, António, 1998):

- Identificação das atividades de importância relevante para cada um dos segmentos onde a empresa atua – FCS;
- Determinação da posição competitiva da empresa em cada um desses segmentos (através da análise e comparação dos pontos fortes e fracos da empresa e dos seus concorrentes, em cada um dos FCS);
- Uma análise da sinergia relativa ao conjunto das atividades desenvolvidas pela empresa, e a forma como esta será afetada com a contratação;
- A clara identificação de ameaças e oportunidades oriundas do meio envolvente.

Por outro lado, a qualidade de especialista do cocontratante é uma condição essencial. Pretende-se enfatizar o facto de que à contratação deve

AS COMPRAS E A GESTÃO DE MATERIAIS

presidir a preocupação não apenas com a eficiência da empresa mas também com a sua eficácia. Nestes termos, acresce a necessidade de confrontar os custos inerentes ao facto de ser a própria empresa a assegurar o desenvolvimento da atividade e os inerentes à alternativa em *outsourcing*, mas também a comparação do nível de eficácia relativo a cada uma das alternativas (*in-house* ou *outsourcing*).

O processo de *outsourcing* encara cada atividade individualmente e analisa, para cada uma de *per* si, as alternativas que se afiguram mais adequadas (Santos, António, 1998), devendo considerar os seguintes aspetos (nas fases de *estudo prévio, decisão, implementação* e *controlo*):

- Análise e determinação da importância dessa atividade para o *core business* da empresa;
- Identificação das possíveis alterações do meio envolvente e das implicações destas no que concerne à forma de desenvolver o negócio;
- Determinação da possibilidade de essa atividade poder ser desenvolvida pela empresa de forma eficiente e eficaz;
- Existência dentro da empresa de especialistas que detenham o *know-how* suficiente para negociar o contrato e avaliar o desempenho do cocontratante;
- Desenho do contrato, para que este permita a minimização dos riscos e, simultaneamente, a maximização do controlo e da flexibilidade;
- Identificação e minimização dos custos ocultos em cláusulas contratuais;
- Constituição de uma equipa de negociação forte, experiente e multidisciplinar, com o *know-how* necessário, relativo à especificidade das atividades a contratar;
- Constituição de uma equipa de monitorização e controlo da atividade do cocontratante, que deve ser também incumbida da monitorização do mercado, procurando antever alterações que determinem uma rápida adaptação da empresa, e procurando simultaneamente identificar possíveis cocontratantes alternativos.

São de ponderar os aspetos relativamente aos custos de coordenação do *outsourcing*. *Williamson* defende que o *outsourcing* gera custos de coordenação mais elevados porque o contratante tem que controlar e coordenar o desempenho do cocontratante (Williamson, October, 1979). Estes custos podem revelar-se particularmente elevados quando o contraente não tem outras alternativas em termos de concorrência do mercado, além do cocontratante. Por outro lado, aconselha-se redobrada atenção, aquando da negociação contratual, procurando-se, essencialmente, criar mecanismos que impeçam que a escalada dos custos de coordenação possa vir a absorver as eventuais poupanças que decorram da presumível maior eficiência produtiva do cocontratante.

Com uma estratégia consistente, os objetivos consolidados e os FCS identificados e protegidos, poderemos prosseguir a máxima de *Tom Peters*: *"Do what you do best and outsource the rest"*.

5. A DISTRIBUIÇÃO

A "Distribuição" apresenta-se como uma das últimas etapas do processo de aprovisionamento. Qualquer empresa e particularmente as Organizações de saúde desenvolvem esta atividade para assegurar o produto certo, no momento certo e na quantidade apropriada de forma a otimizar a sua produção e satisfazer as necessidades dos clientes/utentes/doentes. A satisfação das necessidades dos utentes/doentes é um imperativo da unidade de saúde.

A "Distribuição" integra um sistema de atividades (do aprovisionamento, da logística ou da gestão de materiais) pelo qual fluem produtos e informação desde a origem (fornecedor) ao utilizador final (consumidor), de acordo com as necessidades deste.

A gestão de materiais, tal como a logística, mantém a função aprovisionamento como atividade e suporte fundamental. Por outro lado, integra o controlo da produção e toda a gestão dos fluxos de abastecimento desde a saída do fornecedor até ao utilizador final (um serviço da empresa ou um cliente exterior à empresa).

Esta gestão global dos fluxos potencia uma melhoria da coordenação de funções interdependentes, facilitando a introdução do processamento de dados e técnicas de investigação operacional fundamentais à tomada de decisões, à coordenação global e ao controlo/avaliação da gestão. Identifica, também, uma evolução da estrutura organizacional da empresa na progressiva consciencialização do peso financeiro que a gestão de bens e serviços representa no orçamento de exploração.

O domínio dos fluxos intangíveis sobre os fluxos materiais constitui o primeiro passo para o melhor sistema de gestão logístico e para o sucesso da distribuição. A gestão dos fluxos tangíveis e intangíveis assegura a Distribuição.

5.1. A Distribuição e a Gestão de Fluxos

Na *Distribuição* é essencial assegurar ao utilizador final (consumidor = prestador/utente) o produto certo, no local certo, no momento certo com a quantidade, qualidade e nível de segurança definidos. Neste conceito, podem ser identificadas duas funções: gestão dos fluxos intangíveis, e gestão dos fluxos materiais. A *gestão de fluxos intangíveis*, tem por objetivo:

- Definir, em articulação com os utilizadores (prestadores/prescritores), as especificações técnicas dos produtos (qualidade e segurança) a adquirir/consumir;
- Assegurar a utilização correta dos produtos e o controlo de qualidade dos mesmos;
- Monitorizar os consumos e sua conexão com a produção;
- Proceder à avaliação dos resultados na utilização do produto consumido.

A definição do nível de qualidade e de segurança está dependente dos fluxos de informação entre o utilizador e o responsável pela Distribuição.

Por sua vez, o responsável pela Distribuição deve estudar e planear com a equipa de colaboradores todas as tarefas associadas à atividade, nomeadamente a reposição por níveis se for o caso. Todos os colaboradores devem ser incentivados a desenvolver um espírito crítico das tarefas executadas podendo e devendo propor novos métodos de trabalho, em ambiente de cooperação com todos os elementos da equipa. Devem ser preparados e analisados indicadores que permitam medir os ganhos obtidos e instituir novas alterações sempre com vista à simplificação das tarefas e melhoria contínua de processos (*kaizen*).

Nas Organizações de saúde, qualquer projeto de melhoria só será bem sucedido se tiver o envolvimento dos diretores de serviço, enfermeiros-chefes e demais responsáveis clínicos que lidam direta ou indiretamente com o abastecimento dos seus serviços. Não se pretende que estes se encontrem regularmente para tomar decisões sobre as orientações a seguir pela equipa de distribuição. Bastará que estejam elucidados dos métodos de trabalho instituídos e que tenham oportunidade para emitir a sua opinião e apresentar contributos. A resistência à mudança só será ultrapassada se todos os intervenientes no processo estiverem devidamente elucidados e sentirem que estão integrados (Herdeiro & Morais, 2010).

A *gestão de fluxos materiais* da Distribuição, engloba todas as atividades que visam assegurar a disponibilidade dos produtos, com a máxima rapidez, com zero erros nas entregas e zero desperdícios, nomeadamente:

- A definição de regras e suportes documentais para controlo administrativo (inventário permanente) e contabilístico dos stocks (gestão administrativa dos stocks) (Rambaux). A existência de um stock justifica-se pela preocupação de fazer face às variações do consumo.
- O conjunto de operações que permitem determinar as previsões de consumo e conhecer a evolução dos stocks para decidir quanto e quando encomendar (gestão económica dos stocks) (Vicente & Santos, 1967).
- As questões ligadas aos princípios e métodos de armazenagem e distribuição, tendo em vista a guarda, conservação e a movimentação fácil dos produtos (gestão material dos stocks) (Vicente & Santos, 1967). Poderá integrar tarefas como:
  • Recepção e armazenagem dos produtos;
  • Preparação dos produtos para distribuição e consumo;
  • Transformação em doses individuais para entrega aos serviços clínicos e administração aos utentes.

As tarefas identificadas devem ser executadas por equipas "auto-organizadas", preferencialmente, num modelo de "gestão participada"[34] e assente em três pilares:

- Maximização da comunicação e da interação entre os trabalhadores;
- Experimentalismo e gestão das contradições como processo evolutivo de inovar;
- Valorização da sabedoria que vem da experiência.

---

[34] A gestão participada desenvolve a sua ação com base em estruturas que permitem a realização dos programas de atividade com autonomia e responsabilidade, assentes em níveis de gestão estratégica, intermédia e operacional, em que os centros de responsabilidade, enquanto níveis de gestão intermédia, assumem e desempenham um papel determinante.

AS COMPRAS E A GESTÃO DE MATERIAIS

A comunicação permite uma circulação do conhecimento que vem da experiencia. Incentiva a expressão de opiniões e o confronto de contradições sendo, também, um método de difusão do saber. Por outro lado, grande parte das etapas da Distribuição são caracterizadas por um forte componente visual em que as mudanças são rapidamente notadas, o que ajuda a criar um espírito de coesão e motivação.

Em suma, a equipa de Distribuição deve ter sempre presente os seguintes princípios orientadores: privilegiar o contacto com os produtos e utilizadores (GENBA)[35]; proceder à observação dos utensílios e materiais; procurar desperdícios e eliminar tarefas que não acrescentam valor (MUDA)[36]; instituir uma prática de melhoria contínua (KAIZEN); e gerir a mudança[37].

5.2. Distribuição – instrumento da Política de Marketing

Como já referimos, no campo da "gestão de empresas" mas, também, nas Organizações de saúde, o marketing é uma área fundamental. Nenhuma empresa pode sobreviver sem vender os seus produtos, isto é, sem satisfazer as necessidades dos consumidores aos quais se dirige. Sob este aspeto, o recurso ao marketing é uma condição imperativa de sucesso. A noção de marketing baseia-se na satisfação das necessidades dos consumidores.

Refira-se desde já que em saúde, os consumidores são os prestadores (prescritores) e os utentes (clientes). A relação de agência que se estabelece na área da saúde leva a que os prestadores desempenhem um papel relevante na satisfação das necessidades dos consumidores/utentes.

Uma empresa que adote uma abordagem de marketing deve analisar as necessidades dos seus clientes antes de tomar as suas decisões comerciais. Essas decisões vão traduzir-se na escolha de um *marketing-mix*, ou

---

[35] Termo japonês que significa "o lugar real". A ideia funda-se na necessidade de ir a casa do cliente, conhecer os estilos de vida e entender seus problemas para se implementar um sistema de qualidade na empresa orientado para esse cliente.

[36] Termo japonês que representa uma atividade de combate ao desperdício e ao que não acrescenta valor ou é improdutivo. Reduzir desperdícios é uma forma eficaz de aumentar a rentabilidade.

[37] Termos da indústria japonesa que ficaram célebres: "kaizen" – melhoria contínua; "kanban" – um sistema de cartões (fichas) para operacionalizar o "just-in-time" nos fornecimentos à produção; e "muda" – combate ao desperdício onde se inclui a ideia de "zero defeitos" para uma gestão de custos ao iene.

seja, de um conjunto de quatro parâmetros: o produto, o preço, a distribuição e a comunicação (Védrine, maio de 2001).

Durante muito tempo, a preocupação maior dos dirigentes das empresas foi a produção. As suas preocupações eram, essencialmente, o crescimento da capacidade de produção, a diminuição dos custos e o aumento da produtividade. A satisfação dos consumidores era muitas vezes secundária relativamente à conclusão da venda do produto.

Contrariamente à concepção precedente, a ótica do marketing reconhece a *soberania do consumidor*. Portanto, a empresa já não se define apenas em relação ao seu produto, mas em relação às necessidades que procura satisfazer, a fim de melhor se adaptar ao mercado. A empresa tem, necessariamente, de conhecer e analisar as expectativas dos consumidores antes de implementar os seus produtos e determinar as condições de comercialização. Idêntica situação se verifica na área da saúde quando apenas se acolhem as prestações de saúde de acordo com a *"leges artis"* e se avaliam os diferentes "estados de arte" em função das Boas Práticas e das Normas de Orientação Clínica adotadas.

Nas empresas, o ponto de partida do processo de abordagem de marketing é o *estudo das necessidades* e das expectativas dos consumidores. Em seguida, e porque não pode satisfazer a totalidade dos desejos dos consumidores, a empresa é levada a segmentar o mercado, a fim de *selecionar alvos* mais precisos. Com as necessárias adaptações, também, na área da saúde se selecionam patologias alvo de investigação com vista a garantir o melhor nível global de saúde da comunidade.

Para cada um dos alvos identificados, a empresa define, então, quatro parâmetros que domina e que constituem o *marketing-mix:* o *produto*, o *preço*, a *distribuição* e a *comunicação*. A *avaliação dos resultados* obtidos permite, em seguida, corrigir os erros observados nos diferentes níveis do processo (Védrine, maio de 2001).

FIG. 17 – Escolha de um marketing-mix

| Estudo de mercado |
| Determinação das necessidades |
| Selecção de um alvo |
| Determinação do *marketing-mix* |
| Produtos | Preço | Distribuição | Comunicação |
| Avaliação dos resultados |

Fonte: Adaptado de (Védrine, maio de 2001)

O produto, o preço, a distribuição e a comunicação, são Instrumentos da Política de Marketing.

O *produto* – elemento base do *marketing-mix* – é um conjunto de vantagens percebidas pelo consumidor.

O *preço* de venda aparece *a priori* como o elemento do *mix* mais fácil de determinar. Pode ser determinado a partir do custo, a partir da procura e a partir da concorrência.

A *distribuição* é o conjunto de operações que permite que o produto seja posto à disposição dos seus utilizadores/consumidores.

A *comunicação* é o conjunto de sinais emitidos pela empresa na direção dos clientes e de qualquer público-alvo. São conhecidos diversos meios de comunicação utilizados podendo indicar-se alguns: a publicidade, a promoção de vendas, o marketing direto, o patrocínio e o mecenato.

A política de distribuição na empresa, tal como nas Organizações de saúde, consiste em escolher os circuitos de distribuição e em saber geri-la. Tem como primeira missão colocar à disposição os produtos nos locais e nas quantidades pretendidas pelos consumidores ou utilizadores. É importante a escolha dos circuitos e dos métodos de distribuição que abordamos de seguida, mas é essencial o seu acompanhamento permanente em termos de gestão.

5.3. Métodos de distribuição

A "Distribuição" é, então, uma das atividades da gestão material de stocks, sendo conhecidos diversos métodos com aplicação nas Organizações. Cada empresa adota o método ou métodos mais adequados à sua especificidade considerando fatores como a estrutura de gestão instituída, a funcionalidade ou disfuncionalidade das infraestruturas, o efetivo de recursos humanos e a sua qualificação, o capital disponível e o orçamento afeto à gestão de materiais, o peso relativo da função distribuição face ao "*core business*", etc.

Seguidamente, caracterizam-se os métodos de distribuição mais conhecidos, sendo aceitável a existência de sistemas mistos estudados e desenvolvidos em função do posicionamento da gestão de produtos nas Organizações que, como já referimos, pode variar em função da conciliação da dimensão "importância da compra" com a "complexidade do *supply market*.

Método tradicional

Este método consiste no levantamento dos produtos nos armazéns pelos funcionários afetos aos serviços utilizadores. Apresenta as seguintes vantagens:

- Fácil implementação e de aceitação espontânea por parte dos serviços;
- Baixo investimento (equipamento de transporte e arrumação).

Desvantagens:

- Ocupa o pessoal da prestação direta de cuidados (da equipa de produção);
- Estimula a acumulação de stocks nos serviços, com repercussões:
  - No aumento das áreas ocupadas;
  - Na deterioração e utilização incorreta dos produtos;
  - Na indiferença no controlo dos prazos de validade;
- Desconhecimento dos consumos reais.

Método de reposição por níveis

A reposição nos serviços utilizadores é efetuada por funcionários do armazém, mediante contagem e por níveis definidos em função do consumo previsto.

Vantagens:

- Reduz o volume e valor do stock;
- Liberta o pessoal prestador de cuidados;
- Melhora a arrumação dos artigos;
- Facilita o controlo de prazos de validade;
- Regulariza as saídas do armazém;

Desvantagens:

- Processo demorado;
- Erros frequentes no processo de contagem;
- Número elevado de artigos que são fornecidos por operação de reposição;
- Número de deslocações do pessoal do Armazém;

AS COMPRAS E A GESTÃO DE MATERIAIS

Método de troca de carros

A cada serviço utilizador é atribuído um carro com todos os artigos repostos, pelos funcionários do armazém, de acordo com os níveis aprovados.

Vantagens:

- Coloca os produtos nos locais de consumo;
- Liberta o pessoal da produção (prestador de cuidados);
- Minimiza a interferência no funcionamento dos serviços;
- Permite o controlo permanente de stocks;
- Facilita o controlo de prazos de validade;

Desvantagens:

- Investimento relevante;
- Requer bons acessos entre serviços e armazém;
- Necessita de muito espaço no armazém;
- As trocas causam desgaste excessivo nos carros e elevado esforço físico;
- Limitação resultante das dimensões dos carros;

Método de duplo compartimento

Baseia-se no acondicionamento de cada artigo em dois compartimentos iguais e anexos, em que cada um terá metade do stock calculado para abastecer o consumo no período de tempo que medeia entre reabastecimentos, acrescido do stock de segurança.

Vantagens:

- Liberta o pessoal da produção (prestador de cuidados);
- Fácil e rápido levantamento das necessidades de reposição;
- Simples de operar e flexível;
- Bom controlo de validades (rotação completa do stock);
- Gestão centralizada dos stocks;
- Reduz a probabilidade de erros de contagem e de identificação de artigos;
- Facilita o processo de reposição (quantidades fixas por artigo).

Desvantagens:

- Dimensão das áreas ocupadas;

GESTÃO DE MATERIAIS E APROVISIONAMENTO

- Valor do investimento nos equipamentos adequados (armários);
- Falhas na retirada das etiquetas (para afixação no exterior do armário quando se esgota o stock no compartimento);
- Número de deslocações do pessoal de Armazém.

5.4. A Distribuição e a Consignação

No âmbito da Gestão de Materiais e com repercussão direta na Distribuição, a utilização de Sistemas de Consignação tem tido uma adesão crescente. A *consignação* resulta de um acordo segundo o qual o fornecedor coloca os seus artigos nas instalações do cliente (unidade de saúde) para consumo ou venda. O processamento da venda efetiva-se apenas no momento em que o cliente vende ou consome artigo. Isto é, o fornecedor mantém a propriedade do artigo até ao momento em que o cliente consome ou vende.

A aplicação deste tipo de sistemas poderá levar à diminuição expressiva do stock do fornecedor que passa a usar o armazém do cliente para os seus produtos. Por sua vez, o cliente pode reduzir significativamente o capital afeto a stocks. Num sistema de consignação o fornecedor mantém a propriedade dos artigos em stock que se encontram fisicamente nas instalações do cliente e, por conseguinte, assume os riscos associados ao excesso de stock. O cliente beneficia da redução dos custos de capital associado ao stock excluindo, também, a responsabilidade pelos encargos associados à obsolescência.

A consignação é aconselhada essencialmente para artigos de elevada diferenciação técnica que, regularmente, apresentam prazos de validade relativamente curtos. Nestes casos a obsolescência dos artigos é mais frequente e resulta não só dos prazos de validade expirados, mas também da rápida evolução tecnológica que obriga à sua substituição por modelos mais desenvolvidos.

O acordo de consignação pressupõe uma relação de parceria cliente/ /fornecedor. Com acordos desta natureza o fornecedor tem interesse em garantir que não há stock de artigos em excesso no cliente, para evitar riscos de recolher artigos obsoletos. De igual modo, o fornecedor evitará que o nível de stock diminua abaixo do recomendado, sob pena de perda de vendas devida a rotura de stock.

5.5. A Distribuição e o Stock Gerido pelo Fornecedor

Igualmente com repercussão na Distribuição, teve evolução recente o conceito de *Vendor Managed Inventory* (VMI), também designado por reposição contínua ou *supplier managed inventory*, exigindo-se, neste caso, boa cooperação e partilha de informação entre cliente e fornecedor (Lima, 2010).

Vendor Managed Inventory (VMI), em português *Stock Gerido pelo Fornecedor*, é um sistema em que o fornecedor se responsabiliza pela gestão dos níveis de *stock* nos clientes. O fornecedor tem acesso aos dados relativos ao stock (vendas) do cliente e assume, ele próprio, as decisões sobre os reabastecimentos. O VMI integra-se na cadeia de abastecimento como forma de estabelecer uma real colaboração e partilha de informação entre o fornecedor e o cliente e com isso, não só permite reduzir o nível de stock ao longo da cadeia como proporciona uma redução de custos (Mishra & Raghunathan, 2004).

Num sistema de *Vendor Managed Inventory*, o fornecedor toma as decisões sobre o nível de *stocks* mais indicado para cada um dos produtos, respeitando no entanto os limites previamente estabelecidos, assim como as políticas de *stocks* apropriadas para manter estes níveis. As sugestões apresentadas pelo fornecedor deverão ser analisadas e aprovadas pelo cliente (Simchi-Levi & Kaminsky, 2003).

Neste modelo o cliente deixa de emitir notas de encomenda ao fornecedor, para poder repor o nível de stock estabelecido. Com recurso aos sistemas de informação o cliente partilha, de forma integrada com o fornecedor, informação sobre existências, consumos e capacidade de armazenamento disponível. Por sua vez, o fornecedor assume a responsabilidade de gestão dos artigos em stock no cliente.

São considerados aspetos importantes na implementação do VMI (Simchi-Levi & Kaminsky, 2003):

- A negociação dos termos do contrato entre as partes que deve incluir fatores como a responsabilidade das ordens de compra, nível de *stock* e aspetos financeiros;
- O desenvolvimento de sistemas de informação que sirvam ambas as partes (cliente/fornecedor);
- O desenvolvimento e implementação de técnicas de previsão de consumos (vendas);

GESTÃO DE MATERIAIS E APROVISIONAMENTO

– A utilização de ferramentas auxiliares na gestão do stock e, eventualmente, as políticas de transporte.

A estreita relação entre cliente e fornecedor permite a automatização de atividades com benefícios para ambas as partes, sendo geralmente apontadas as seguintes vantagens na implementação do VMI (Simchi-Levi & Kaminsky, 2003):

– Vantagens para o fornecedor e para o cliente:
  - As falhas de comunicação são reduzidas e todo o processo é realizado em menor tempo e com maior eficácia;
  - Redução de *lead time* na cadeia de abastecimento;
  - Atenuação de incerteza na gestão do *stock*;
  - A estreita relação entre as partes permite a automatização de atividades;
  - Maior satisfação por parte do cliente final.
– Vantagens para o cliente:
  - Maior estabilidade na gestão do stock com redução da probabilidade de ruturas;
  - Redução de custos de processamento de encomendas;
  - Melhoria do nível de serviço.
– Vantagens para o fornecedor:
  - Maior certeza na previsão da procura – fora deste modelo, o fornecedor não tem qualquer informação antecipada dos artigos que o cliente vai encomendar, logo acaba por depender de previsões que o obrigam a manter stocks de segurança mais elevados;
  - Redução dos custos de distribuição (transporte) e de armazenagem dos artigos – fora deste modelo, o fornecedor suporta custos adicionais para satisfazer as necessidades dos clientes, nomeadamente para resposta a pedidos excecionais.

Também são apresentadas algumas desvantagens resultantes de problemas relacionados com a implementação do VMI (Simchi-Levi & Kaminsky, 2003):

– A necessidade de utilizar avançadas tecnologias o que traz um acréscimo de custos;
– A extrema confiança que terá que existir entre as duas partes;

- A aceitação por parte dos funcionários de ambas as partes da sua responsabilidade, assim como dos objetivos do VMI;
- O aumento de custos para o fornecedor que poderá ser diretamente proporcional ao aumento da sua responsabilidade com a gestão do stock;
- A inexistência de regras claras em relação aos custos com a gestão de stocks, com incidência no fornecedor;
- A implementação de um sistema que garanta a confidencialidade dos dados.

5.6. A Distribuição e o "just-in-time"

O objetivo do *just-in-time* (JIT) é a eliminação de tudo o que possa ser *desperdício*, e que não seja essencial para adicionar valor ao produto ou à produção. Trata-se de um método de gerir existências que visa eliminar todas as fontes de desperdício, com vista a conseguir um volume de stocks zero. Não sendo unicamente um método de gestão da produção é, também, um *estado de espírito* que deve envolver toda a Organização em três comportamentos fundamentais:

- Compromisso com o estado de espírito do JIT;
- Trabalho em equipa;
- Comprometimento com a melhoria contínua.

O *just in time* exige que se instale um plano de qualidade, implementando um controlo de cada posto de trabalho – o que se designa por "controlo da qualidade total" cuja máxima é "fazer bem à primeira vez". Exige, também, uma nova relação com os fornecedores assim como um investimento na formação profissional (Lubben, 1989).

De facto os stocks existem para suprir deficiências. Se os consumos (ou vendas) fossem previsíveis ou se a Organização tivesse suficiente flexibilidade na utilização dos seus recursos para responder às imprevistas variações dos consumos, não seria preciso ter stocks. Por outro lado, se os prazos de entrega fossem cumpridos, os stocks existentes seriam desnecessários, dado que estaria disponível o produto certo no momento e local certo. O JIT vem afirmar que é possível resolver estas ineficiências, procurando atingir o stock zero e garantir maior competitividade e melhor qualidade dos produtos e da produção.

O *just in time* é o principal pilar do sistema de produção da Toyota. De acordo com este sistema orientado para a gestão da produção, nada deve ser produzido, transportado ou comprado antes da hora exata. Pode ser aplicado em qualquer Organização, para reduzir stocks e os custos decorrentes. Com este sistema, o produto ou matéria-prima chega ao local de utilização somente no momento exato em que for necessário. Os produtos somente são fabricados ou entregues a tempo de serem vendidos ou montados.

Stock zero

Um stock, conjunto de produtos acondicionados à espera de consumo que permite satisfazer as necessidades dos utilizadores sem lhes causar inquietação com os prazos de fabrico ou de entrega dos fornecedores, é *útil, indispensável* e *dispendioso*, impondo-se a obrigação de ser bem gerido.

Em determinado contexto, Pierre Zermati afirma que *"só se deve ter um stock se não se puder ajustar economicamente o fluxo das entregas ao fluxo dos consumos"* (Zermati, 2000). Com o mesmo objetivo os japoneses lançaram a fórmula *"stock zero"* e *"no momento exato"* (*just-in-time*). Trata-se de fazer de maneira que o *fluxo montante* seja sempre igual ao *fluxo jusante* (que é o piloto), tanto para os produtos comprados como para os produtos fabricados, sem que as despesas aumentem.

Em termos pragmáticos, o "stock zero" não é mais do que o resultado assimptótico (Zermati, 2000) de um conjunto de normas de organização da produção que passa por:

- Programação rigorosa da produção e da manutenção dos utensílios de produção;
- Normalização e escolha judiciosa dos padrões de organização interna, melhoria da qualidade dos produtos;
- Capacidade dos fornecedores para cumprir os prazos e grande flexibilidade para se adaptarem instantaneamente às variações da procura.

Uma das ferramentas que contribui para um melhor funcionamento do sistema *Just in Time* é o "kanban".

AS COMPRAS E A GESTÃO DE MATERIAIS

5.7. O Sistema "kanban"

Como berço dos mais famosos sistemas de organização da produção industrial, é no país do "Sol Nascente" que, nas últimas décadas, se verifica uma revolução silenciosa na gestão, particularmente, na indústria automóvel. Termos japoneses ficaram célebres como:

- "kaizen" – melhoria contínua;
- "kanban" – um sistema de cartões (fichas) para operacionalizar o "just-in-time" nos fornecimentos à produção; e
- "muda" – combate ao desperdício onde se inclui a ideia de "zero defeitos" para uma gestão de custos ao iene.

O sistema *Kanban* acompanha toda a cadeia de produção de modo que o posto a montante só deve produzir (disponibilizar/distribuir) o que lhe foi pedido pelo posto imediatamente a jusante, e assim sucessivamente. A informação do posto a jusante ao posto a montante é transmitida através dos cartões (Kanbans). Num sistema de produção, coloca-se um *Kanban* em peças ou partes específicas de uma linha de produção, para indicar a entrega de uma determinada quantidade. Quando se esgotarem todas as peças, o aviso é levado ao seu ponto de partida, onde se converte num pedido para mais peças. Quando for recebido o cartão ou quando não há nenhuma peça no local definido, então deve-se distribuir, produzir ou solicitar a produção da peça.

As Organizações que adotem o JIT e utilizem o método Kanban têm as melhores condições para assegurar: maior eficácia nos resultados; maior coesão entre os postos de trabalho, dada a sua grande interdependência; maior flexibilidade em termos de adaptação da produção à procura; redução dos custos de produção; melhor serviço ao cliente; maior motivação dos trabalhadores; e forte diminuição dos stocks.

Kaizen

Nos anos 50, os japoneses retomaram a teoria clássica da gestão de Taylor para renovar a indústria e criaram o conceito de *Kaizen*, que significa "melhoria contínua". Esta prática (exprimindo uma forte filosofia de vida oriental) visa o desenvolvimento da empresa e dos seus colaboradores. As empresas são municiadas com ferramentas para se organizarem e procurarem sempre melhores resultados. O *Kaizen* atua de forma ampla para identificar e eliminar os desperdícios existentes na empresa, sejam em processos de produção já existentes ou em fase de projeto, seja em processos administrativos.

O lema é, *"Hoje melhor do que ontem, amanhã melhor do que hoje!"*

Para o *Kaizen*, é sempre possível fazer melhor. Nenhum dia deve passar sem que algum processo de melhoria tenha sido implantado, seja ele na estrutura da empresa ou no indivíduo. Esta metodologia traz resultados qualitativos e quantitativos num curto espaço de tempo, apoiados na sinergia gerada pelas equipas de trabalho congregadas para alcançar as metas estabelecidas para a empresa.

Parte II
Aspetos Jurídicos das Compras Públicas[38]

Se asseguramos a compra do produto certo, no momento certo, com a qualidade desejada e ao custo mínimo, reunimos as condições para caucionar o princípio da economia, da eficácia e da eficiência do processo, e do resultado. Significa que na realização da despesa pode obter-se o máximo rendimento com o mínimo de recursos.

Contudo, estes pressupostos não são suficientes na Administração Pública. O imperativo da boa gestão dos dinheiros públicos e a salvaguarda dos direitos e garantias dos administrados, exige que o processo de compra incorpore e demonstre a verificação dos princípios da legalidade, da transparência, da imparcialidade, da boa-fé e da prossecução do interesse público.

O observância das normas estabelecidas sobre o regime da realização das despesas públicas e o regime da contratação pública é uma obrigação dos funcionários e agentes do Estado e, particularmente, dos dirigentes dos organismos públicos. O controlo da despesa pública é indispensável e deve ser garantido. Se o dinheiro é dos contribuintes, as entidades do Estado têm obrigação de lhes prestar contas (*accountability*).

---

[38] Os capítulos que integram a II Parte deste manual reproduzem parcialmente a Parte I de Aquisições de Bens e Serviços na Administração Pública, de Mário Bernardino, maio de 2006, Edições Almedina, SA. Foram feitos ajustamentos em função das alterações legislativas, entretanto ocorridas, e adaptações forçadas pelo enquadramento no âmbito do desenvolvimento do conceito de gestão de materiais.

AS COMPRAS E A GESTÃO DE MATERIAIS

Nos capítulos seguintes abordaremos algumas questões consideradas essenciais para uma Administração mais eficiente, responsável e transparente. Os gestores públicos, os dirigentes, bem como os funcionários e agentes do Estado e demais entidades públicas podem ser responsabilizados civil, financeira e disciplinarmente pela violação das normas sobre a realização da despesa pública.

1. ESPECIFICIDADES DA CONTRATAÇÃO PÚBLICA
1.1. Introdução à contratação pública

A celebração de contratos de aquisição de bens e serviços na *Administração Pública* encontra-se atualmente regulada pelo Código dos Contratos Públicos (CCP), aprovado pelo Decreto-Lei nº 18/2008, de 29 de janeiro[39] que estabelece o *regime da contratação pública*, regulando quer a disciplina aplicável à formação dos contratos públicos, quer o regime substantivo dos contratos públicos que revistam a natureza de contrato administrativo.

Todavia, conforme alínea f) do nº 1 do art. 14º do Decreto-Lei nº 18/ /2008, de 29 de janeiro, que aprovou o referido CCP, mantém-se em vigor o *regime de realização das despesas públicas* previsto nos artigos 16º a 22º e 29º do Decreto-Lei nº 197/99, de 8 de junho.

---

[39] O Código de Contratos Públicos (com a Declaração de Retificação nº 18-A/2008, de 28 de março) foi republicado pelo Decreto-Lei nº 278/2009, de 2 de outubro, e posteriormente alterado pela Lei nº 3/2010, de 27 de abril e pelo Decreto-Lei nº 131/2010, de 14 de dezembro. A Lei nº 3/2010 reforçou a obrigatoriedade de pagamento de juros de mora pelo atraso do contraente público no cumprimento das obrigações pecuniárias. O Decreto-Lei nº 131/2010: simplifica as regras aplicáveis aos contratos a celebrar no âmbito da implementação e funcionamento da Rede Nacional de Cuidados Integrados, bem como no âmbito dos acordos de cooperação a celebrar entre o Estado e instituições particulares de solidariedade social; regula as empreitadas destinadas a executar projetos de investimento no sector agrícola e desenvolvimento rural no âmbito do Fundo Europeu Agrícola de Desenvolvimento Rural (FEADER); transpõe a Diretiva nº 2007/66/CE, do Parlamento Europeu e do Conselho, de 11 de dezembro, designada «Diretiva Recursos», que altera as Diretivas nºs 89/665/CEE, do Conselho, de 21 de dezembro, e 92/13/CEE, do Conselho, de 25 de fevereiro, introduzindo novas regras em matéria de contratação pública destinadas a conferir maior transparência à utilização de procedimentos pré-contratuais.

Sendo certo que, apesar do esforço de compilação da legislação avulsa e de simplificação das normas, os processos de formação dos contratos na Administração Pública ao abrigo do Decreto-Lei nº 197/99, de 8 de junho, continuavam complexos e lentos. Complexos devido à quantidade de documentação exigida nos procedimentos. Lentos, não só pelos prazos legais estabelecidos como defesa dos princípios da imparcialidade e da transparência mas também, pelos tempos de espera indevidos e resultantes do deficiente desenvolvimento e acompanhamento dos procedimentos adotados. Devido a estes atrasos, os processos de aquisição tornaram-se pouco eficazes uma vez que a entrega dos produtos ou a prestação dos serviços não coincidia, ou raramente coincidia, com o momento em que era indispensável a satisfação da necessidade previamente expressa.

A ineficiência era, assim, uma característica comum a quase todos os processos de aquisição. Dado que os bens ou serviços não estavam presentes quando faziam falta, procedia-se normalmente à sua aquisição por unidade (ajuste direto) até à conclusão do procedimento inicial. Além da repetição das tarefas associadas ao processo de compra e da dificuldade de fundamentação destes procedimentos, ofendia-se o ditado popular de "à dúzia é mais barato".

O CCP, para além de ambicionar o alinhamento com as mais recentes diretivas comunitárias, procedeu a uma nova sistematização e uniformização de regimes substantivos dos contratos administrativos, visando alcançar os seguintes objetivos:

- Simplificar e clarificar as regras procedimentais;
- Promover maior celeridade dos procedimentos;
- Obter ganhos de eficácia.

Exigências de clareza, simplicidade e transparência das normas sobre contratação pública, assim como dos direitos e garantias dos administrados, relativos à coordenação dos processos de adjudicação dos contratos públicos, foram consagradas no CCP ao definir os princípios a observar na formação e execução dos contratos públicos. São realçados os princípios da legalidade, da boa fé e da transparência. Como corolário deste último princípio pode apontar-se a desmaterialização procedimental através da utilização exclusiva dos meios eletrónicos.

AS COMPRAS E A GESTÃO DE MATERIAIS

O CCP transpõe as diretivas comunitárias relativas à celebração dos contratos públicos de empreitada de obras públicas, de locação ou aquisição de bens móveis e de aquisição de serviços (Diretivas 2004/18/CE e 2004/17/CE, ambas de 31 de março de 2004). Pretendeu sistematizar num único diploma um conjunto de normas dispersas, uniformizando os procedimentos e revogando os Decretos-Lei nº 197/99, de 8 de junho e nº 59/99, de 2 de março, entre outros, bem como toda a legislação relativa às matérias por estes reguladas.

No âmbito da atividade desenvolvida pela Comissão de Acompanhamento do Código dos Contratos Públicos, através do Decreto-Lei nº 278/ /2009, de 2 de outubro, introduziram-se alterações ao CCP, aprovado pelo Decreto-Lei nº 18/2008, de 29 de janeiro. Estas alterações visaram adaptar os procedimentos administrativos nas instituições científicas e nas instituições de ensino superior possibilitando que as atividades de investigação, designadamente as decorrentes de projetos nacionais ou internacionais ou de acordos internacionais de cooperação científica, sejam desenvolvidas de forma regular e, sobretudo, adequada ao próprio processo científico e aos seus objetivos. Mais tarde, com a Lei nº 3/2010, de 27 de abril, reforçou-se a obrigatoriedade de pagamento de juros de mora pelo atraso do contraente público no cumprimento das obrigações pecuniárias. Entretanto, têm vindo a ocorrer alterações pontuais que visam, essencialmente, aperfeiçoar o processo de realização da despesa pública, com vista a garantir maior transparência e controlo da mesma.

1.2. Âmbito de aplicação
De referir que o CCP (art. 1º) regula não só a fase de formação dos contratos públicos (parte II – artigos 16º a 277º), mas também a fase de execução destes (parte III – artigos 278º a 473º) desde que revistam a natureza de contrato administrativo.

Sendo que, reveste a natureza de *contrato administrativo* o acordo de vontades, independentemente da sua forma ou designação, celebrado entre contraentes públicos e cocontratantes ou somente entre contraentes públicos, que se integre em qualquer uma das seguintes categorias (nº 6 do art. 1º do CCP):
   – Contratos que, por força da lei ou da vontade das partes, sejam qualificados como contratos administrativos ou submetidos a um regime substantivo de direito público;

ASPETOS JURÍDICOS DAS COMPRAS PÚBLICAS

- Contratos com objeto passível de *ato administrativo*[40] e demais contratos sobre exercício de poderes públicos;
- Contratos que confiram ao cocontraente direitos especiais sobre coisas públicas ou o exercício de funções dos órgãos do contraente público;
- Contratos submetidos a um procedimento de formação regulado por normas de direito público e em que a prestação do cocontraente possa condicionar ou substituir, de forma relevante, a realização das atribuições do contraente público.

Entende-se por *contratação pública*, a fase de formação dos contratos públicos que se inicia com a decisão de contratar e termina com a celebração do contrato (Sérvulo & Associados/Sociedade de Advogados, 2008). *Contratos públicos* são todos aqueles que, independentemente da sua designação (acordo, protocolo, etc.) e da sua natureza (pública ou privada), sejam celebrados pelas entidades adjudicantes previstas no CCP (nº 2 do art. 1º). Destacam-se duas categorias de entidades adjudicantes, designadas como contraentes públicos na celebração do contrato:

- *Sector público administrativo* (nº 1 do art. 2º do CCP) – Estado[41], Regiões Autónomas, Autarquias Locais, Institutos Públicos, Fundações e Associações Públicas;
- *Outros organismos de direito público* (nº 2 do art. 2º do CCP) – Pessoas coletivas que, independentemente da sua natureza, pública ou privada, tenham sido criadas especificamente para satisfazer necessidades de interesse geral, sem carácter industrial ou comercial, e sejam maioritariamente financiadas pelas entidades do sector

---

[40] Na esteira de Freitas do Amaral, o ato administrativo é o ato jurídico unilateral, praticado por um órgão da Administração, no exercício do poder administrativo, e que visa a produção de efeitos jurídicos sobre uma situação individual num caso concreto (Amaral, 1984).

[41] A palavra Estado tem várias aceções, sendo mais importantes a aceção internacional, a constitucional e a administrativa. Na aceção internacional, o Estado soberano é titular de direitos e obrigações. Na aceção constitucional, o Estado surge-nos como comunidade de cidadãos que, nos termos do poder constituinte, assume uma determinada forma política. Para efeitos do Código em análise a palavra Estado deve entender-se na aceção administrativa, isto é, como pessoa coletiva pública que, no seio da comunidade nacional, desempenha, sob direção do Governo, atividade administrativa (Amaral, 1984).

público administrativo tradicional, estejam sujeitas ao seu controlo de gestão ou tenham um órgão de administração de direção ou de fiscalização cuja maioria dos titulares seja, direta ou indiretamente, designada por aquelas entidades.

Segundo o entendimento comunitário, integram os *"organismos de direito público"* "qualquer ente público que esteja referido ou descrito nas regras estabelecidas ou que, mesmo sem o estarem, cumpram *funções de interesse público,* utilizem ou beneficiem, direta ou indiretamente, de *recursos ou fundos públicos,* e, exerçam uma atividade que poderia, de modo idêntico, ser assegurada pelos entes descritos ou referidos expressamente".

1.3. Contratos excluídos

Estão excluídos do âmbito de aplicação os contratos indicados no art. 4º do CCP. Sendo considerados *contratos excluídos,* entre outros:

- Os contratos a celebrar ao abrigo de convenção internacional e nos termos descritos;
- Os contratos administrativos de provimento e contratos individuais de trabalho;
- Os contratos de doação de bens móveis a favor de qualquer entidade adjudicante;[42]
- Os contratos de compra e venda, de doação, de permuta e de arrendamento de bens imóveis ou contratos similares;[43]

---

[42] À *aceitação de doações* de bens móveis com encargos para o Estado aplica-se o regime de competências estabelecido para a aquisição onerosa (art. 2º do Decreto-Lei nº 307/94, de 21 de dezembro). A *alienação* dos bens móveis considerados disponíveis faz-se em *"hasta pública"* ou por *"concurso público".* Excecionalmente pode realizar-se por *"negociação direta"* (Art. 9º do DL 307/94). A fixação do valor abaixo do qual (60.000$) os bens podem ser alienados por "negociação direta", bem como o processo de alienação por "hasta pública" e "concurso público" constam da Portaria 1152-A/94, de 27 de dezembro.

[43] Constituem receitas próprias dos organismos autónomos (personalidade jurídica, autonomia administrativa, financeira e patrimonial), as doações, heranças ou legados (art. 47º do Decreto-Lei nº 155/92, de 28 de julho). Com o Decreto-Lei nº 280/2007, de 7 de agosto, foi definido o regime do património imobiliário e foram estabelecidas as disposições gerais e comuns aplicáveis aos bens imóveis dos domínios públicos do Estado, das Regiões Autónomas e das Autarquias Locais.

– Os contratos relativos à aquisição, ao desenvolvimento, à produção ou à coprodução de programas destinados a emissão por parte de entidades de radiodifusão ou relativos a tempos de emissão.

Por outro lado, estão previstos casos de *contratação excluída* (indicados no art. 5º do CCP). Nestas situações não são aplicáveis os procedimentos e as regras estabelecidas na Parte II do Código (art. 16º a 277º do CCP). Apesar de algumas variantes especificadas, beneficiam desta prerrogativa, entre outros:

– Os contratos a celebrar por entidades adjudicantes cujo objeto abranja prestações que não estão nem sejam suscetíveis de estar submetidas à concorrência de mercado, designadamente em razão da sua natureza ou das suas características, bem como da posição relativa das partes no contrato ou do contexto da sua própria formação;
– Os contratos a celebrar por entidade/s adjudicante/s que exerça/m sobre a atividade da outra entidade um controlo análogo ao que exerce sobre os seus próprios serviços, e esta entidade desenvolva o essencial da sua atividade em benefício da/s entidade/s adjudicante/s;
– Os contratos a celebrar pelos hospitais E. P. E. cujo valor seja inferior aos limiares comunitários;[44]
– Os contratos que devam ser celebrados com uma entidade, que seja ela própria uma entidade adjudicante, em virtude de esta beneficiar de um direito exclusivo de prestar o serviço a adquirir;
– Contratos de aquisição de serviços que tenham por objeto os *serviços de saúde e de carácter social* mencionados no anexo II B da Diretiva nº 2004/18/CE, do Parlamento Europeu e do Conselho, de 31 de março, bem como os contratos de aquisição de serviços que tenham por objeto os *serviços de educação e formação profissional* mencionados no referido anexo, que confiram certificação escolar e ou certificação profissional;

---

[44] Os limiares comunitários para os contratos públicos foram fixados pelo Regulamento (CE) nº 1177/2009 da Comissão Europeia, de 30 de novembro. Ver secção Limiares Comunitários.

O CCP introduz uma distinção no que diz respeito às entidades adjudicantes que atuam no sector da saúde: por um lado os hospitais públicos do sector público administrativo (SPA); por outro os hospitais públicos sob a forma de entidades públicas empresariais (EPE). Esta distinção reside no facto de a disciplina da contratação pública prevista na Parte II do CCP (artigos 16º a 277º) não ser aplicável à formação dos contratos a celebrar pelos hospitais EPE, cujo valor seja inferior aos limiares comunitários (nº 3 do art. 5º).[45] De referir que o art. 5º designa por *contratação excluída* um conjunto de contratos cuja formação não está sujeita às regras estabelecidas na Parte II do CCP, apesar de a Parte III (artigos 278º a 473º) poder ser aplicável à sua execução sempre que esses contratos revistam natureza administrativa. Neste âmbito, merecem especial destaque os hospitais EPE, não sendo aplicáveis as regras estabelecidas na Parte II do CCP (relativas aos tipos de procedimentos e à fase de formação dos contratos):

- Aos contratos de empreitada de obras públicas cujo valor seja inferior ao referido na alínea c) do art. 7º da Diretiva nº 2004/18/CE, de 31 de março[46];
- Aos contratos de locação ou aquisição de bens e serviços cujo valor seja inferior ao referido na alínea b) do art. 7º da Diretiva nº 2004/18/CE, de 31 de março[47].

---

[45] Atualmente, está em estudo um projeto de alteração do CCP que revoga o nº 3 do artigo 5º com a redação atual. Na prática, com o objetivo de assegurar a melhor transparência e controlo da despesa pública, desaparece a exceção relativa à formação dos contratos a celebrar pelos hospitais E. P. E., e associações de direito privado que prossigam finalidades a título principal de natureza científica e tecnológica, bem como, exclusivamente no âmbito da atividade científica e tecnológica, pelas instituições de ensino superior públicas e pelos laboratórios de Estado.

[46] Para os contratos de empreitada de obras públicas o valor é € 4.845.000,00. No dia 1 de janeiro de 2010 entrou em vigor o *Regulamento (CE) nº 1177/2009 da Comissão Europeia, de 30 de novembro*, que fixou os limiares para os contratos públicos. Atendendo que a forma adotada para o diploma foi a de Regulamento comunitário, tornou-se "obrigatório em todos os seus elementos e diretamente aplicável em todos os Estados-membros" (cfr. art. 249º do Tratado de Roma – Comunidade Europeia). Consultar secção própria sobre os limiares comunitários.

[47] Para os contratos de locação ou aquisição de bens e serviços o valor é € 193.000,00. No dia 1 de janeiro de 2010 entrou em vigor o *Regulamento (CE) nº 1177/2009 da Comissão Europeia, de 30 de novembro*, que fixou os limiares para os contratos públicos. Atendendo que a forma adotada para o diploma foi a de Regulamento comunitário, tornou-se "obrigatório em todos

Situação idêntica ocorre com as associações de direito privado que prossigam finalidades a título principal de natureza científica e tecnológica, bem como, exclusivamente no âmbito da atividade científica e tecnológica, pelas instituições de ensino superior públicas e pelos laboratórios de Estado. Também, neste caso, a parte II do presente Código não é aplicável à formação dos contratos a celebrar por estas entidades (até aos limiares definidos).

De igual modo, conforme nº 2 do artigo 5º, a parte II do CCP também não é aplicável aos contratos *"in house"*, isto é, quando a entidade adjudicante exerce sobre a entidade adjudicatária um controlo análogo ao que exerce sobre os seus próprios serviços, desenvolvendo o essencial da atividade em benefício da entidade adjudicante.

De salientar ainda, a contratação excluída prevista para os contratos que tenham por objeto os *serviços de saúde* e de *carácter social* bem como os serviços de *educação e formação profissional que confiram certificação escolar ou certificação profissional*, conforme alínea f) do nº 4 do art. 5º do CCP. O âmbito de aplicação desta disposição abrange os organismos do sector público administrativo e os organismos de direito público atrás indicados, incluindo entidades públicas empresariais.

Nos termos da citada disposição (alínea f) do nº 4 do artigo 5º do CCP), a *"parte II* [relativa à escolha e tramitação dos procedimentos] *não é (...) aplicável à formação dos (...) contratos de aquisição de serviços que tenham por objeto os serviços de saúde e de carácter social (...) mencionados no anexo II B da Diretiva nº 2004/18/CE do Parlamento Europeu e do Conselho, de 31 de março (...)"*.

Por outras palavras, implica a não sujeição da contratação daqueles serviços a qualquer procedimento pré-contratual específico e a ausência de qualquer valor limitativo dessa contratação, sendo uma matéria que o CCP qualifica como "contratação excluída" (conforme epígrafe do artigo 5º).

Simultaneamente, e conforme previsto na Diretiva nº 2004/18/CE, o nº 5 do art. 5º do CCP clarifica que a celebração desses contratos está sujeita ao cumprimento das formalidades previstas nos artigos 49º (espe-

---

os seus elementos e diretamente aplicável em todos os Estados-membros" (cfr. art. 249º do Tratado de Roma – Comunidade Europeia). Consultar secção própria sobre os limiares comunitários.

AS COMPRAS E A GESTÃO DE MATERIAIS

cificações técnicas a observar na elaboração do Caderno de Encargos) e 78º (anúncio da adjudicação, no prazo de 30 dias após a adjudicação). Efetivamente, sucede que todos os serviços objeto dos contratos identificados na alínea f) do nº 4 do art. 5º do CCP estão previstos no Anexo II B da Diretiva nº 2004/18/CE, através dos seguintes números de referência:[48]

- "85111300-3 Serviços hospitalares de ginecologia;
- 85111320-9 Serviços hospitalares de obstetrícia;
- (...)
- 85141000-9 Serviços prestados pelo pessoal médico";
- (...)
- 85143000-3 Serviços de ambulâncias".

Acresce ainda que, na formação dos contratos atrás referidos e dos excluídos tipificados nos números 1 a 4 do art. 5º do CCP, quando a entidade adjudicante seja um organismo do sector público administrativo (uma das referidas no nº 1 do art. 2º do CCP), é ainda aplicável, com as necessárias adaptações, o disposto sobre documentos comprovativos de habilitação e declarações de situação regularizada ao fisco e segurança social (capítulo VIII do título II da parte II do CCP – artigos 81º a 87º) e sobre o valor e modo de prestação da caução (capítulo IX do título II da parte II do CCP – artigos 88º a 91º) (vide nº 7 do art. 5º).[49]

1.4. Aspetos a considerar
O papel do júri
De acordo com o artigo 67º do CCP, salvo no caso de ajuste direto em que tenha sido apresentada uma única proposta, os procedimentos para a for-

---

[48] Os "números de referência" dizem respeito à nomenclatura CPV (*common procurement vocabulary*) instituída pelo Regulamento nº 2195/2002, do Parlamento Europeu e do Conselho, de 5 de novembro de 2002 (*JOUE* L340, de 16 de dezembro de 2002), alterado pelo Regulamento (CE) nº 2151/2003, da Comissão, de 16 de dezembro de 2003, (*JOUE* L 329, de 17 de dezembro de 2003) e pelo Regulamento (CE) nº 213/2008, da Comissão, de 28 de novembro de 2007 (*JOUE* L 74, de 15 de março de 2008).

[49] De acordo com a jurisprudência do Tribunal de Contas, "nos contratos onde não se aplica o regime do procedimento pré-contratual do CCP, estes devem obediência aos Princípios da Contratação Pública".

mação de contratos são conduzidos por um júri designado pelo órgão competente para a decisão de contratar.

Significa isto que, nos processos de realização de despesa e contratação pública, o júri tem hoje uma intervenção ativa com reflexo direto nas atribuições da instituição. Grande parte das tarefas associadas ao processo de compra é da responsabilidade do júri. Vejamos as atribuições clássicas dum sector de compras:

- Análise da expressão de necessidades dos utilizadores numa perspetiva quantitativa e qualitativa;
- Elaboração, desenvolvimento e acompanhamento dos processos de aquisição;
- *Avaliação e escolha de fornecedores;*
- *Análise das propostas;*
- *Negociação das condições de compra;*
- Gestão da encomenda até à sua entrega e aceitação.

Das seis identificadas, três (assinaladas em itálico) são da responsabilidade do júri. Hoje, na Administração Pública, as atribuições de particular importância como a *avaliação de fornecedores e das propostas e a negociação das condições de compra,* são da exclusiva responsabilidade dos elementos do júri designados. Daí a importância do seu papel. O que implicará uma melhor e mais cuidada ponderação na designação do júri, tendo em consideração aspetos como habilitação, aptidão e competência de cada elemento a nomear.

O papel da negociação na Administração Pública

Com vista a simplificar e trazer maior celeridade, esperava-se do CCP uma melhor sistematização e clareza das normas. Em alguns procedimentos as formalidades exigidas, designadamente a necessidade de elaborar novas propostas após a fase negocial, constituem marcha atrás relativamente às formalidades previstas na legislação anterior. O primado do interesse público bem como os direitos e garantias dos Administrados são o fundamento das exigências de imparcialidade e transparência das normas de contratação pública mas, também, a principal causa do formalismo excessivo e complexidade dos processos.

Contudo, sem questionar tais direitos e garantias dos Administrados, o novo CCP poderia ir mais longe e criar condições para uma gestão mais

AS COMPRAS E A GESTÃO DE MATERIAIS

eficiente dos dinheiros públicos. O alargamento da possibilidade de negociação, por exemplo, a todos os tipos de procedimento como uma fase integrante destes, seria uma medida de grande utilidade para as partes contratantes. Não é aceitável que a Administração Pública possa negociar 100 euros e esteja impedida de negociar 100 mil. A situação atual parece continuar a *"proteger os tostões e esquecer os milhões"*.

A possibilidade de optar pela negociação em separado ou em conjunto nas situações de exceção em que é admitida, foi finalmente incorporada no CCP e constituiu uma alteração face ao diploma anterior. Sempre afirmamos que a entidade adjudicante deve ser livre de adotar a técnica negocial mais eficaz face ao montante da despesa e ao objeto do contrato em causa. A adoção desta medida não prejudica o respeito pelos princípios da imparcialidade e da transparência, até porque em último recurso está garantida a audiência prévia.

Na realização das despesas públicas deverá ter-se em vista a obtenção do máximo rendimento com o mínimo de recursos, o acréscimo de produtividade e a sua utilidade. Para evitar a ocorrência de prejuízos na Administração Pública e *"proteger os milhões sem esquecer os tostões"*, seria importante que o novo CCP instituísse a negociação como uma fase opcional de qualquer procedimento.

Por outro lado, a negociação é cada vez mais uma atividade de profissionais. Porém, na Administração Pública além de não estarem previstos mecanismos que possibilitem essa profissionalização (a operação é conduzida pelos elementos do júri que, normalmente, não têm qualquer preparação) a negociação está manietada normalmente por falta de competência (poder de decisão) do negociador. A falta de poder de decisão poderia ser ultrapassada se, previamente a cada negociação o dirigente do organismo pudesse delegar no negociador as competências em falta. Todavia, a falta de capacidade (por carência de formação) manter-se-ia independentemente da competência.

Negociar é tomar decisões a nível de troca. Na troca, uma das partes recebe alguma coisa que quer, em contrapartida do que abona à outra parte como pagamento e proteção do equilíbrio financeiro de ambos os contraentes. O valor da reposição do equilíbrio financeiro do contrato encontra hoje proteção expressa no CCP (vide nº 3 do art. 97º, 281º e art. 282º), correspondendo ao necessário para repor a proporção financeira em que assentou inicialmente o contrato. A fase negocial é indispensável para:

ASPETOS JURÍDICOS DAS COMPRAS PÚBLICAS

- Assegurar a economia,[50] a eficácia e a eficiência na realização da despesa da entidade adjudicante;
- Garantir que cada uma das partes receba o equivalente àquilo que dá – justiça comutativa;
- Assegurar o equilíbrio financeiro na preparação e execução do contrato.

O equilíbrio financeiro não fica assegurado quando se permite que as propostas apresentadas pelos concorrentes são inalteráveis até à adjudicação. Não ficam garantidas as condições necessárias para que a Administração Pública adjudique ao melhor preço. Pelo contrário, a Administração pode, em alguns casos, ficar obrigada a prosseguir o procedimento e adjudicar com preços considerados desvantajosos.

A negociação apresenta-se como um meio de garantir a justiça comutativa e o equilíbrio financeiro de ambas as partes e deveria ser considerada uma fase do processo necessária e indispensável para a celebração de qualquer contrato público. *Só há boas compras quando se fazem bons negócios*. A inexistência desta fase nos procedimentos, impõe regularmente à Administração Pública prejuízos inaceitáveis. O novo CCP tinha a obrigação de prevenir esses prejuízos e contribuir para a melhor aplicação dos princípios da *economia, da eficácia e da eficiência* na realização das despesas, como requisitos exigidos pela Reforma da Administração Financeira do Estado e pela Lei de Enquadramento Orçamental (LEO)[51].

2. REGIME DE REALIZAÇÃO DAS DESPESAS PÚBLICAS
2.1. Autorização e processo de execução da despesa
A autorização da despesa pública tem uma natureza algo complexa na medida em que se inicia com a autorização da abertura do procedimento, sujeita a cabimento prévio, e conclui-se com a autorização de adjudicação, início da efetiva assunção de encargos. São competentes para autorizar

---

[50] Economia, entendida na perspectiva do conceito *"value for money"*. No sentido de obter o custo mínimo para o nível de qualidade definido e alcançar resultados adequados para os recursos despendidos.

[51] Lei nº 91/2001, de 20 de agosto, alterada e republicada pela Lei nº 52/2011, de 13 de outubro.

despesas com locação e aquisição de bens e serviços as entidades identificadas nos artigos 17º a 22º do Decreto-Lei nº 197/99, de 8 de junho, ainda em vigor por força da alínea f) do nº 1 do artigo 14º do Decreto-Lei nº 18//2008, de 29 de janeiro.

A efetivação de uma compra, através de um contrato público, pressupõe a realização de uma despesa igualmente pública. Por sua vez a realização dessa despesa subentende não só a existência de um *despacho autorizador* da entidade legalmente competente, como também, a *existência de verba* que garanta o pagamento dentro do prazo estabelecido, o *cabimento* na correspondente dotação e uma *análise custo-benefício* que garanta a prossecução do interesse público. Podemos identificar as seguintes fases[52] no processo de realização de despesas públicas:

- Elaboração de *proposta fundamentada* que estabeleça o nexo de causalidade entre a despesa a realizar e as atribuições cometidas à instituição, como requisito indispensável;
- *Cabimento* – apenas podem ser assumidos compromissos de despesa após os serviços de contabilidade exararem informação prévia de cabimento no documento de autorização da despesa em causa (nº 1 do art. 45º da LEO);
- *Conferência* – a autorização da despesa deve ser acompanhada da verificação dos requisitos, a efetuar pelos serviços de contabilidade do organismo;
- *Autorização da despesa* – a produzir pela entidade legalmente competente, e sujeita à verificação dos seguintes requisitos:
  - Conformidade legal;
  - Regularidade financeira;
  - Economia, eficácia e eficiência;
- Desenvolvimento do *procedimento* e celebração do *contrato*, de acordo com o regime de contratação pública definido no Código dos Contratos Públicos;

---

[52] Ver artigos 21º a 31º do Decreto-Lei nº 155/92, de 28 de julho (regime de administração financeira do Estado) e a Lei de Enquadramento Orçamental (Lei nº 91/2001, de 20 de agosto, alterada e republicada pela Lei nº 52/2011, de 13 de outubro).

- *Compromisso* – a informação de compromisso pode ser aposta no contrato e no respetivo duplicado ou apresentada, em documento autónomo, acompanhado de cópia;
- *Processamento* – a inclusão em suporte normalizado dos encargos legalmente constituídos, para que se proceda à sua liquidação e pagamento;
- *Liquidação* – após o processamento, determina-se o montante exato da obrigação que nesse momento se constitui, a fim de permitir o pagamento;
- *Autorização do pagamento* – a autorização do pagamento compete ao dirigente do organismo que deve atender ao princípio da segregação das funções de autorização da despesa, de autorização de pagamento e de pagamento;
- *Pagamento*.

No processo de execução da despesa, constituem-se como *momentos de registo contabilístico obrigatório* as fases de cabimento, compromisso, processamento, liquidação e pagamento.

Como já referimos, o Código dos Contratos Públicos mantém em vigor o *regime de realização das despesas públicas* previsto nos artigos 16º a 22º e 29º do Decreto-Lei nº 197/99, de 8 de junho (vide alínea f) do nº 1 do art. 14º do Decreto-Lei nº 18/2008, de 29 de janeiro), segundo o qual devem ser observadas regras em quatro vertentes:

- Unidade da despesa (proibição do fracionamento da despesa);
- Fundamentação;
- Competência para autorizar despesas (entidades e montantes);
- Regra da anualidade das despesas (correspondência do encargo orçamental com o ano económico).

Com o objetivo de harmonizar o regime de realização da despesa com o novo Código dos Contratos Públicos e atualizar os limites da competência própria[53], foi tomada uma iniciativa legislativa, ainda que incipiente, e publicado o Decreto-Lei nº 40/2011, de 22 de março. Contudo, por razões pouco esclarecidas, a Assembleia da República, através da Reso-

---

[53] Atualmente ainda reguladas pelo Decreto-Lei nº 197/99, de 8 de junho.

AS COMPRAS E A GESTÃO DE MATERIAIS

lução nº 86/2011, de 11 de abril, fez cessar a vigência do diploma e repristinou as normas então revogadas do Decreto-Lei nº 197/99, de 8 de junho.

A inexistência de um diploma enquadrador e coerente com o CCP, bem como a importância da matéria em termos de legalidade e controlo das despesas públicas, merece-nos a abordagem que segue.

2.2. Princípio da unidade da despesa

De acordo com o princípio da *"unidade da despesa"*, a despesa a considerar é a do "custo total" da locação ou da aquisição dos bens ou serviços. Estabelece-se a proibição do fracionamento da despesa com intenção de a subtrair ao regime da realização das despesas e da contratação pública.[54]

Parece importante salvaguardar a aplicação deste princípio a fim de evitar prejuízos de relevo. É que neste campo de atuação parece claro que quase sempre se aplica o ditado de *"à dúzia é mais barato"*. Contudo, verificando-se a impossibilidade de as Organizações garantirem a satisfação completa das suas necessidades através de um único procedimento de aquisição, o fracionamento da despesa será sempre permitido quando:

- Não seja feito com intenção de subtrair a realização da despesa ao regime legal definido;
- Agrupa produtos homogéneos com vista a obter melhor resposta do mercado ao objeto do contrato a celebrar, recebendo propostas mais vantajosas e simplificando a tramitação processual;[55]
- Garante que a realização de despesa prossegue o interesse público e a boa gestão dos recursos atribuídos ao organismo.

2.3. Fundamentação da despesa e competência para a sua realização
Fundamentação da despesa

Os princípios da *legalidade* e da prossecução do *interesse público* impõem que, na realização de *despesas*, as entidades devem *otimizar* a satisfação das

---

[54] Art. 16º do Decreto-Lei nº 197/99, de 8 de junho.

[55] Ninguém lançará um concurso público para adquirir, em simultâneo, produtos farmacêuticos e batatas. Mesmo no âmbito dos produtos farmacêuticos, os fornecedores de medicamentos são, em regra, diferentes dos fornecedores de reagentes. Não é razoável o abastecimento dos dois produtos pelo mesmo fornecedor, nem seria possível estabelecer critérios uniformes de adjudicação.

necessidades coletivas que a lei define como suas *atribuições*, competindo ao Tribunal de Contas fiscalizar a legalidade dessas despesas.

O processo que dá origem à despesa tem, normalmente, três níveis de fundamentação possíveis: pelo utilizador[56], pelo serviço de aprovisionamento (ou sector responsável pelo processo de compra) e pela entidade competente para autorizar a despesa.

A fundamentação visa estabelecer o nexo de causalidade entre a necessidade a satisfazer, as atribuições da instituição e as exigências de legalidade. A *fundamentação da despesa* começa pela exigência de justificação da expressão de necessidades dos serviços utilizadores. Estabelecer o nexo de causalidade entre a despesa a realizar e as atribuições cometidas à instituição é um requisito indispensável. A relação de causalidade prova-se pela *fundamentação*. A expressão de necessidades de consumo a satisfazer, deve ser formalizada pelos utilizadores através do "pedido de fornecimento ou requisição", do qual devem constar os seguintes elementos de informação:

– Identificação do centro de custo ou do serviço utilizador que dá origem ao pedido;
– Especificação dos artigos a adquirir e respetivas quantidades;
– Fundamentação completa do pedido, justificando a necessidade a satisfazer e identificando as vantagens e benefícios a obter para o interesse público.

A justificação das necessidades a satisfazer é um aspeto essencial para a fundamentação da despesa. A falta de fundamentação implica que a entidade competente para autorizar a despesa não pode emitir despacho favorável para a realização da mesma, sob pena de incorrer em responsabilidade financeira.[57] Por conseguinte, apesar de a necessidade poder estar

---

[56] Como atrás se referiu, o utilizador é aqui entendido como o "cliente" do serviço de aprovisionamento. Na prática, todos os serviços de uma Organização são serviços utilizadores do aprovisionamento na medida em que este é o único serviço com competência para comprar, armazenar e distribuir.

[57] A violação das normas sobre a assunção ou autorização de despesas implica responsabilidade financeira prevista e sancionada na Lei de Organização e Processo do Tribunal de Contas (art. 49º/2, 57º/1, 58º/3 e 59º e seguintes da Lei nº 98/97, de 26 de agosto, republicada pela Lei nº 48/2006 de 29 de agosto).

AS COMPRAS E A GESTÃO DE MATERIAIS

devidamente identificada, poderá não ser satisfeita por falta ou insuficiente fundamentação.

Com base na expressão de necessidades dos utilizadores, o serviço de compras executa a *análise custo-benefício* do pedido e completa a fundamentação estabelecendo o nexo de causalidade entre a despesa a realizar e as atribuições cometidas à instituição. Esta fundamentação deve acompanhar a *proposta* a submeter à entidade competente para autorizar a despesa devendo conter obrigatoriamente os seguintes elementos:

- Clareza e precisão na fundamentação da despesa;
- Montante estimado da despesa;
- Procedimento adequado à sua realização.

Tendo em consideração o tipo de despesa, bem como as circunstâncias da sua realização e as características do contrato a celebrar, cabe ao serviço de compras propor e informar o tipo de procedimento mais adequado, tendo em vista o respeito pelas regras de legalidade e imparcialidade na contratação com particulares.

Por outro lado, é de salientar a importância de, em todos os organismos públicos, a fundamentação da proposta, a apresentar pelos serviços de compras, garantir a justificação dos *requisitos para a realização das despesas públicas*, fixados no art. 22º do Decreto-Lei nº 155/92, de 28 de junho e nº 6 do art. 42º da Lei de Enquadramento Orçamental (LEO)[58]:

- Conformidade legal – o facto gerador da despesa respeite as normas legais aplicáveis;
- Regularidade financeira – a despesa terá que estar inscrita no orçamento, ter cabimento na correspondente dotação e adequada classificação económica, e obedecer ao princípio da execução do orçamento por duodécimos, salvas, nesta última matéria, as exceções previstas na lei;
- Economia[59], Eficácia e Eficiência[60] – a despesa em causa deve satisfazer estes princípios, isto é, na realização das despesas deverá ter-

---

[58] Lei nº 91/2001, de 20 de agosto, alterada e republicada pela Lei nº 52/2011, de 13 de outubro.
[59] O princípio da economia deve ser, aqui, entendido no sentido da teoria utilitarista (desenvolvida por Jeremy Bentham), segundo o qual, os agentes económicos (individuais e coletivos), procuram (devem) maximizar a sua utilidade através das escolhas económicas que efetuam. (Bento, 2011).

ASPETOS JURÍDICOS DAS COMPRAS PÚBLICAS

se em vista a obtenção do máximo rendimento com o mínimo de recursos, o acréscimo de produtividade e a sua utilidade.

A lei estabelece, ainda, que a *decisão de realizar a despesa*, incluindo a escolha do procedimento de formação do contrato, *deve ser fundamentada* e *cabe ao órgão competente* para contratar (art. 38º CCP). Contudo, a decisão deve ser sempre baseada na proposta fundamentada dos serviços. Resulta, por conseguinte, especial responsabilidade dos colaboradores do serviço de compras. Significa, então, que a economia, eficácia e eficiência da despesa pública deve, preferencialmente, ser comprovada por uma *análise de custo-benefício*.

Também, a *decisão de adjudicação* da entidade competente deve, também, ser fundamentada. Deve ser *expressa*, através de *sucinta exposição dos fundamentos de facto e de direito* da decisão. Pode consistir em mera *declaração de concordância* com os fundamentos de anteriores pareceres, informações ou propostas, que constituirão neste caso parte integrante do respetivo ato.

O *dever de fundamentação* encontra-se reforçado no art. 124º do Código do Procedimento Administrativo, devendo ser fundamentados os atos administrativos que, entre outras:

- Neguem, extingam, restrinjam ou afetem direitos ou interesses legalmente protegidos;
- Imponham ou agravem deveres, encargos ou sanções;
- Decidam reclamação ou recurso;
- Decidam em contrário da pretensão formulada pelo interessado.

Por outro lado, a fundamentação, quando exigível, é um elemento essencial do ato administrativo, sendo nulo[61] aquele a que falte qualquer um dos elementos essenciais (133º CPA).

---

[60] Um exemplo utilizado na distinção entre *eficácia* e *eficiência* é o seguinte. Tanto é possível matar uma mosca com um mata-moscas como com uma espingarda de canos serrados. Ambos os instrumentos são *eficazes* na concretização do objetivo. Contudo, o mata-moscas é mais *eficiente* porque consome menos recursos e tem menos efeitos (custos) colaterais.
[61] A nulidade é a forma mais grave da invalidade. O ato nulo é totalmente ineficaz desde o início, não produz qualquer efeito (Amaral, 1984).

AS COMPRAS E A GESTÃO DE MATERIAIS

A título de conclusão podemos afirmar que a chave do sucesso de qualquer processo de realização de despesas públicas é a fundamentação.

Competência para autorização da despesa e do procedimento

O apuramento do montante da despesa a realizar é indispensável para determinar a entidade competente para autorizar e para praticar os diferentes atos associados à realização da despesa e ao regime de contratação pública (artigos 17º, 18º, 21º e 29º do Decreto-Lei nº 197/99). As entidades a quem cabem os poderes para autorizar a despesa previsível, são as seguintes:

- Diretores gerais ou equiparados e órgãos máximos dos serviços com autonomia administrativa[62];
- Órgãos máximos dos serviços com autonomia administrativa e financeira[63];
- Os Ministros;
- O Primeiro-Ministro;
- Conselho de Ministros.

O custo total correspondente à despesa efetiva, apurada com o relatório de avaliação das propostas e ratificada com o despacho de adjudicação, não pode exceder 10% do limite da competência inicial. Quando este limite for excedido, a autorização compete à entidade que detém a competência para a realização do montante total da despesa.[64]

---

[62] Entende-se por *autonomia administrativa* a capacidade de praticar atos unilaterais de autoridade pública, isto é, atos administrativos definitivos e executórios (Amaral, 1984).

[63] Entende-se por *autonomia financeira* a capacidade de organizar livremente o orçamento anual e de aplicar as receitas cobradas à realização das despesas decididas por autoridade própria (Amaral, 1984).

[64] Vide art. 21º do Dec.-Lei nº 197/99, de 8 de junho.

ASPETOS JURÍDICOS DAS COMPRAS PÚBLICAS

QUADRO 5 – *Entidades competentes para autorizar despesas*
e respetivos montantes

Entidades competentes para autorizar despesas e respetivos montantes			
Entidades	*Despesas normais*	*Despesas incluídas em planos de atividade*	*Despesas incluídas em planos ou programas plurianuais*
Diretores-gerais e órgãos máximos dos serviços com autonomia administrativa	≤ 20.000 cts ≤ **99.759,58 €**	≤ 30.000 cts ≤ **149.639,37 €**	≤ 100.000 cts ≤ **498.797,90 €**
Órgãos máximos dos serviços com autonomia administrativa e financeira	≤ 40.000 cts ≤ **199.519,16 €**	≤ 60.000 cts ≤ **299.278,74 €**	≤ 200.000 cts ≤ **997.595,79 €**
Ministros	≤ 750.000 cts ≤ **3.740.984,20 €**		Sem limite
Primeiro Ministro	≤ 1.500.000 cts ≤ **7.481.968,46 €**		Sem limite
Conselho de Ministros	Sem limite		

No âmbito das autarquias locais são competentes para autorizar despesas os presidentes de câmara e os conselhos de administração dos serviços municipalizados, as câmaras municipais e as juntas de freguesia (artigo 18º do Decreto-Lei nº 197/99, de 8 de junho).

QUADRO 6 – *Autarquias locais – entidades competentes para autorizar despesas*
e respetivos montantes

Autarquias locais - *entidades competentes para autorizar despesas e respetivos montantes*		
Entidades	*Despesas com locação e aquisição de bens e serviços*	*Despesas com obras ou reparações por administração direta*
Conselhos de Administração dos Serviços Municipalizados (1)	≤ 30.000 cts ≤ **149.639,37 €**	
Presidentes de Câmara	≤ 30.000 cts ≤ **149.639,37 €**	
Juntas de Freguesia (1)	**Sem limite**	≤ 10.000 cts (3) **49.879,79 €**
Câmaras Municipais (1) (2)	**Sem limite**	≤ 30.000 cts (3) **149.639,37 €**
Conselho de Administração das Associações de Autarquias Locais	**Sem limite**	
Órgãos executivos de entidades equiparadas a autarquias locais	**Sem limite**	

(1) As competências atribuídas às câmaras municipais, às juntas de freguesia e aos conselhos de administração dos serviços municipalizados podem ser delegadas nos seus presidentes até 150.000, 20.000 e 50.000 contos respetivamente (art. 29º/2).
(2) As competências atribuídas às câmaras municipais podem ser delegadas nos conselhos de administração dos serviços municipalizados, no âmbito das suas atribuições (art. 29º/1).
(3) Estes valores podem ser aumentados pelas respetivas assembleias deliberativas (art. 18º/2).

QUADRO 7 – *Extensão das competências para autorizar despesas*

Extensão das competências para autorizar despesas	
A competência fixada mantém-se para as despesas provenientes de alterações, variantes, revisões de preços e contratos adicionais, desde que o respetivo custo total não exceda 10% do limite da competência inicial.	Quando for excedido, a autorização compete à entidade que detém a competência para a realização do montante total da despesa.

Sobre os limites de competência própria dos órgãos acima referidos, importa salientar que, com a entrada em vigor da Lei-Quadro dos Institutos Públicos,[65] em matéria de autorização de despesas, o conselho diretivo tem a competência atribuída na lei aos titulares dos órgãos dotados de *autonomia administrativa e financeira*, ainda que o instituto público apenas possua autonomia administrativa.

Acrescenta que se considera *delegada* nos conselhos diretivos dos institutos públicos dotados de autonomia financeira *a competência para autorização de despesas que*, nos termos da lei, *só possam ser autorizadas pelo ministro*, sem prejuízo de este poder, a qualquer momento, revogar ou limitar tal delegação[66] de poderes.

De salientar que o sector empresarial do Estado parece estar excluído da aplicação das regras de competência por não integrar o âmbito de aplicação pessoal do Decreto-Lei nº 197/99, de 8 de junho.

2.4. Regra da anualidade das despesas

O atual CCP ao manter em vigor o artigo 22º do Decreto-Lei nº 197/99, de 8 de junho (alínea f) do nº 1 do artigo 14º do Decreto-Lei nº 18/2008, de 29 de janeiro), pretende assegurar a *regra da anualidade das despesas públicas*. Estabelece-se a regra segundo a qual, as despesas que deem lugar a encargo orçamental em mais de um ano económico ou em ano que não seja o da sua realização, só podem ser efetivadas com prévia autorização conferida em portaria conjunta do Ministro das Finanças e do ministro da tutela.

Assim, a efetivação das despesas das quais resultem encargos orçamentais em mais de um *ano económico* ou em ano que não seja o da sua realiza-

---

[65] Lei nº 3/2004, de 15/1, republicada pelo Decreto-Lei nº 105/2007, de 3/4 (vide art. 38º).
[66] A delegação é um ato pelo qual um órgão da Administração transfere para outro órgão ou agente administrativo o exercício de toda ou de parte da sua competência (Amaral, 1984).

ção, carece de autorização prévia conferida em portaria conjunta do Ministro das Finanças e da tutela. Porém, esta portaria poderá ser dispensada em alguns casos definidos na lei:

– Quando a realização das despesas em causa resulte de planos plurianuais legalmente aprovados, o que decorre das garantias de segurança que são conferidas por este documento previsional;
– Quando o valor dos encargos em causa seja relativamente baixo, isto é, não exceda o limite de 20.000 contos (€ 99.759,58) em cada um dos anos económicos seguintes e o prazo de três anos.

Não haverá lugar à publicação de portaria quando o valor dos encargos seja ≤ a 20.000 contos (€ 99.759,58) em cada um dos anos económicos seguintes ao da sua contratação, e *prazo* de execução de *três anos*. O artigo 22º do Decreto-Lei nº 197/99, de 8 de junho, contempla ainda outros casos de dispensa da portaria conjunta, designadamente, nos casos de contratos de aquisição de serviços e bens e de arrendamento (e não outros), permite-se a adjudicação nos 60 dias anteriores ao fim do ano económico para ser efetivada a despesa no começo do ano económico imediato, desde que:

– A despesa seja certa e indispensável;
– Os encargos não excedam 2 duodécimos;
– Exista declaração de inscrição de verba no projeto de orçamento.

Trata-se de despesas absolutamente indispensáveis, o que terá constituído motivo de relevância na adoção deste regime.

Nas autarquias locais a portaria é substituída por autorização do respetivo órgão deliberativo.

De referir ainda que alguns contratos que se revelem imprescindíveis ao funcionamento das instituições, podem ser excecionados mediante despacho conjunto do Ministro das Finanças e da tutela.

Sobre este assunto, o número 1 do artigo 440º CCP estabelece que o prazo de vigência dos contratos de locação ou aquisição de bens móveis e de aquisição de serviços não pode ser superior a três anos, incluindo quaisquer prorrogações expressas ou tácitas do prazo de execução das prestações que constituem o seu objeto. Isto é, a soma do primeiro período do contrato com todas as eventuais extensões, não pode ser superior a três anos. Contudo, quando se revelar necessário ou conveniente em função da natureza das prestações objeto desse contrato ou das condições da sua execução, *o caderno de encargos pode prever um prazo de vigência superior a três anos*, instituindo-se, neste caso, o dever agravado de fundamentação (artigo 48º) no sentido de justificar a necessidade da fixação de um prazo superior ao limite máximo permitido por regra.

A possibilidade de opção por *contratos plurianuais* pode apresentar vantagens económicas para ambos os contraentes. Todavia, sempre que se verifique esta opção na Administração Pública, cabimenta-se a verba correspondente ao primeiro ano e junta-se declaração de compromisso de inscrição das restantes verbas nos anos subsequentes. O limite de € 99.759,58 ou a exigência de portaria conjunta, conforme o caso, constituem um obstáculo à aplicação deste tipo de contratos. O aumento do montante estabelecido como limite poderia traduzir-se em ganhos de eficiência dado que a exigência de portaria conjunta do Ministro das Finanças e da tutela pode condicionar ou impossibilitar o recurso aos contratos plurianuais, considerando a morosidade de um processo desta natureza.

ASPETOS JURÍDICOS DAS COMPRAS PÚBLICAS

QUADRO 8 – Anualidade das despesas DL 197/99

Anualidade das despesas DL 197/99	
Exigência de portaria *(art. 22º/1)*	Há duas categorias alternativas de despesas cuja efetivação depende de autorização prévia conferida em portaria conjunta do Ministro das Finanças e do ministro da tutela: – as que originam encargo orçamental em mais de um ano económico; – as que originam encargo orçamental em ano que não seja o da sua realização.
Portaria dispensada *(art. 22º/1)*	A exigência de publicação de portaria conjunta é afastada: – Quando a realização das despesas em causa resulte de planos plurianuais legalmente aprovados, o que decorre das garantias de segurança que são conferidas por este documento previsional; – Quando o valor dos encargos em causa seja relativamente baixo, isto é, não exceda o limite de 20.000 contos (**99.759,58 €** –) em cada um dos anos económicos seguintes e o prazo de três anos.
Portaria dispensada *(art. 22º/3)*	Nos casos de contratos de aquisição de serviços e bens e de arrendamento (e não qualquer contrato), permite-se a adjudicação nos 60 dias anteriores ao fim do ano económico para ser efetivada a despesa no começo do ano económico imediato, desde que: – A despesa seja certa e indispensável; – Os encargos não excedam 2 duodécimos; – Exista declaração de inscrição de verba no projeto de orçamento. Trata-se de despesas absolutamente indispensáveis, o que terá constituído motivo de relevância na adoção deste regime.
Despacho conjunto *(art. 22º/7)*	Alguns contratos que se revelem imprescindíveis ao funcionamento das instituições, podem ser excecionados mediante despacho conjunto do Ministro das Finanças e do ministro da tutela.
Autarquias locais *(art. 22º/6)*	A portaria é substituída por autorização do respetivo órgão deliberativo.

2.5. Despesas especiais
2.5.1. Despesas com seguros

As despesas com seguros não foram objeto de regulamentação no Código de Contratos Públicos, mantendo-se em vigor o regime jurídico anterior do Decreto-Lei nº 197/99, de 8 de junho, por força da alínea f) do nº 1 do artigo 14º do Decreto-Lei nº 18/2008, de 29 de janeiro.

Relativamente ao Decreto-Lei nº 55/95, de 29 de março, o Decreto-Lei nº 197/99 estabeleceu uma ligeira alteração no que se refere às despesas de seguros com viaturas oficiais (artigo 19º). Deixou de ser exigida a prévia anuência do ministro das finanças e do ministro da tutela, desde que o contrato esteja limitado ao seguro obrigatório de responsabilidade civil automóvel.

Sobre o regime das despesas de seguros ainda vigente, veja-se o quadro que segue.

AS COMPRAS E A GESTÃO DE MATERIAIS

QUADRO 9 – *Despesas com seguros*

Despesas com seguros	
Regra	As despesas com seguros, dada a natureza excecional das mesmas, sobre elas é exercido um maior controlo exigindo-se a prévia autorização do ministro competente em razão da matéria e do Ministro das Finanças.
Exceção	O regime é afastado em função de 4 critérios: – do objeto - despesas com contratos de seguros relativos a bens culturais ou a viaturas oficiais, porém nestas, a autorização é limitada ao seguro obrigatório de responsabilidade civil automóvel; – do território - despesas com contratos de seguros que haja de efetuar no estrangeiro; – do sujeito - despesas com contratos de seguros realizadas por autarquias locais; – estatutário - despesas com contratos de seguros previstas em norma especial.

(Artigo 19º do Decreto-Lei nº 197/99, de 8 de junho)

2.5.2. Contratos de arrendamento

A realização de despesas públicas com arrendamento, também, não foi objeto de regulamentação no Código de Contratos Públicos, mantendo-se em vigor o regime jurídico anterior do Decreto-Lei nº 197/99, de 8 de junho, por força da alínea f) do nº 1 do artigo 14º do Decreto-Lei nº 18/ /2008, de 29 de janeiro.

Nestes termos, a competência para autorização de despesas com contratos de arrendamento de imóveis, que se destinam aos serviços do Estado e institutos públicos, está atribuída às entidades indicadas no quadro que segue.

QUADRO 10 – *Contratos de arrendamento de imóveis*

Contratos de arrendamento de imóveis	
Despesas com contratos de *arrendamento* de *imóveis*, que se destinam unicamente aos serviços do Estado e dos organismos dotados de autonomia administrativa e financeira.	☞ As despesas com *arrendamento* de imóveis têm um regime especial previsto no Decreto-Lei nº 280/2007, de 7 de agosto, sendo competentes para autorizar: – O respetivo Ministro - renda anual ≤ 40.000 contos (**199.519,16 €**); – O respetivo ministro e o Ministro das Finanças - renda anual > 40.000 contos (**199.519,16 €**).

(Artigo 20º do Decreto-Lei nº 197/99, de 8 de junho)

ASPETOS JURÍDICOS DAS COMPRAS PÚBLICAS

Assim, as entidades do sector público administrativo do Estado[67] podem tomar de arrendamento bens imóveis, nos termos das regras de competência para autorizar despesas com arrendamento previstas no regime de realização de despesa pública, no artigo 20º do Decreto-Lei nº 197/99, de 8 de junho.

Com o Decreto-Lei nº 280/2007, de 7 de agosto, foram estabelecidas, pela primeira vez, as disposições gerais e comuns aplicáveis aos bens imóveis dos domínios públicos do Estado, das Regiões Autónomas e das Autarquias Locais. Por conseguinte, o regime de contratação pública não é aplicável aos contratos de compra e venda, de doação, de permuta e de arrendamento de bens imóveis ou contratos similares nos termos da alínea c) do nº 2 do artigo 4º do CCP.

É aplicável aos arrendamentos o procedimento por *consulta prévia*[68] em que estas entidades devem solicitar à Direção-Geral do Tesouro e Finanças informação sobre a disponibilidade de imóvel adequado às suas necessidades, devendo indicar as principais características do imóvel pretendido, nomeadamente as relativas ao tipo, à localização e à área, podendo suceder-se uma consulta ao mercado imobiliário, realizada pelo serviço ou instituto público interessado.

Acresce que, a revogação por acordo e a denúncia ou resolução pelo Estado ou pelos institutos públicos dos contratos de arrendamento dependem de autorização prévia do membro do Governo responsável pela área das finanças, que deve ponderar o interesse na manutenção do contrato e a possibilidade de afetação do imóvel a outros serviços públicos. Sendo da competência do diretor-geral do Tesouro e Finanças afetar a serviços públicos os imóveis tomados de arrendamento pelo Estado que se encontrem disponíveis[69].

2.5.3. Despesas com medicamentos

O Decreto-Lei nº 195/2006, de 3 de outubro, institui a obrigatoriedade de avaliação prévia dos novos medicamentos reservados exclusivamente a tratamentos em meio hospitalar e outros medicamentos sujeitos a

---

[67] O sector empresarial do Estado parece estar excluído da aplicação das regras de competência por não integrar o âmbito de aplicação do Decreto-Lei nº 197/99, de 8 de junho.

[68] Previsto nos artigos 33º a 36º do Decreto-Lei nº 280/2007, de 7 de agosto.

[69] Artigo 42º do Decreto-Lei nº 280/2007, de 7 de agosto.

AS COMPRAS E A GESTÃO DE MATERIAIS

receita médica restrita. Na falta de avaliação favorável, o medicamento não pode ser adquirido pelos Hospitais do Serviço Nacional de Saúde (SNS).

Terminado o processo da avaliação, o INFARMED – Autoridade Nacional do Medicamento e Produtos de Saúde I.P., poderá proferir decisão de "indeferimento" (nº 8 do art. 4º e nºs 1 e 3 do art. 8º do Decreto-Lei nº 195/ /2006, de 3 de outubro). Neste caso fica impedida a aquisição do medicamento pelos Hospitais do Serviço Nacional de Saúde (SNS), e a exclusão de candidatura em procedimentos públicos.

As entidades que autorizem a aquisição de medicamentos sem avaliação favorável do INFARMED, respondem civil, criminal e financeiramente (artigo 11º do diploma citado).

Por outro lado, o fornecimento gratuito de medicamentos pela Indústria Farmacêutica apenas é permitido no quadro do regime de amostras gratuitas, a título excecional e junto dos profissionais de saúde habilitados a prescrever, desde que preenchidas as seguintes condições[70]:

- Mediante pedido escrito do destinatário, datado e assinado;
- Nos dois anos posteriores à data de início da comercialização efetiva do medicamento;
- Para medicamentos com autorização de introdução no mercado (AIM);
- Que não contenham estupefacientes ou substâncias psicotrópicas;
- Em apresentações menores ou iguais à mais pequena que se encontre em comercialização;
- Contendo a menção "amostra gratuita" e "venda proibida", ou semelhantes;
- Acompanhadas de um resumo das características do medicamento (RCM);
- Até um limite máximo de 12 unidades por ano e por profissional de saúde.

As amostras visam apenas permitir a familiarização dos médicos com os novos medicamentos e a sua utilização. Não servem para tratar doentes. E não devem ser aceites pelos Hospitais para esta finalidade.

---

[70] Circular Informativa nº 206/CD de 3/12/2010, do INFARMED.

ASPETOS JURÍDICOS DAS COMPRAS PÚBLICAS

Todavia, na pendência da avaliação prévia, os Hospitais carecem de certos medicamentos para tratamento imprescindível e clinicamente justificado de certos doentes. Podem, neste caso, requerer ao INFARMED, Autorização de Utilização Especial que lhes permitam adquirir esses medicamentos.

3. PRINCÍPIOS A OBSERVAR NA CONTRATAÇÃO PÚBLICA
3.1. O contrato administrativo e os princípios de direito privado
Apesar das diferenças entre o direito privado e o direito público,[71] podemos afirmar que existem alguns princípios comuns, aplicáveis no contrato público e no contrato privado. São considerados princípios de aplicação universal válidos ainda que não escritos: justiça comutativa; liberdade contratual; *pacta sunt servanda*.

Justiça comutativa
Tanto no contrato de direito privado como no contrato público existem sempre dois contraentes com fins e interesses divergentes mas todavia ajustados mediante a vontade de obtenção de um resultado unitário. Considerando a sua função principal de instrumento de troca de bens e serviços, o contrato está, como as obrigações em geral, submetido ao *princípio da justiça comutativa*: não deve destruir o equilíbrio anterior entre os patrimónios, implicando que cada uma das partes receba o equivalente àquilo que dá.

O princípio do equilíbrio financeiro das partes encontra hoje acolhimento no Código dos Contratos Públicos (CCP), publicado pelo Decreto-Lei nº 18/2008, de 29 de janeiro[72] (vide nº 3 do art. 97º e art. 282º). O valor da reposição do equilíbrio financeiro corresponde ao necessário para repor a proporção financeira em que assentou inicialmente o contrato.

Liberdade contratual
Um outro princípio basilar que serve de introito à teoria dos contratos é o da *liberdade contratual* descrita no nº 1 do art. 405º do Código Civil como

---

[71] Costuma referir-se que, no âmbito do direito público apenas poderemos fazer aquilo que a lei permite. Enquanto que no direito privado poderemos fazer tudo o que a lei não proíbe.
[72] O Decreto-Lei nº 278/2009, de 2 de outubro, introduziu alterações e republicou o CCP.

a faculdade que as partes têm, dentro dos limites da lei, de fixar livremente o conteúdo dos contratos, celebrar contratos diferentes dos prescritos na lei geral ou incluir nestes as cláusulas que lhes aprouver.

A liberdade contratual é uma manifestação do princípio da *autonomia da vontade ou princípio da autonomia privada,* subjacente a todo o direito privado. A autonomia da vontade ou autonomia privada consiste no poder reconhecido aos particulares de autorregulamentação dos seus interesses, de autogoverno da sua esfera jurídica. Este autogoverno da esfera jurídica manifesta-se, essencialmente, na capacidade que os particulares têm de realizar negócios jurídicos, de celebrar contratos através dos quais ditam a regulamentação das suas relações, constituindo-as, modificando-as, extinguindo-as e determinando o seu conteúdo.

Segundo Sérvulo Correia (Correia, 1987), a autonomia privada significa a "liberdade de escolha de um rumo e concepção pessoal de vida". A autonomia privada é a liberdade de princípio da conduta humana, o respeito do poder jurígeno da pessoa, na medida em que se concilie com os interesses da coletividade e com a titularidade de idêntico poder pelos outros homens. A situação de *liberdade contratual* em que se exprime a autonomia privada aproxima-se da margem de decisão de que a Administração dispõe na contratação e na estipulação dos contratos administrativos. Esta margem de livre decisão, de que a Administração dispõe, na criação de efeitos de direito nas situações concretas regidas pelo Direito Administrativo, é denominada pelo autor acima referido como *autonomia pública.*

Verifica-se, porém, que no âmbito do direito privado a lei estabelece limitações à liberdade de celebração e à modelação do conteúdo dos contratos, desde logo em obediência a regras de interesse e ordem pública, como acontece por exemplo com os contratos de seguro obrigatório de responsabilidade civil automóvel e os contratos de natureza familiar e pessoal (v.g. casamento e adoção).

Outro tipo de limitações à liberdade de conformação do conteúdo contratual ocorre nos denominados contratos de adesão – aqueles em que um dos contraentes não tem qualquer participação na preparação das respetivas cláusulas e se limita a aceitar o texto que o outro contraente oferece, em massa, ao público interessado.

Ora entende-se que, apesar de tais limitações, no domínio do direito privado continua a ser válido o princípio da liberdade contratual. E, guardadas as devidas diferenças, assim também a doutrina vem defendendo idêntica posição no domínio do direito administrativo. Resulta dos arts. 278º e 279º do atual Código dos Contratos Públicos (CCP) que é lícito à Administração celebrar livremente quaisquer contratos administrativos desde que o fim visado se integre na normal prossecução das atribuições da pessoa coletiva e os elementos integrantes do contrato sejam conformes a Constituição e a lei.

Pacta sunt servanda

Um outro princípio geral relativo à eficácia dos contratos, constante da expressão *"pacta sunt servanda"*, acolhido no nº 1 do art. 406º do Código Civil, segundo o qual devem ser cumpridos ponto por ponto pelas partes, apresenta-se como uma linha de força geral dos contratos, perfeitamente válida no domínio do direito administrativo, pois que também aqui só por acordo e mútuo consentimento dos contratantes se podem modificar ou extinguir as relações emergentes dos contratos, salvo quando a lei expressamente afastar tal princípio. É certo que o art. 302º do CCP consagra o poder de autoridade reconhecido à Administração de conformar de forma específica os contratos em que intervém revestida de tal poder. Porém, tal acolhimento legal não parece pôr em causa a validade do princípio acima mencionado.

3.2. Princípios que enformam os contratos administrativos

Exigências de clareza, simplicidade e transparência das normas sobre contratação pública, assim como dos direitos e garantias dos administrados, relativos à coordenação dos processos de adjudicação dos contratos públicos, foram consagradas no direito interno pelo Decreto-Lei nº 197/99, de 8 de junho, e atualmente pelo CCP (arts. 278º e ss).

Os princípios reveladores da realização da despesa pública procuram ser os limites, balizadores, quer da discricionariedade do órgão para tal competente quer dos direitos e deveres recíprocos da Administração Pública e dos particulares. Com efeito, para além de alguns cuja tipicidade se pode demonstrar mais adequada a este ou aquele sector, os restantes não são mais do que variações concretas do primado da legalidade.

Mais do que pela subsunção ao dogma, a conduta da Administração deve pautar-se por uma vinculação ao Direito. A Administração está subordinada à Constituição e à lei e deve atuar, no exercício das suas funções, com respeito dos princípios da igualdade, da proporcionalidade, da justiça, da imparcialidade e da boa fé (nº 2 do art. 266º da CRP). Reforça a lei suprema que, no exercício das suas funções, os trabalhadores da Administração Pública, demais agentes do Estado e outras entidades públicas, estão exclusivamente ao serviço do interesse público (nº 1 do art. 269º da CRP).

À contratação pública, enquanto procedimento administrativo, é aplicável a generalidade dos princípios da atividade administrativa regulada em especial no CCP, sendo subsidiariamente aplicáveis, com as necessárias adaptações, as restantes normas de direito administrativo e, na falta destas, o direito civil (art. 280º). Destacam-se alguns princípios que são especialmente aplicáveis à matéria da realização das despesas e contratação pública, aos quais se deve subordinar a interpretação das normas do CCP.

Princípio da legalidade

O princípio da legalidade estabelece que os órgãos da Administração Pública devem actuar em obediência à lei e ao direito, dentro dos limites dos poderes que lhes estejam atribuídos e em conformidade com os fins para que os mesmos poderes lhes foram conferidos. Sendo que, os actos administrativos praticados em estado de necessidade, com preterição das regras estabelecidas, são válidos, desde que os seus resultados não pudessem ter sido alcançados de outro modo, mas os lesados terão o direito de ser indemnizados nos termos gerais da responsabilidade da Administração.[73]

No âmbito da formação e execução dos contratos públicos, o CCP (artigo 16º) estabelece que devem ser observadas as regras e princípios previstos no diploma devendo ser adotados os procedimentos nele tipificados (*tipicidade dos procedimentos*).

Tratando-se aqui de submissão aos princípios do direito público, a sujeição da Administração deve assim pautar-se pelo estribo da objetividade, reportado às fontes do Direito (art. 280º do CCP), determinando-se a sua conduta nos casos e de acordo com os trâmites e regras fixados por lei, dado o entendimento perfilhado do interesse público, da legalidade e do mérito.

---

[73] Artigo 3º do Código do Procedimento Administrativo (CPA).

Princípio da boa fé e da prossecução do interesse público

O princípio da prossecução do interesse público (art. 286º CCP) estabelece que a formação e execução dos contratos deve ser orientada em função das atribuições da entidade pública adjudicante, com vista a otimizar a satisfação das necessidades coletivas.

Este princípio, desejavelmente, está hoje diretamente correlacionado com a proteção dos direitos e interesses legalmente protegidos dos cidadãos,[74] na presunção de que aquele é, no seu todo, mais do que a soma destes, dada a subsunção da solidariedade social inerente.

Se por um lado temos aqui mais uma vez a demonstração da submissão à lei, também é verdade que a dimensão teleológica do fim último da ação da Administração deve nessa medida ser enquadrada.

Em sede exegética interpretativa, mesmo quando o interesse público se demonstra como última razão de ser da atuação da Administração, nem por isso deixará de ter como seu limite o respeito dos direitos e interesses particulares legalmente protegidos.

O princípio da boa-fé (art. 286º CCP) estabelece que as entidades públicas e privadas devem agir segundo as exigências da identidade, autenticidade e veracidade na comunicação.[75] As peças escritas do procedimento, bem como os contratos, devem conter disposições claras e precisas.

Princípio da transparência e da publicidade

O princípio da transparência promovido pela regra da desmaterialização dos procedimentos pré-contratuais, estabelece que o critério de adjudicação e as condições essenciais do contrato a celebrar devem estar definidos previamente à abertura do procedimento, com conhecimento de todos os interessados (nº 4 do art. 1º CCP).

O princípio da publicidade estabelece que as entidades públicas devem garantir uma adequada publicidade da sua intenção de contratar. O CCP determina a publicação obrigatória dos procedimentos na plataforma electrónica sendo condição de eficácia, para efeitos de pagamentos. Exige a publicidade através de anúncios pré-procedimentais e de resultados.

---

[74] Artigo 4º do CPA.
[75] Ver artigo 6º-A do CPA.

Estabelece a inclusão no anúncio de concurso da ponderação relativa dos critérios de adjudicação e de informação relativa aos critérios de selecção dos candidatos.

A transparência e publicidade só dogmaticamente se autonomizam, devendo ser interpretadas como intrínsecas uma da outra, e até, por ventura, relacionadas com o direito ao acesso à informação e conhecimento da decisão.

Quanto à transparência, ela poderá essencialmente passar pelo dever da fundamentação do respetivo ato, já que assim será determinante o conhecimento da razoabilidade e do próprio mérito na realização da despesa pública.

Relativamente à fundamentação, nestes termos entendemos que o princípio a enquadra como necessária, não como elemento acessório, mas considerando-a parte integrante do ato, da imparcialidade, da igualdade, em suma, da justiça, todos invocáveis neste contexto.

Dispõe o artigo 123º do CPA que os atos administrativos devem enunciar com clareza e precisão o respetivo objeto, de modo a poderem determinar, inequivocamente, os seus efeitos jurídicos, dele devendo constar, nomeadamente, a fundamentação, quando exigível.

A publicidade resulta, em primeira linha, do primado constitucional *in* artigo 119º. Com efeito, a publicação, mais do que uma regra, deve ser considerado um princípio jurídico material, ao ponto de em regra só ser referido dogmática e subsidiariamente.

Começando por ser considerada uma questão de eficácia, independentemente da discussão da legalidade, entende hoje a maioria doutrinária que para além de todas as questões que se possam levantar quanto à publicidade dos atos, ela é seguramente um princípio de legalidade. Não só pela sua estatuição constitucional, de harmonia com o disposto no artigo 119º, mas fundamentalmente porque o nº 2 deste artigo determina que a lei prevê as formas de publicidade dos demais atos e as consequências da sua falta. Sendo que aqui reside a destrinça fundamental, na medida em que publicidade é em princípio um conceito mais lato do que o de publicação. Só que no sentido da publicação temos a generalidade do regime da Administração Pública, mormente quanto a concursos. A publicidade e publicação obrigatória encontram consagração nos artigos 130º e 131º do CPA.

Princípio da igualdade, da concorrência e da imparcialidade

O princípio da igualdade que opera, particularmente, ao nível da participação dos interessados nos procedimentos, estabelece que devem ser proporcionadas iguais condições de acesso e de participação, não podendo ser feita discriminação de qualquer natureza entre os interessados em contratar, nem entre os concorrentes e aqueles que não apresentaram candidatura ou proposta (nº 4 do art. 1º CCP).

O princípio da concorrência estabelece que deve ser garantido o mais amplo acesso aos procedimentos, devendo ser consultados o maior número de interessados, no respeito pelo número mínimo estabelecido pela lei.

A concorrência, para além dos dogmas da acessibilidade e determinação do seu conceito em sentido restrito, deve essencialmente ser entendido como uma devolução à sociedade civil da prossecução de determinadas atividades, ainda que subordinadas a um interesse público último e, como tal, estriado de binómios de mercado.

Com efeito, a acessibilidade assenta, neste enquadramento, num pressuposto de determinação facilitadora mas requisitória nos seus procedimentos do maior leque de concorrentes no referido intuito de se proceder à escolha mais acertada.

Em conclusão, dir-se-á que deverá sempre entender-se como bom princípio académico a não cerceação do leque de concorrentes, procedendo-se assim à sua restrição apenas em situações que se deveriam entender de estado de necessidade funcional.

O princípio da imparcialidade estabelece que nos procedimentos deverão ser ponderados todos os interesses públicos ou privados relevantes. Assim como, não poderão existir quaisquer cláusulas ou possíveis interpretações que visem favorecer ou prejudicar interessados em contratar.

A imparcialidade é quase um corolário lógico do primado da justiça, qual último pilar de atuação. A imparcialidade deve, por outro lado, ser sempre eleita como conduta exemplar da Administração, pelo que, sendo esta parte interessada na previsão e estatuição da norma, os procedimentos, para além de conterem necessariamente a ponderação, deverão possuir a abstenção face a valores estranhos à sua função.

Princípio da estabilidade, da proporcionalidade e da responsabilidade

O princípio da estabilidade estabelece que as peças escritas do procedimento devem manter-se inalteradas durante a pendência deste. Nos procedimentos em que não esteja prevista negociação, as propostas apresentadas são inalteráveis até à adjudicação. Após a adjudicação, podem ser introduzidos ajustamentos à proposta, por acordo de ambas as partes, sobre condições acessórias e sempre em benefício da entidade adjudicante. Quando já tenham sido apresentadas propostas a entidade adjudicante não pode desistir de contratar, salvo nos casos especialmente previstos na lei.

O *princípio da proporcionalidade* estabelece que deve ser escolhido o procedimento mais adequado ao interesse público a prosseguir, ponderando-se os custos e os benefícios decorrentes da respetiva utilização. Assim como, apenas se devem efetuar as diligências e praticar os atos que se revelem indispensáveis à prossecução dos fins que se visam alcançar.

O princípio da responsabilidade estabelece que as entidades, funcionários e agentes podem ser responsabilizados civil, financeira e disciplinarmente pela prática de atos que violem o disposto na lei. Para o efeito, os serviços públicos devem comunicar às entidades competentes as infrações detetadas. De acordo com o art. 271º da CRP, "*os funcionários e agentes do Estado e das demais entidades públicas são responsáveis civil, criminal e disciplinarmente pelas ações ou omissões praticadas no exercício das suas funções e por causa desse exercício, de que resulte violação dos direitos ou interesses legalmente protegidos dos cidadãos, ...*".

3.3. Regime jurídico do contrato administrativo

Admite-se, hoje, que os órgãos da Administração Pública podem contratar com entidades particulares e, nesses termos, obrigar-se à entrega de uma contraprestação, desde que o façam na prossecução dos interesses públicos que a lei põe a seu cargo e na observância da disciplina especial que para cada situação exista. Ora esta atividade contratual da Administração sujeita-se a um regime de direito público, pois que é o interesse público concretamente a prosseguir que a possibilita, sendo o contrato administrativo o meio legítimo e mais adequado para a realização daquele interesse.

Como *elementos essenciais do contrato administrativo* são normalmente apresentados pela doutrina os seguintes:

- Natureza pública, territorial (no caso das Autarquias Locais) ou funcional (no caso dos institutos públicos) de um dos sujeitos cocontratantes;

ASPETOS JURÍDICOS DAS COMPRAS PÚBLICAS

- Prossecução dos fins da pessoa de direito público contratante com os fins do contrato (conexão entre o objeto do contrato e as atribuições daquela pessoa) sob pena de nulidade;
- Natureza do contrato, subsunção do objeto à esfera das atribuições da pessoa coletiva pública e à área de competências dos órgãos que validamente possam vinculá-la, observados os demais requisitos legais;[76]
- Existência de jurisdição especializada para conhecimento e resolução dos litígios emergentes do contrato administrativo.[77]

São, por outro lado, *requisitos fundamentais do contrato administrativo*:

a) A *capacidade dos contraentes*, relevante desde logo quanto ao cocontratante da Administração, a quem se exige não apenas a capacidade jurídica geral, mas ainda certa capacidade técnica e idoneidade moral e financeira. Do lado da Administração impõe-se que se atenda ao princípio da especialidade, para que o objeto do contrato se enquadre numa das atribuições prosseguidas pela pessoa coletiva de direito público. Atender-se-á, por fim, em que a capacidade contratual só pode ser exercida pelo órgão do ente público com poderes de representação para o efeito, cabendo a outorga do respetivo título ao funcionário em que tais poderes tenham sido delegados ou ao presidente do órgão colegial, podendo em regra este delegar tais funções.[78]

b) O contrato tem que possuir *objeto possível*. Em termos gerais dir-se-á que o objeto terá forçosamente que ser lícito, fisicamente possível, determinado quanto à sua natureza e obrigatoriamente de utilidade pública, já que servirá a prosseguir as atribuições da pessoa coletiva de direito público.[79]

---

[76] São nulos os contratos a que falte algum elemento essencial e cujo objeto seja estranho às atribuições da pessoa coletiva pública – alínea b) do nº 2 do art. 133º do CPA.

[77] Vide alínea f) do nº 1 do art.4º do Estatuto dos Tribunais Administrativos e Fiscais (aprovada pela Lei nº 13/2002, de 19 de fevereiro, alterada pela Lei nº 4-A/2003, de 19 de fevereiro e pela Lei nº 107-D/2003, de 31 de dezembro).

[78] Artigos 1º, 2º e 3º do CCP.

[79] Nº 6 do artigo 1º do CCP e alínea c) do nº 2 do art. 133º do CPA.

c) Não há, por outro lado, contrato sem *mútuo consenso*: o mútuo consenso deve resultar de um acordo de vontades entre as partes. Do lado da pessoa coletiva pública relevam aqui todos os requisitos de validade para a formação da vontade do órgão competente da pessoa coletiva pública em questão.[80]

d) A *forma legal* é outro requisito dos contratos administrativos. Detetada a natureza administrativa do contrato, em regra, a Administração terá de o reduzir a escrito (art. 94º CCP).

Sem prejuízo do disposto em lei especial, reveste a natureza de contrato administrativo o acordo de vontades, independentemente da sua forma ou designação, celebrado entre contraentes públicos e cocontratantes ou somente entre contraentes públicos, que se integre em qualquer uma das categorias indicadas nas alíneas a) a d) do número 6 do artigo 1º do CCP.

O regime substantivo aplicável ao contrato administrativo consta da parte III do CCP (artigo 278º e seguintes).

O regime jurídico do contrato administrativo distingue-se, porém, dos contratos de direito privado em que a Administração pode também intervir. As regras dos contratos administrativos obedecem a princípios específicos:

– Princípio da adaptação ao interesse público (*cláusula de sujeição*) e
– Princípio do equilíbrio financeiro (*cláusula de remuneração*).

O *princípio da adaptação ao interesse público* impõe que o conteúdo do contrato se adapte à possível variação dos interesses em causa, ficando o cocontratante particular submetido à variação do conteúdo do contrato através da denominada cláusula de sujeição, de natureza implícita e portanto válida mesmo que não expressa no clausulado contratual. Tal princípio encontra consagração no nº 1 do art. 269º da CRP e no art. 286º do CCP.

O *princípio do equilíbrio financeiro* impõe que, verificada a alteração do conteúdo do contrato, resulta, sob pena de desproteção, ser necessário compensar o particular, restabelecendo-se assim o equilíbrio financeiro

---

[80] Nº 6 do artigo 1º do CCP.

do contrato e as exigências da justiça contratual. Também, este princípio encontra consagração no art. 281º do CCP quando se impõe a proporcionalidade e conexão material das prestações contratuais e se estabelece que o contraente público não pode assumir direitos ou obrigações manifestamente desproporcionados ou que não tenham uma conexão material direta com o fim do contrato.

Quanto à reposição do equilíbrio financeiro do contrato, e considerando a obrigação da proporcionalidade e conexão material das prestações contratuais, estabelece o nº 1 do artigo 282º do CCP que apenas há lugar à reposição do equilíbrio financeiro nos casos especialmente previstos na lei ou, a título excecional, no próprio contrato.

O valor da reposição do equilíbrio financeiro corresponde ao necessário para repor a proporção financeira em que assentou inicialmente o contrato e é calculado em função do valor das prestações a que as partes se obrigaram e dos efeitos resultantes do facto gerador do direito à reposição no valor dessas mesmas prestações (nº 5 do artigo 282º do CCP).

A modificação unilateral do contrato fundada em razões de interesse público (nº 2 do art. 311º do CCP) confere ao cocontratante o direito à reposição do equilíbrio financeiro (art. 314º do CCP). O Código prevê a situação de reposição do equilíbrio financeiro por agravamento dos custos na realização da obra (art. 354ºCCP).

3.4. Poder de autoridade reconhecido ao contraente público

O regime jurídico dos contratos administrativos é constituído quer por normas que conferem prerrogativas especiais de autoridade à Administração Pública, quer por normas que impõem a esta especiais deveres ou sujeições que não têm paralelo no regime dos contratos de direito privado.

O art. 302º do CCP concretiza o acolhimento legal do poder de autoridade (poder exorbitante) reconhecido à Administração de conformar de forma específica os contratos em que intervém revestida de tal poder, sob ressalva expressa de disposição legal em contrário ou imposição decorrente da específica natureza do contrato. Trata-se de admitir, como consequência daquela veste de autoridade e do fim do concreto interesse público em vista, a existência de cláusulas exorbitantes, isto é, de regras contratuais que reconhecem aquela supremacia da Administração e que, por isso mesmo, não seriam aceites pelo particular não fosse a contraparte contratante autoridade.

AS COMPRAS E A GESTÃO DE MATERIAIS

Poderes na execução do contrato administrativo

Se na formação do contrato administrativo a Administração Pública aparece sujeita a limitações e restrições, já pelo contrário, na execução do contrato administrativo a Administração surge sobretudo investida em *poderes de autoridade* de que os particulares não beneficiam no âmbito dos contratos de direito privado que entre si celebram.

Os principais poderes de autoridade de que a Administração beneficia na execução do contrato são cinco: o poder de direção, o poder de fiscalização, o poder de modificação unilateral, e o poder de aplicar sanções e o poder de resolver unilateralmente o contrato.[81]

No *poder de direção,* prevenido nos artigos 303º e 304º do CCP, deve entender-se compreendido o poder de dar ordens e de emitir instruções sobre o melhor modo de execução do contrato.

O *poder de fiscalização* consiste no direito que a Administração Pública tem de controlar a execução do contrato para evitar surpresas prejudiciais ao interesse público, de que a Administração só viesse, porventura, a aperceber-se demasiado tarde (arts. 303º e 305º do CCP).

Justamente pela natureza específica do contrato administrativo, é reconhecido à Administração um *poder de modificação unilateral* das cláusulas do mesmo, muito embora possa daí resultar para a Administração o pagamento de uma remuneração superior àquela a que se tinha obrigado, de modo a manter o equilíbrio financeiro do contrato. O atual Código dos Contratos Públicos, prevê que o contrato pode ser modificado por ato administrativo do contraente público quando o fundamento invocado sejam razões de interesse público (nº 2 do art. 311º do CCP), ficando o cocontratante com direito à reposição do equilíbrio financeiro (art. 314º do CCP).

A Administração Pública beneficia ainda do *poder de aplicar sanções* ao contraente particular, seja pela inexecução do contrato, seja pelo atraso na execução, seja por qualquer outra forma de execução imperfeita, seja ainda porque o contraente particular tenha trespassado o contrato para outrem sem a devida autorização, etc. (nº 1 do art. 305º e nº 2 do art. 308º do CCP).

Segundo a melhor doutrina este poder sancionatório pode apresentar--se sob duas modalidades típicas: a *aplicação de multas* e o *sequestro.*

---

[81] Vide art. 302º do CCP.

160

A aplicação de multas não levanta qualquer dificuldade. O *sequestro* verifica-se quando, perante o abandono do exercício da prestação a que o contraente estava obrigado, a Administração assume o exercício dessa prestação e, por conta daquele, executa ou manda executar as tarefas ou trabalhos em falta assumindo também os direitos e obrigações do particular relativamente ao contrato.

Revestem a natureza de ato administrativo as declarações do contraente público sobre a execução do contrato que se traduzam em (n.º 2 do art. 307.º do CCP):

a) Ordens, diretivas ou instruções no exercício dos poderes de direção e de fiscalização;
b) Modificação unilateral das cláusulas respeitantes ao conteúdo e ao modo de execução das prestações previstas no contrato por razões de interesse público;
c) Aplicação das sanções previstas para a inexecução do contrato;
d) Resolução unilateral do contrato.

Parece importante salientar que, nos casos acima indicados, o contraente público goza do privilégio da execução prévia. Os restantes os atos do contraente público sobre interpretação e validade do contrato ou sobre a sua execução são meras declarações negociais, apenas podendo obter os efeitos pretendidos através do recurso à ação administrativa comum (n.º 1 do art. 307.º do CCP). Significa isto que em tais situações a Administração se encontra aqui despida do privilégio da execução prévia.

O conteúdo deste preceito não se choca com os poderes de autoridade conferidos à Administração. Resulta, aliás, que, surgindo conflito sobre a interpretação das cláusulas do contrato administrativo ou sobre o seu exato cumprimento e validade, a Administração encontra-se obrigada a recorrer, através de ação, aos tribunais administrativos ou tribunais arbitrais.

Contudo, depois de resolvido o conflito pela entidade competente, não sendo mais possível ao cocontratante particular discutir ou questionar a exigibilidade ou a executoriedade da prestação, a Administração, através do *privilégio da execução forçada*, pode promover a execução coerciva da sentença por via administrativa e tornar efetiva aquela prestação, porque constituem título executivo (n.º 1 do art. 309.º do CCP).

Por outro lado, o cumprimento das obrigações determinadas por atos administrativos que determinem, em geral, a resolução do contrato ou, em especial, o sequestro e o resgate de concessões, bem como outras situações previstas na lei, pode ser imposto coercivamente pelo contraente público. (nº 2 do art. 309º do CCP). Outro exemplo é a regra segundo a qual as cauções prestadas pelo cocontratante podem ser executadas pelo contraente público, sem necessidade de prévia decisão judicial ou arbitral, para satisfação de quaisquer importâncias que se mostrem devidas por força do não cumprimento por aquele das obrigações legais ou contratuais (art. 296º do CCP).

Também aqui a Administração Pública possui alguns poderes de autoridade. Além das causas normais de extinção do contrato administrativo, designadamente por *caducidade* ou *termo*, a doutrina indica duas causas específicas a considerar:

- A *rescisão do contrato a título de sanção* que se verifica quando o contraente particular não cumpre, ou não cumpre rigorosamente as cláusulas do contrato, tendo aqui a Administração o direito de rescindir o contrato, a título de aplicação duma sanção ao contraente faltoso;
- A outra causa é o *resgate*, que se verifica sobretudo nas concessões. O resgate consiste no direito que a Administração tem, antes de findo o prazo do contrato, de retomar o desempenho das atribuições administrativas de que estava encarregado o contraente particular, não como sanção mas por conveniência do interesse público, e mediante justa indemnização.

Poderá emergir aqui o problema da delimitação do que será em concreto a "justa indemnização". Parece consensual que a indemnização devida não visa apenas pagar ao contraente particular o montante correspondente aos danos emergentes; visa também pagar os lucros cessantes, referentes aos anos por que a concessão devia durar se o contrato fosse cumprido. Chama-se a isto *prémio de evicção* (Amaral, 1984).

4. REGRAS GERAIS DOS PROCEDIMENTOS PRÉ-CONTRATUAIS
4.1. Escolha do procedimento

A escolha do cocontratante pela Administração Pública obedece a normas (art. 17º a 33º do CCP) que fixam os critérios de seleção do tipo de procedimento a desenvolver. De salientar que, o *princípio da tipicidade dos procedimentos* (art. 16º do CCP) exige que na formação de contratos cujo objeto abranja prestações que estão ou sejam suscetíveis de estar submetidas à concorrência de mercado, devem ser observadas as regras e princípios previstos no diploma, apenas podendo ser adotados os procedimentos nele indicados. Os tipos de procedimento previstos, são o ajuste direto, o concurso público, o concurso limitado por prévia qualificação, o procedimento de negociação e o diálogo concorrencial.

Estes cinco tipos de procedimento de formação dos contratos apresentam especificidades de aplicação devidamente desenvolvidas no CCP (Tavares, Rosa, Graça, & Costa, dezembro 2009):

– Ajuste Direto: Artigos 112º a 129º
– Concurso Público: Artigos 130º a 154º
– Concurso Público Urgente: Artigos 155º a 161º
– Concurso Limitado por Prévia Qualificação: Artigos 162º a 192º
– Procedimento de Negociação: Artigos 193º a 203º
– Diálogo Concorrencial: Artigos 204º a 218º
– Acordos-Quadro: Artigos 251º a 259º
– Concurso de Concepção: Artigos 219º a 236º
– Sistemas de Aquisição Dinâmicos: Artigos 237º a 244º
– Sistema de Qualificação: Artigos 245º a 250º

O *ajuste direto*, em geral, não implica processo concorrencial, embora possam ser convidadas diversas entidades. Em geral só é aplicável para contratos de menor valor ou sujeitos a condicionalismos especiais. Permite que se prevejam processos de negociação.

O *concurso público* é o procedimento mais aberto sendo os candidatos sujeitos a um processo de habilitação. No decurso deste procedimento pode existir um leilão eletrónico (não aplicável às empreitadas de obras públicas).

O *concurso público urgente* é um regime especial apenas válido para locação e aquisição de bens ou serviços de uso corrente. O prazo mínimo para apresentação de propostas pode ser de 24 horas após publicação

AS COMPRAS E A GESTÃO DE MATERIAIS

do anúncio. Também se exige que o critério de adjudicação seja o do preço mínimo.

O *concurso limitado por prévia qualificação* introduz plenamente o princípio concorrencial mas restringe-o àqueles candidatos que consigam ser qualificados, ou seja, satisfaçam exigências acrescidas, o que é objeto de decisão numa primeira fase do procedimento. Também é possível complementar com leilão eletrónico (não aplicável às empreitadas de obras públicas).

No *diálogo concorrencial,* a primeira etapa visa escolher o objeto do contrato pelo que só após esta fase é necessário elaborar o caderno de encargos. Desenvolve-se então o processo concorrencial para recepção e análise de propostas.

Os *Acordos-Quadro* permitem, através de concurso público, selecionar propostas numa primeira fase a partir da qual é possível selecionar propostas finais e celebrar contratos.

O *concurso de concepção* é um concurso público orientado para a seleção de uma ideia.

O *sistema de aquisição dinâmico* é um procedimento concorrencial baseado totalmente em meios eletrónicos destinados a permitir às entidades adjudicantes a celebração de contratos de aquisição de bens ou de serviços de uso corrente, entendendo-se por tal aqueles bens e serviços cujas especificações técnicas são estandardizadas.

Nos contratos cujo objeto abranja prestações que estão ou sejam suscetíveis de estar submetidas à concorrência de mercado, a opção pelo tipo de procedimento deve ser estribada nos critérios estabelecidos:

- Escolha do procedimento em função do *"valor do contrato"* (arts. 17º a 22º do CCP);
- Em função de *"critérios materiais"* (arts. 24º a 30º do CCP);[82]

---

[82] O Código prevê a celebração de contratos independentemente do valor, em situações devidamente tipificadas. São exemplos: Quando em anterior concurso público ou concurso limitado por prévia qualificação, nenhum candidato se haja apresentado ou nenhum concorrente haja apresentado proposta ou todas as propostas apresentadas tenham sido excluídas; Na medida do estritamente necessário e por motivos de urgência imperiosa resultante de acontecimentos imprevisíveis pela entidade adjudicante, não possam ser cumpridos os prazos inerentes aos demais procedimentos; As prestações se destinem a permitir à entidade adjudicante a prestação ao público de um ou mais serviços de telecomunicações; Por motivos técnicos,

ASPETOS JURÍDICOS DAS COMPRAS PÚBLICAS

- Em função do *"tipo de contrato"* (art. 31º do CCP – contratos de concessão ou de sociedade);[83]
- Ou em função da *"entidade adjudicante"* (art. 33º do CCP – sectores especiais).[84]

O *"valor do contrato"* é considerado o critério geral da escolha do procedimento. A escolha do tipo de procedimento condiciona o valor do contrato a celebrar (18º CCP). Sempre que a escolha do procedimento for baseada neste critério, estabelece-se a regra da livre opção (arts. 19º a 21º CCP) por:

- ajuste direto,
- concurso público,
- ou concurso limitado por prévia qualificação.

A par da regra da determinação do valor máximo do contrato para escolha do procedimento, os artigos 24º a 33º permitem a celebração de contratos de qualquer valor com base em "critérios materiais", no "tipo de contrato" e na "entidade adjudicante". Verificando-se preenchidos os requisitos definidos nestes critérios, justifica-se a adoção de um determinado procedimento independentemente do valor do contrato a celebrar.

Estão previstos os seguintes "critérios materiais" de escolha do ajuste directo: critérios para quaisquer contratos (art. 24º); critérios para empreitadas de obras públicas (art. 25º); critérios para aquisição de bens (art. 26º); critérios para aquisição serviços (art. 27º).

---

artísticos ou relacionados com a proteção de direitos exclusivos; O contrato seja declarado secreto; Se trate de novos serviços ou novas obras que consistam na repetição de obras similares objeto de contrato anteriormente celebrado e em condições discriminadas; Se trate de bens destinados à substituição parcial ou à ampliação de bens ou equipamentos de específico uso corrente e em condições discriminadas; Se trate de serviços de investigação e de desenvolvimento; Se trate de serviços informáticos de desenvolvimento de *software* e de manutenção ou assistência técnica de equipamentos; Outras situações discriminadas nos artigos 24º a 30º do CCP.

[83] Quando razões de interesse público relevante o justifiquem, pode adotar-se o ajuste direto para a formação de contratos de sociedade e de contratos de concessão de serviços públicos.

[84] Contratos que digam direta e principalmente respeito a uma ou a várias das atividades exercidas nos sectores da água, da energia, dos transportes e dos serviços postais pelas entidades adjudicantes identificadas.

AS COMPRAS E A GESTÃO DE MATERIAIS

A escolha do procedimento para a celebração de *contratos mistos* só é permitida se as diferentes prestações a abranger pelo respetivo objeto forem técnica ou funcionalmente incindíveis ou, não o sendo, se a sua separação causar graves inconvenientes para a entidade adjudicante. Por conseguinte, esta situação implica sempre um dever de fundamentação no sentido de justificar a opção por um *contrato misto* em vez da celebração de contratos individualizados (art. 32º do CCP). Por esta via, abandonou- -se a regra da "componente de maior expressão financeira" prevista no art. 5º do Decreto-Lei nº 197/99, de 8 de junho, e no art. 5º do Decreto- -Lei nº 59/99, de 2 de março, para efeitos de determinação do regime da contratação pública aplicável aos contratos mistos.

A *decisão de escolha do procedimento* de formação do contrato, deve ser *fundamentada* e cabe ao órgão competente para a decisão de contratar (art. 38º CCP). Verifica-se o dever agravado de fundamentação quando a escolha do ajuste direto tiver sido feita em função de "critérios mate- riais", do "tipo de contrato" ou da "entidade competente", isto é, quando seja feita ao abrigo do disposto nos artigos 24º a 27º e 31º a 33º (ver alínea c) do nº 1 do art. 115º do CCP).

O procedimento inicia-se com a decisão de contratar, a qual cabe ao órgão competente para autorizar a despesa inerente ao contrato a celebrar (nº 1 do art. 36º CCP).

De salientar que, o regime de contratação pública e, por conseguinte, o método de escolha de procedimento, não é aplicável aos contratos de compra e venda, de doação, de permuta e de arrendamento de *bens imóveis* ou contratos similares.[85]

Através do Decreto-Lei nº 280/2007, de 7 de agosto, são estabelecidas as disposições gerais e comuns aplicáveis aos bens imóveis dos domínios públi- cos do Estado, das Regiões Autónomas e das Autarquias Locais. São signifi- cativas as inovações constantes deste diploma ao nível da *venda* de bens imó- veis com a criação do procedimento por "negociação com publicação prévia de anúncio", bem como a nova regulamentação da "hasta pública" e do "ajuste direto". No que se refere à *aquisição onerosa* do direito de propriedade e de outros direitos reais de gozo sobre bens imóveis, regulamenta-se o "pro- cedimento da consulta ao mercado" e a "locação financeira".

---

[85] Vide alínea c) do nº 2 do art. 4º do CCP.

O quadro que segue apresenta os valores a considerar para a escolha do *procedimento de formação de contratos de locação ou aquisição de bens (móveis), de serviços e empreitadas de obras públicas,* nos termos dos artigos 19º a 21º do CCP.[86]

QUADRO 11

Ajuste directo		
Endidade adjudicante	Tipo de contrato	Valor do contrato
Sector público administrativo - spa (art. 2.º, n.º 1)	Bens e serviços	< € 75.000
	Empreitadas	< € 150.000
	Planos ou projectos de arquitectura ou engenharia	< € 25.000
Outros organismos de direito público (art. 2.º, n.º 2)	Bens e serviços	< € 193.000*
	Empreitadas	< € 1.000.000
Todas	Contratos de concessão e de sociedade	< € 100.000
*Limiares comunitários		

Para efeitos do quadro supra, as entidades adjudicantes do *sector público administrativo* são as indicadas no nº 1 do art. 2º do CCP – Estado, Regiões Autónomas, Autarquias Locais, Institutos Públicos, Fundações e Associações Públicas. Os *outros organismos de direito público* são as pessoas coletivas indicadas no nº 2 do art. 2º do CCP, mais o Banco de Portugal (art. 19º CCP).

Acima dos montantes indicados no quadro, a escolha do procedimento em função do "valor do contrato" pode recaír sobre o concurso público ou concurso limitado por prévia qualificação. A opção por qualquer destes procedimentos depende da observância do princípio da proporcionalidade. O princípio da proporcionalidade estabelece que deve ser escolhido o procedimento mais adequado ao interesse público a prosseguir, ponderando-se os custos e os benefícios decorrentes da respectiva utilização.

---

[86] A celebração de contratos de prestação de serviços ficou, desde 2010, sujeita a um excecional controlo. Exige-se parecer prévio do Ministro das Finanças conforme Portaria 371-A/2010, de 23 de junho, bem como confirmação de cabimento da Direcção-Geral do Orçamento, nos termos da Portaria 4-A/2011, de 3 de janeiro.

4.2. Valor do contrato, preço base e preço contratual

O *valor do contrato* corresponde ao valor máximo do benefício económico que, em função do procedimento adotado, pode ser obtido pelo adjudicatário com a execução de todas as prestações que constituem o seu objeto (art. 17º). É a escolha do procedimento que determina o valor máximo do contrato e não o contrário.

O Código prevê a celebração de *contratos sem valor* (nº 4 do art. 17º) cujo benefício económico não é calculável em função das regras estabelecidas. São exemplos os *contratos de patrocínio,* em que o patrocinado se pode obrigar a divulgar o nome ou outro sinal distintivo do patrocinador (utilização de viaturas automóveis durante um evento; pagamento de prémio a um funcionário que venceu um concurso; fornecimento de energia eléctrica ou água durante um evento mediático, etc.).

O *preço base* é o preço máximo que a entidade adjudicante se dispõe a pagar pela execução de todas as prestações que constituem o seu objeto, correspondendo ao mais baixo dos seguintes valores (nº 1 do art. 47º):

– Valor fixado no caderno de encargos;
– Valor máximo do contrato a celebrar permitido pela escolha do procedimento;
– Valor máximo até ao qual o órgão competente pode autorizar a despesa inerente ao contrato a celebrar.

O preço base é um limite máximo que funciona como fundamento de exclusão das propostas que o ultrapassam. Não existe preço base (nº 2 do art. 47º CCP) quando não seja fixado no caderno de encargos, nem decorra da escolha do tipo de procedimento qualquer valor máximo, e:

– O órgão que tenha autorizado a despesa inerente ao contrato a celebrar tenha competência para autorizar despesa sem limite de valor; ou
– A entidade adjudicante não esteja abrangida pelo regime de autorização das despesas.

O *preço contratual* corresponde ao preço a pagar pela entidade adjudicante em resultado da proposta adjudicada, pela execução de todas as prestações que constituem o objeto do contrato (nº 1 do art. 97º). Só surge após o despacho de adjudicação uma vez que decorre da proposta adjudicada.

4.3. Decisão de contratar, publicitação e as peças do procedimento

Todos os tipos de procedimentos pré-contratuais iniciam-se com uma decisão de contratar. Esta decisão é tomada na sequência da verificação da existência de uma necessidade, da sua fundamentação, da identificação e caracterização do meio adequado à sua satisfação (objeto do contrato a celebrar).

A *decisão de contratar* cabe ao órgão competente para a decisão de autorizar a despesa inerente ao contrato a celebrar. As competências para autorização da despesa constam do regime de realização da despesa pública contido nos artigos 16º a 22º e 29º do Decreto-Lei nº 197/99, de 8 de junho (disposições ressalvadas pela alínea f) do nº 1 do art. 14º do Decreto-Lei nº 18/2008, de 29 de janeiro).

Todos os procedimentos, com exceção do ajuste direto, são publicados no Diário da República mediante *anúncio* conforme modelo aprovado por portaria. A publicação do anúncio é efetuada em tempo real no caso dos concursos públicos urgentes e, nos demais casos, no prazo máximo de 24 horas (art. 3º/2 do Decreto-Lei nº 18/2008, de 29 de janeiro). A divulgação posterior do anúncio referido ou do seu resumo é facultativa, podendo ser utilizado qualquer outro meio incluindo a plataforma eletrónica utilizada pela entidade adjudicante.

O CCP regula os procedimentos obrigatórios para a formação de contratos públicos (parte II do CCP) e estabelece ainda um regime aplicável à execução dos mesmos (parte III). De acordo com o previsto no nº 1 do artigo 130º, no nº 1 do artigo 157º, no nº 1 do artigo 167º, no nº 1 do artigo 197º, no nº 1 do artigo 208º, no nº 1 do artigo 224º, na alínea a) do nº 1 do artigo 242º, no nº 2 do artigo 245º e no nº 1 do artigo 276º do Código dos Contratos Públicos, aprovado pelo Decreto-Lei nº 18/2008, de 29 de janeiro, cada um dos procedimentos pré-contratuais em causa deve ser publicitado no Diário da República através de anúncio, cujos modelos foram aprovados pela Portaria nº 701-A/2008, de 29 de junho.

Relativamente à tramitação procedimental do ajuste direto, o Código prevê a criação de um portal na internet dedicado aos contratos públicos, que agregue informação sobre contratação pública (art. 127º). Para dar cumprimento a esta obrigação foi criado o *Portal dos Contratos Públicos* (www.base.gov.pt), cuja gestão é assegurada, conjuntamente, pelo Instituto da Construção e do Imobiliário (InCI) e pela Agência Nacional de Compras Públicas (ANCP).

AS COMPRAS E A GESTÃO DE MATERIAIS

As *peças do procedimento* (convite à apresentação das propostas, programa e caderno de encargos) são aprovadas pelo órgão competente para a decisão de contratar (art. 40º CCP). Os anúncios não constituem peças do procedimento.

O CCP estabelece as seguintes regras de prevalência:

- Em caso de divergência, o programa e o convite prevalecem sobre o anúncio (nº 6 do art. 132º e nº 6 do art. 189º);
- No caso de contradição entre o programa do procedimento e o convite à apresentação de propostas, prevalecem as normas constantes do programa (nº 6 do art. 189º);
- As normas do CCP prevalecem sobre quaisquer disposições das peças do procedimento com elas desconformes (art. 51º).

O *programa do procedimento* é o regulamento que define os termos a que obedece a fase de formação do contrato até à sua celebração (art. 41º CCP). Deve ser entendido como um guia do procedimento que contem as regras a observar nesta fase.

O *caderno de encargos* contém as cláusulas a incluir no contrato a celebrar que, nos casos de manifesta simplicidade das prestações que constituem o objeto do contrato, podem consistir numa mera fixação de especificações técnicas e na referência a outros aspetos essenciais da execução desse contrato, tais como o preço ou o prazo de execução/entrega (art. 42º CCP).

O caderno de encargos é o documento que contém ordenadas por artigos numerados, as cláusulas jurídicas e técnicas, gerais e especiais, obrigatórias e facultativas, definidoras do regime jurídico específico do contrato a celebrar.

As *especificações técnicas* devem integrar as cláusulas técnicas especiais do caderno de encargos. Definem as características exigidas de um produto, tais como níveis de qualidade, segurança, dimensões, prescrições, etc. Um dos principais aspetos a considerar na preparação do processo de compra consiste na definição clara, precisa e concisa do objeto do contrato a celebrar e especificações do produto. As características do produto a adquirir devem corresponder às necessidades a satisfazer. A eventual existência de funcionalidades do produto sem utilização prevista na Organização constitui encargos desnecessários no processo de compra.

ASPETOS JURÍDICOS DAS COMPRAS PÚBLICAS

As especificações técnicas devem constar do caderno de encargos e são fixadas por forma a permitir a participação dos concorrentes em condições de igualdade e concorrência (art. 49º do CCP), não sendo permitido fixar especificações técnicas que mencionem produtos de uma dada fabricação ou proveniência com o intuito de favorecer determinado produto ou empresa. De igual modo não é tolerável utilizar marcas, patentes ou indicar uma origem ou produção determinada.

Tal como definidas no anexo VI da Diretiva nº 2004/18/CE, do Parlamento Europeu e do Conselho, de 31 de março, e no anexo XXI da Diretiva nº 2004/17/CE, do Parlamento Europeu e do Conselho, de 31 de março, entende-se por "*especificações técnicas*":

– No caso de contratos de fornecimento de bens e serviços:
Especificação que define as *características exigidas* a um produto ou serviço, tais como
  ▪ Os níveis de qualidade,
  ▪ Os níveis de desempenho ambiental,
  ▪ A concepção que preencha todos os requisitos (incluindo a acessibilidade para os deficientes) e a avaliação da conformidade,
  ▪ A adequação de utilização,
  ▪ A utilização do produto,
  ▪ A segurança ou as dimensões,
Incluindo as *exigências aplicáveis* ao produto no que se refere
  ▪ Ao nome sob o qual é vendido, a terminologia, os símbolos,
  ▪ Os ensaios e métodos de ensaio,
  ▪ A embalagem, a marcação e rotulagem,
  ▪ As instruções de utilização,
  ▪ Os processos e métodos de produção e os procedimentos de avaliação da conformidade.
– No caso de contratos de empreitada de obras:
Prescrições técnicas que definem as *características exigidas* ao material, produto ou fornecimento, que permitem caracteriza-los de modo a que correspondam à utilização a que a entidade adjudicante os destina. Essas características incluem:
  ▪ Os níveis de desempenho ambiental,
  ▪ A concepção que preencha todos os requisitos (incluindo a acessibilidade para os deficientes) e a avaliação da conformidade,

- A adequação de utilização,
- A segurança ou as dimensões,
- Incluindo os procedimentos relativos à garantia de qualidade, a terminologia, os símbolos, os ensaios e métodos de ensaio, a embalagem, a marcação e rotulagem, as instruções de utilização, bem como os processos e métodos de produção.

Incluindo ainda as regras de concepção e cálculo das obras, as condições de ensaio, de controlo e recepção das obras, bem como as técnicas ou métodos de construção e todas as outras condições de carácter técnico que a entidade adjudicante possa exigir no que respeita às obras acabadas e aos materiais ou elementos que integram essas obras.

O caderno de encargos do procedimento de *empreitada de obras públicas* deve integrar, obrigatoriamente, o *programa* e o *projeto de execução* (com conteúdo obrigatório fixado por portaria do ministro responsável pelas obras públicas) acompanhado de diversos documentos, sob pena de nulidade (art. 43º CCP).

De salientar que a entidade adjudicante deve conservar, pelo prazo de quatro anos a contar da data da celebração do contrato, todos os documentos relativos ao procedimento de formação que permitam justificar todas as decisões tomadas (artigo nº 107º CCP).

4.4. Limiares comunitários – Publicação no JOUE

O CCP procedeu à transposição da Diretiva nº 2004/17/CE, de 31 de março, do Parlamento Europeu e do Conselho, relativa à coordenação dos processos de adjudicação de contratos nos sectores da água, da energia, dos transportes e dos serviços postais, e da Diretiva nº 2004/18/CE, de 31 de março, do Parlamento Europeu e do Conselho, relativa à coordenação dos processos de adjudicação dos contratos de empreitada de obras públicas, dos contratos públicos de fornecimentos e dos contratos públicos de serviços. A aplicação das regras da contratação pública constantes destas diretivas encontra-se delimitada pelos valores dos limiares fixados, a partir dos quais cada uma dessas diretivas é aplicável.

Sempre que o CCP alude aos *limiares comunitários*, nomeadamente no que diz respeito ao valor do contrato em função do procedimento pré--contratual escolhido, remete para os valores referidos nas alíneas a) e b)

ASPETOS JURÍDICOS DAS COMPRAS PÚBLICAS

do art. 16º da Diretiva nº 2004/17/CE e a) a c) do art. 7º da Diretiva nº 2004/ /18/CE, de 31 de março, consoante o caso (vide artigos 19º e 20º). Estes valores seriam objeto de atualização periódica devendo ser publicados por portaria dos ministros responsáveis pelas áreas das finanças e das obras públicas (art. 2º do Decreto-Lei nº 18/2008, de 29 de janeiro). Para 2008, o Governo publicou a atualização desses valores através da Portaria nº 701-C/2008, de 29 de julho.

Contudo, no dia 1 de janeiro de 2010 entrou em vigor o *Regulamento (CE) nº 1177/2009 da Comissão Europeia, de 30 de novembro*, que fixa novos limiares para os contratos públicos. Trata-se de alteração das Diretivas 2004/17/CE, 2004/18/CE e 2009/81/CE do Parlamento Europeu e do Conselho, no respeitante aos seus limiares de aplicação no contexto dos processos de adjudicação de contratos.

Atendendo que a forma adotada para o diploma foi a de Regulamento Comunitário, tornou-se "obrigatório em todos os seus elementos e diretamente aplicável em todos os Estados-membros" (cfr. art. 249º do Tratado de Roma – Comunidade Europeia), não carecendo, portanto, de norma de transposição para o direito interno, designadamente de portaria a que se refere o art. 2º do Decreto-Lei nº 18/2008, de 29/01.

Por esta via, foram fixados *limiares mais baixos* para o valor dos contratos que podem ser celebrados na sequência de procedimentos sem publicidade internacional ou seja, sem publicação prévia de anúncio no Jornal Oficial da União Europeia (JOUE).

Assim, os procedimentos iniciados a partir de 1 de janeiro de 2010, deverão ter em conta os novos limiares – valores máximos permitidos para celebração de contratos sem publicação de anúncio no JOUE:

- Contratos de empreitada de obras: € 4.845.000 (anterior limiar de € 5.150.000);
- Contratos de locação ou de aquisição de bens móveis e serviços:
    - Caso a entidade adjudicante seja um organismo de direito público previsto no nº 2 do art. 2º do CCP: € 193.000 (anterior limiar de € 206.000);
    - Caso a entidade adjudicante seja o Estado, o valor máximo a contratar passa a ser de € 125.000 (anterior limiar de € 133.000).

O referido Regulamento comunitário revê também os limiares para os sectores especiais da água, da energia, dos transportes e dos serviços pos-

AS COMPRAS E A GESTÃO DE MATERIAIS

tais, que são do mesmo valor no caso das empreitadas e de € 387.000 no caso da locação ou de aquisição de bens móveis e de aquisição de serviços (anterior limiar de € 412.000).

Por outro lado, na fase prévia à formação dos contratos, as entidades adjudicantes referidas no art. 2º do CCP (sector público administrativo e os outros organismos de direitos público) devem enviar para publicação no Jornal Oficial da União Europeia (JOUE) os anúncios que se indicam[87]:

✓ *Anúncio de pré-informação* (art. 34º do CCP)
  Bens e Serviços
  - No início de cada exercício orçamental – todos os contratos a celebrar durante os 12 meses seguintes, com preço contratual ≥ € 750.000
  Empreitada de obras públicas
  - Após aprovação[88] do plano de atividades – todos os contratos a celebrar durante os 12 meses seguintes, com preço contratual ≥ € 4.845.000 (anterior limiar de € 5.150.000)
✓ *Anúncio periódico indicativo* (art. 35º do CCP)
  Aplicável às entidades adjudicantes nos sectores da água, energia, transportes e serviços postais.

Quando o procedimento de formação do contrato tenha sido celebrado através de anúncio publicado no JOUE, a entidade adjudicante deve enviar ao Serviço de Publicações Oficiais das Comunidades Europeias, no prazo de 30 dias após a adjudicação, um anúncio conforme modelo constante do anexo III ou do anexo VI ao Regulamento CE nº 1564/2005, de 7 de setembro, da Comissão, consoante o caso (art. 78º do CCP).

4.5. Qualificação das propostas

O novo Código é especialmente exigente quanto à modelação matemática do processo a adotar pelo júri para a avaliação das propostas (desde que se adote o critério da proposta economicamente mais vantajosa e não a do preço mínimo, tal como é geralmente o caso, pois este último apenas

---

[87] Artigos 34º e 35º do CCP.

[88] Aqui, a figura da aprovação deve ser entendida como o ato pelo qual um órgão da Administração ativa exprime a sua concordância com um ato definitivo praticado por outro órgão administrativo, e lhe confere executoriedade (Amaral, 1984).

se recomenda para objetos de contrato com características padronizadas) e quanto à sua divulgação com as peças do procedimento, de modo a que cada concorrente possa "simular" a avaliação de que a sua proposta será objeto.

A qualificação também pode resultar de um modelo complexo segundo o qual se qualificam os candidatos melhor pontuados, também aqui se exigindo total especificação e divulgação do modelo matemático que irá ser utilizado.

Estas novas regras exigem que, aquando da abertura do procedimento, a entidade conheça bem os seus objetivos e os atributos que julga relevantes para o objeto do contrato, devendo subdividir estes em dois grupos:

– Os *atributos obrigatórios* (a especificar no caderno de encargos);
– Os *atributos sujeitos à concorrência*, em geral, associados a bandas de variação permitidas aos concorrentes.

Como se sabe, estes últimos devem ser definidos por descritores, escalas de pontuação e coeficientes de ponderação e que exige a cada entidade adjudicante a capacidade de simular as possíveis respostas e validar os correspondentes graus de preferência mas também aos concorrentes a capacidade de estimar, antecipadamente, a sua pontuação global e, como tal, a sua força concorrencial.

As cláusulas do caderno de encargos devem enunciar as obrigações de ambas as partes em sede de execução contratual e estabelecer os aspetos da execução do contrato a celebrar, nomeadamente, o preço, o prazo, a qualidade, a segurança, as características, a garantia, etc. Estes *aspetos de execução do contrato*, podem, ou não, estar *submetidos à concorrência*, isto é, podem ser totalmente/parcialmente deixados para os concorrentes preencherem com as suas propostas ou podem ser definidos de forma fechada, no sentido de não admitirem coisa diferente (arts. 42º/3/5 e 57º/1/b)/c) do CCP).

O preço e a qualidade são, normalmente, aspetos da execução do contrato tradicionalmente submetidos à concorrência. Relativamente a estes aspetos é comum fixarem-se limites mínimos e máximos a partir dos quais funciona a concorrência do mercado. O CCP denomina estes limites de *parâmetros base* (nºs 3 e 4 do art. 42º) porque fixam a base a partir da qual

AS COMPRAS E A GESTÃO DE MATERIAIS

se faz a concorrência, quer seja para cima, como no caso da qualidade base, quer seja para baixo, como no caso do preço base. As propostas que violem estes parâmetros base devem ser excluídas (nº 2 do art. 70º).

Todos e apenas os aspetos de execução do contrato a celebrar submetidos à concorrência pelo caderno de encargos devem corresponder a *fatores e a eventuais subfactores que densificam o critério de adjudicação da proposta economicamente mais vantajosa* (nº 1 do art. 75º).

O CCP designa como *atributo da proposta* qualquer elemento ou característica da mesma que diga respeito a um aspeto da execução do contrato submetido à concorrência pelo caderno de encargos (nº 2 do art. 56º). Por sua vez, os *termos ou condições* (nº 1 e alínea b) do nº 2 do art. 70º) das propostas correspondem aos aspetos da execução do contrato não submetidos à concorrência pelo caderno de encargos, mas relativamente aos quais a entidade adjudicante, em vez de uma descrição em termos fixos, optou por estabelecer limites mínimos ou máximos, cabendo aos concorrentes apresentar as suas propostas dentro destes limites, sob pena de exclusão. Se, por exemplo, o caderno de encargos fixar 6 meses como prazo máximo de fornecimento, então o termo ou condição da proposta seria necessariamente um prazo inferior.

Impende sobre os concorrentes o ónus da identificação dos *erros e omissões* do caderno de encargos por eles detetados e que digam respeito a aspetos identificados no nº 1 do art. 61º do CCP. Como consequência desse ónus, o adjudicatário é responsável em 50% pelo suprimento dos erros e omissões não identificados mas cuja deteção era exigível na fase de formação do contrato (nº 5 do art. 378º). O suprimento dos erros e omissões efetiva e atempadamente identificados pelos concorrentes, mas que tenham sido rejeitados ou não tenham sido expressamente aceites pela entidade adjudicante, são da responsabilidade desta última (nº 3 do art. 378º, aplicável *ex vi* artigos 438º e 451º).

4.6. Impedimentos
São excluídos dos procedimentos de contratação os candidatos ou concorrentes relativamente aos quais se verifique qualquer uma das situações indicadas no art. 55º do CCP que já constituíam *impedimento* na legislação anterior, designadamente:

– Situação não regularizada relativamente a dívidas por impostos;

- Situação não regularizada relativamente a dívidas por contribuições;
- Estado de insolvência, de liquidação, de cessação de atividade, ou com processo pendente;
- Tenham sido condenados por sentença transitada em julgado por algum dos crimes de organização criminosa, corrupção, fraude e branqueamento de capitais;
- Tenham sido objeto de aplicação de sanção administrativa por falta grave em matéria profissional.

Constitui ainda *impedimento*, não podendo ser candidatos ou concorrentes, as entidades que:

- Tenham, a qualquer título, prestado direta ou indiretamente, assessoria ou apoio técnico na preparação e elaboração das peças do procedimento (alínea *j*) do art. 55º CCP);
- Através de ajuste direto, tenham executado obras, fornecido bens ou prestado serviços à entidade adjudicante, a título gratuito, no ano económico em curso ou nos dois anos económicos anteriores, exceto se o tiverem feito ao abrigo do Estatuto do Mecenato (nº 5 do art. 113º CCP).

4.7. As propostas dos concorrentes

De acordo com o art. 57º do CCP, a proposta é constituída pelos seguintes *documentos*:

- *Declaração* do concorrente *de aceitação do conteúdo do caderno de encargos*, em conformidade com o modelo aprovado;
- *Documentos que*, em função dos aspetos submetidos à concorrência, *contenham os atributos da proposta*, de acordo com os quais o concorrente se dispõe a contratar (sob pena de exclusão alínea a) do nº 2 do art. 70º);
- *Documentos* eventualmente exigidos pelo programa do procedimento *que contenham os termos ou condições*, relativos a aspetos não submetidos à concorrência, aos quais a entidade adjudicante pretende vincular o concorrente;
- *Documentos que contenham os esclarecimentos* justificativos de apresentação *de um preço anormalmente baixo* (nos termos do nº 1 do art. 71º).

AS COMPRAS E A GESTÃO DE MATERIAIS

Tanto o fornecimento das peças do procedimento como a apresentação das propostas são efetuados por meio de transmissão eletrónica de dados de e para a *plataforma eletrónica* utilizada pela entidade adjudicante.

No dia útil imediato ao termo do prazo fixado para apresentação das propostas, o júri procede à publicação da lista dos concorrentes na plataforma eletrónica utilizado pela entidade adjudicante (art. 138º). Mediante a atribuição de um *login* e de uma *password* aos concorrentes incluídos na lista, é facultada a consulta de todas as propostas apresentadas. A publicação na plataforma da lista dos concorrentes, contra a qual podem reclamar no caso de não constarem dessa lista, bem como a possibilidade de consulta eletrónica das propostas apresentadas pelos demais concorrentes, representam uma nova metodologia que substitui o anterior ato público de abertura das propostas.

A apresentação de *propostas variantes* está dependente do programa do procedimento assim o permitir e deve recair sobre os aspetos da execução do contrato identificados no caderno de encargos como admitindo alternativas (art. 59º). São variantes as propostas que, relativamente a um ou mais aspetos da execução do contrato a celebrar, contenham atributos que digam respeito a condições contratuais alternativas nos termos expressamente admitidos no caderno de encargos.

Antes de proceder à *avaliação* propriamente dita *das propostas* (art. 139º), o júri analisa-as propondo a exclusão daquelas relativamente às quais se verifique algum dos *motivos formais de exclusão* previstos no nº 2 do art. 146º (aplicável por remissão a todos os procedimentos) ou algum dos *motivos materiais de exclusão* previstos no nº 2 do art. 70º.

5. REGIME MATERIAL DA FORMAÇÃO DOS CONTRATOS
5.1. Adjudicação
A adjudicação[89] é feita segundo um dos seguintes critérios (art. 74º do CCP):

– O da proposta economicamente mais vantajosa;
– O do mais baixo preço.

---

[89] A adjudicação é um ato administrativo pelo qual o órgão competente escolhe a proposta preferida e, portanto, seleciona o particular com quem pretende contratar. Não se deve confundir adjudicação com contrato. A adjudicação é um ato jurídico unilateral, ao passo que o contrato é um ato jurídico bilateral, um acordo de vontades (Amaral, 1984).

ASPETOS JURÍDICOS DAS COMPRAS PÚBLICAS

Contudo, só pode ser adotado o critério do mais baixo preço quando o caderno de encargos defina todos os restantes aspetos da execução do contrato, submetendo à concorrência apenas o preço a pagar pela entidade adjudicante.

À exceção do ajuste direto, o programa do procedimento deve indicar o critério de adjudicação, bem como, quando for adotado o da proposta economicamente mais vantajosa, o *modelo de avaliação das propostas*, explicitando claramente os fatores e os eventuais subfactores relativos aos aspetos da execução do contrato submetidos à concorrência, os valores dos respetivos coeficientes de ponderação e, relativamente a cada um dos fatores ou subfactores, a respetiva escala de pontuação, bem como a expressão matemática ou o conjunto ordenado de diferentes atributos suscetíveis de serem propostos que permita a atribuição das pontuações parciais (alínea n) do nº 1 do art. 132º). No ajuste direto, o convite à apresentação de proposta deve indicar o critério de adjudicação e os eventuais fatores e subfactores que o densificam, não sendo, necessário um modelo de avaliação das propostas (alínea b) do nº 2 do art. 115º).

De referir, por outro lado que, os fatores e subfactores que densificam o critério da proposta economicamente mais vantajosa (nº 1 do art. 75º) e que abrangem todos os aspetos da execução do contrato submetidos à concorrência, não podem dizer respeito, direta ou indiretamente, a situações, qualidades, características ou outros elementos relativos aos concorrentes (v.g. a experiência dos concorrentes).

Por regra, o órgão competente para a decisão de contratar deve tomar a decisão de adjudicação e notificá-la aos concorrentes até ao termo do prazo da obrigação de manutenção das propostas (nº 1 do art. 76º). Sem prejuízo da possibilidade de fixação de um prazo superior no programa do procedimento ou no convite, os concorrentes são obrigados a manter as respetivas propostas pelo prazo de 66 dias (úteis), não prorrogáveis, contados da data do termo do prazo fixado para apresentação das propostas (art. 65º). Quando a entidade adjudicante inicia um procedimento précontratual com conhecimento ao mercado, fica vinculada à adjudicação, não podendo, em nome do princípio da boa fé, defraudar as legítimas expectativas de contratar que suscitou junto dos operadores económicos.

Quando a decisão de adjudicação seja tomada e notificada aos concorrentes após o termo do prazo de manutenção das propostas, o concorrente pode recusar a adjudicação devendo ser indemnizado pelos encargos em

AS COMPRAS E A GESTÃO DE MATERIAIS

que comprovadamente incorreu com a elaboração da respetiva proposta (nº 3 do art. 76º).

O CCP estabelece que a decisão de não adjudicação, bem como os respetivos fundamentos, deve ser obrigatoriamente notificada a todos os concorrentes e tipifica as *causas de não adjudicação* (nº 1 e 2 do art. 79º):

- Nenhum candidato se haja apresentado ou nenhum concorrente haja apresentado proposta;
- Todas as candidaturas ou todas as propostas tenham sido excluídas;
- Por circunstâncias imprevistas, seja necessário alterar aspetos fundamentais das peças do procedimento após o termo do prazo fixado para a apresentação das propostas;
- Circunstâncias supervenientes ao termo do prazo fixado para a apresentação das propostas, relativas aos pressupostos da decisão de contratar, o justifiquem;
- No procedimento de ajuste direto em que só tenha sido convidada uma entidade e não tenha sido fixado preço base no caderno de encargos, o preço contratual seria manifestamente desproporcionado;
- No procedimento de diálogo concorrencial, nenhuma das soluções apresentadas satisfaça as necessidades e as exigências da entidade adjudicante.

De salientar ainda que no caso de a causa de não adjudicação estar relacionada com a *"necessidade de alterar aspetos fundamentais das peças do procedimento"*, é obrigatório dar início a um novo procedimento no prazo máximo de seis meses a contar da data da notificação da decisão de não adjudicação. Acresce que nesta situação e no caso em que a causa de não adjudicação se fundamenta em *"circunstâncias supervenientes ao termo do prazo fixado para a apresentação das propostas, relativas aos pressupostos da decisão de contratar"*, a entidade adjudicante deve indemnizar os concorrentes, cujas propostas não tenham sido excluídas, pelos encargos em que comprovadamente incorreram com a elaboração das respetivas propostas (nº 4 do art. 79º).

Conclui-se, por conseguinte, que impende sobre a entidade adjudicante o dever de fundamentar todas as decisões de não adjudicação. Para além disso, esta entidade tem o dever de indemnizar os concorrentes nas duas situações descritas no parágrafo anterior.

Poderá, também, haver lugar à *caducidade da decisão de adjudicação* nos casos expressamente identificados, por factos imputáveis ao adjudicatário, entre os quais:

– Não apresentação dos documentos de habilitação (art. 86º);
– Falsificação de documento ou declarações (87º);
– Não prestação de caução (art. 91º);
– Não outorga do contrato (art. 105º).

Nestes casos, o órgão competente para a decisão de contratar, deve adjudicar a proposta ordenada em lugar subsequente. Recorda-se que o júri, no relatório de avaliação, deve ordenar os concorrentes por ordem decrescente para efeitos de adjudicação.

5.2. Documentos de habilitação do adjudicatário

A fase de habilitação é posterior à adjudicação e apenas o adjudicatário apresenta os documentos de habilitação, devendo fazê-lo após a notificação da decisão de adjudicação.

Os documentos de habilitação necessários à averiguação da aptidão do adjudicatário encontram-se elencados no CCP. O adjudicatário deve apresentar reprodução dos documentos de habilitação referidos no art. 81º, através de correio eletrónico ou de outro meio de transmissão escrita e eletrónica de dados. Em caso de dúvida fundada sobre o conteúdo ou autenticidade de documentos cuja reprodução tenha sido apresentada, pode ser sempre exigida ao adjudicatário a apresentação dos respetivos originais (nº 4 do art. 83º).

Todos os concorrentes devem ser notificados, em simultâneo, da apresentação dos documentos de habilitação pelo adjudicatário, podendo consultá-los na plataforma eletrónica utilizada pela entidade adjudicante (art. 85º).

5.3. Caução e celebração do contrato

Sempre que o preço contratual seja igual ou superior a € 200.000, é obrigatória a prestação de *caução*, fixada em 5% desse preço (arts. 88º e 89º). Quando o preço contratual for inferior a € 200.000 a entidade adjudicante pode prescindir da prestação de caução ou, se o considerar conveniente, pode reter 10% do valor dos pagamentos a efetuar, desde que esta faculdade esteja prevista no caderno de encargos.

AS COMPRAS E A GESTÃO DE MATERIAIS

Na esteira das correntes doutrinárias, o CCP estabelece a regra geral de *redução do contrato a escrito* (art. 94º). Porém, pode haver exceções. Assim, a redução a escrito não é exigível nas situações estabelecidas no nº 1 do art. 95º, nomeadamente, quando o preço contratual não exceda € 10.000 e se trate de bens móveis ou serviços, ou quando se trate de contrato de empreitada de obras públicas de complexidade técnica muito reduzida e cujo preço contratual não exceda € 15.000.

De salientar, contudo, que quando não haja redução a escrito do contrato, *não se pode dar início* a qualquer aspeto da sua execução *antes de decorrido o prazo de 10* dias a contar da data de notificação da decisão de adjudicação (nº 3 do art. 95º).

Por outro lado, o novo Código estabelece que a minuta do contrato deve ser aprovada pelo órgão competente (para a decisão de contratar) depois de comprovada a prestação da caução pelo adjudicatário. E, se não houver lugar à prestação de caução, a minuta é aprovada em simultâneo com a adjudicação. De referir ainda que, da minuta do contrato devem constar expressamente os termos e condições da proposta adjudicada, ainda que venham a ser excluídas do conteúdo do contrato (art. 98º).

Poderá haver lugar a *ajustamentos ao conteúdo do contrato* (arts. 99º, 101º, nº 3 do art. 102º e 103º) com fundamento em exigências de interesse público e a demonstração objetiva de que a ordenação das propostas não seria alterada se os ajustamentos propostos tivessem sido refletidos em qualquer delas.

5.4. Renovação do contrato

Preenchidos determinados requisitos, a lei apresenta-nos a possibilidade de continuação da prestação nos anos subsequentes pelo mesmo fornecedor mas, com novo tipo de procedimento – ajuste direto. Torna-se, contudo, indispensável juntar ao processo documento probatório da verificação dos requisitos.

De salientar que os requisitos exigidos para a renovação do contrato para fornecimento de bens móveis são os indicados na alínea a) do nº 1 do art. 26º do CCP. Ao contrário da renovação do contrato de aquisição de serviços, previsto na alínea a) do nº 1 e nº 2 do art. 27º, não se exige que o primeiro contrato tenha sido celebrado na sequência de *concurso público ou limitado por prévia qualificação* ou que a *possibilidade* de recorrer a este procedimento tenha sido indicada para o primeiro contrato.

Verifica-se, por conseguinte, uma maior exigência nos requisitos para a renovação do contrato de aquisição de serviços relativamente à renovação do contrato de aquisição de bens móveis. Além da exigência de conformidade com um *projeto base comum*, exige-se que o primeiro contrato tenha sido celebrado na sequência de *concurso público ou limitado por prévia qualificação*, que a possibilidade de recorrer a este procedimento tenha sido *indicada no anúncio ou no programa de concurso* ou ainda que tenha sido *publicado no Jornal Oficial da União Europeia quando* o preço base do ajuste direto e do contrato inicial for igual ou superior aos limiares comunitários.

A renovação de contrato para aquisição de bens ou serviços por esta via (ajuste direto) poderá não apresentar particular interesse económico para os concorrentes na medida em que a possibilidade de opção pela renovação depende apenas da entidade adjudicante, não existindo inicialmente quaisquer garantias de continuidade da prestação. Isto é, a entidade adjudicante, no contrato inicial, não garante a utilização deste tipo de procedimento, apesar de constituir uma hipótese a considerar. Poderá, também não apresentar vantagens significativas para a entidade adjudicante, com exceção da simplificação do procedimento.

5.5. Informação de cabimento/compromisso e fiscalização do Tribunal de Contas

A fiscalização do Tribunal de Contas consiste na verificação da legalidade e regularidade das despesas públicas, na apreciação da boa gestão financeira e efetiva responsabilidade por infrações financeiras. A sua ação centra-se, essencialmente, na avaliação do grau de cumprimento dos *requisitos legais para a realização das despesas públicas* fixados no art. 22º do Decreto-Lei nº 155/92, de 28 de junho e nº 6 do art. 42º da LEO[90].

---

[90] Lei nº 91/2001, de 20 de agosto, alterada e republicada pela Lei nº 52/2011, de 13 de outubro. No âmbito da fundamentação da despesa realçámos a necessidade de justificar: a conformidade legal – se o facto gerador da despesa respeita as normas legais aplicáveis; a regularidade financeira – se a despesa está inscrita no orçamento, tem cabimento na correspondente dotação e adequada classificação económica, e obedece ao princípio da execução do orçamento por duodécimos, salvas, nesta última matéria, as exceções previstas na lei; os (três E's) princípios da economia, eficácia e eficiência – na realização das despesas deverá ter-se em vista a obtenção do máximo rendimento com o mínimo de recursos, o acréscimo de produtividade e a sua utilidade.

AS COMPRAS E A GESTÃO DE MATERIAIS

De salientar que *"(...) as dotações constantes do orçamento das despesas constituem o limite máximo a utilizar na realização destas"* (nº 5, do artigo 42º da LEO). Acresce que *"(...) a realização de qualquer despesa à qual esteja consignada determinada receita fica também condicionada à cobrança desta receita em igual montante* (nº 9 do art. 42º da LEO).

Ainda neste domínio estabelece-se, em termos de cabimento orçamental, que "apenas podem ser assumidos compromissos de despesa após os competentes *serviços de contabilidade* exararem informação prévia de cabimento no documento de autorização da despesa em causa" (nº 1 do art. 45º da LEO).

A *informação de cabimento* contém uma estimativa da despesa e constitui-se como uma intenção de gastar. A *informação de compromisso*[91] abrange o montante da despesa a despender no ano em curso, incluindo o valor correspondente ao imposto sobre o valor acrescentado (IVA), e corresponde a encargos assumidos, representando uma obrigação perante terceiro. A informação de compromisso pode ser aposta no documento a submeter a "visto"[92] do Tribunal de Contas e no respectivo duplicado ou apresentada, em documento autónomo, acompanhado de cópia (Resolução, 2011).

Nenhuma despesa pode ser autorizada sem que tenha sido efetuado o cabimento prévio. A cabimentação é obrigatoriamente precedida da verificação da respetiva cobertura na dotação disponível.[93] Só podem ser dados cabimentos se houver dotação disponível. A dotação disponível corresponde à dotação inicial do orçamento abatida de cativos e adicionada dos reforços e subtraída das anulações e dos compromissos e cabimentos anteriormente assumidos.

A obrigatoriedade de se proceder à cabimentação da despesa e manter, permanentemente, uma contabilidade fiel dos compromissos assumidos

---

[91] Consideram-se «compromissos» *"as obrigações de efetuar pagamentos a terceiros em contrapartida do fornecimento de bens e serviços ou da satisfação de outras condições..."* (Art. 3º da Lei nº 8/2012, de 21 de fevereiro).

[92] O "visto" não é um ato substancialmente diferente da aprovação. As únicas diferenças que existem são que, enquanto a aprovação é praticada por um órgão ativo, o visto é praticado por um órgão de controlo (Amaral, 1984).

[93] Consideram-se «fundos disponíveis» *"as verbas disponíveis a muito curto prazo (...), desde que não tenham sido comprometidos ou gastos"*, que incluem as situações descritas na alínea f) do art. 3º da Lei nº 8/2012, de 21 de fevereiro.

ASPETOS JURÍDICOS DAS COMPRAS PÚBLICAS

encontra-se prevista em diversa legislação, nomeadamente, na Lei nº 8/90, de 20 de fevereiro, no Decreto-Lei nº 155/92, de 28 de junho, na Lei nº 28/92, de 1 de setembro, na Lei nº 79/98, de 24 de novembro, no Decreto-Lei nº 54-A/99, de 22 de fevereiro, na Lei nº 2/2007, de 15 de janeiro, no Decreto-Lei nº 29-A/2011, de 1 de março e reforçada na designada lei dos compromissos (Lei nº 8/2012, de 21 de fevereiro).

Por conseguinte, a autorização de despesa implica uma prévia *informação de cabimento*. Por sua vez, a celebração do contrato implica uma *informação de compromisso. Os compromissos consideram-se assumidos quando é executada uma ação formal pela entidade, como sejam a emissão de ordem de compra, nota de encomenda ou documento equivalente, ou a assinatura de um contrato, acordo ou protocolo, podendo também ter um caráter permanente e estar associados a pagamentos durante um período indeterminado de tempo, nomeadamente salários, rendas, eletricidade ou pagamentos de prestações diversas"* (Art. 3º da Lei nº 8/2012, de 21 de fevereiro).

As informações de cabimento e de compromisso devem ser prestadas de acordo com o modelo constante[94] de Resolução do Tribunal de Contas. O processo a remeter ao Tribunal de Contas para efeitos de fiscalização prévia deve ser instruído com as informações de *cabimento* e de *compromisso*, datadas e subscritas pelo responsável pelos serviços de contabilidade com competência para o efeito.

Com o objetivo de assegurar o cumprimento das regras de assunção de despesas e compromissos de pagamento, a Direção-Geral do Orçamento, através de Circular[95], estabeleceu que *"todas as entidades públicas devem diligenciar no sentido dos respetivos sistemas contabilísticos emitirem um número válido e sequencial no documento do cabimento, o qual deverá ser obrigatoriamente refletido no documento de compromisso e na nota de encomenda ou documento análogo"*. Sendo que *"nenhum documento de compromisso ou nota de encomenda ou documento análogo que não tenha o número de cabimento e a clara identificação da entidade emitente será considerado válido, nem dele resultará a obrigatoriedade de pagamento do Estado a terceiros"*.

A lei dos compromissos veio reforçar que *"os dirigentes, gestores e responsáveis pela contabilidade não podem assumir compromissos que excedam os fundos*

---

[94] Resolução do Tribunal de Contas nº 14/2011-DR, 2ª, 156, 16/08/2011.

[95] Circular Série A nº 1368, de 09/09/2011, da Direção-Geral do Orçamento.

AS COMPRAS E A GESTÃO DE MATERIAIS

disponíveis". Que deve ser emitido *"um número de compromisso válido e sequencial que é refletido na ordem de compra, nota de encomenda, ou documento equivalente, e sem o qual o contrato ou a obrigação subjacente em causa são (...) nulos".* Que *"a autorização para a assunção de um compromisso é sempre precedida pela verificação da conformidade legal da despesa (...)"*[96] (Art. 5º da Lei nº 8/2012, de 21 de fevereiro).

Importa salientar, ainda, que *"os pagamentos só podem ser realizados quando os compromissos tiverem sido assumidos em conformidade com as regras e procedimentos previstos"* na lei. Sempre que houver desconformidade, os agentes económicos não podem reclamar do Estado ou das entidades públicas o respetivo pagamento ou quaisquer direitos ao ressarcimento. Mas podem demandar os responsáveis pela assunção dos compromissos em desconformidade com as regras e procedimentos. Por conseguinte, *os dirigentes, os gestores e os responsáveis pela contabilidade*, respondem pessoal e solidariamente perante os agentes económicos quanto aos danos por estes incorridos (Ver art. 9º da Lei nº 8/2012, de 21 de fevereiro).

Os titulares de cargos políticos, dirigentes, gestores ou responsáveis pela contabilidade que assumam compromissos em violação do previsto (...) incorrem em responsabilidade civil, criminal, disciplinar e financeira, sancionatória e ou reintegratória (...)[97] (Ver art. 11º da Lei nº 8/2012, de 21 de fevereiro).

Como já referimos, compete ao Tribunal de Contas a fiscalização da legalidade e regularidade das receitas e despesas públicas, apreciar a boa gestão financeira e efetiva responsabilidade por infrações financeiras.[98]

Compete, em especial, ao Tribunal de Contas, fiscalizar previamente a legalidade e o cabimento orçamental de todos os atos de que resultem ou possam resultar encargos financeiros ou patrimoniais (contratos, acor-

---

[96] Recordam-se aqui os requisitos legais para a realização das despesas públicas, fixados no art. 22º do Decreto-Lei nº 155/92, de 28 de junho e nº 6 do art. 42º da Lei de Enquadramento Orçamental, republicada pela Lei nº 52/2011, de 13 de outubro.

[97] Esta disposição, tal como os artigos 3º a 9º da lei de compromissos, tem natureza imperativa, prevalecendo sobre quaisquer outras normas legais ou convencionais, especiais ou excecionais, que disponham em sentido contrário (art. 13º da Lei nº 8/2012, de 21 de fevereiro).

[98] Art. 1º da Lei nº 98/97, de 26 de agosto, republicada pela Lei nº 48/2006, de 29 de agosto, com as alterações da Lei nº 35/2007, de 13 de agosto, da Lei nº 3-B/2010, de 28 de abril, e da Lei nº 61/2011, de 7 de dezembro (Lei de Organização e Processo do Tribunal de Contas, doravante disignada LOPTC).

dos, protocolos ou outros instrumentos) das entidades do sector público administrativo e instituições de segurança social[99]. De referir que, sem prejuízo das especificidades previstas na lei (ver alínea a) do nº 1 do artigo 47º da LOPTC), os mesmos atos estão isentos de fiscalização prévia quando praticados pelas entidades referidas nos números 2 e 3 do artigo 2º da Lei de Organização e Processo do Tribunal de Contas (associações públicas, empresas públicas, empresas municipais, intermunicipais e regionais, etc.)[100].

Contudo, tanto as entidades do sector público administrativo e instituições de segurança social como os restantes organismos de direito público estão sujeitos à jurisdição e aos poderes de controlo financeiro do Tribunal de Contas através da fiscalização concomitante e sucessiva.

A *fiscalização concomitante* consiste na realização de auditorias aos procedimentos administrativos relativos a atos que implicam despesas com pessoal e a contratos que não devam ser remetidos para fiscalização prévia,

---

[99] Nos termos da alínea a) do nº 1 do artigo 46º da LOPTC, estão sujeitos à fiscalização prévia todos os atos (...) dos serviços e fundos:
– do Estado e das Regiões Autónomas com autonomia administrativa e financeira,
– das as autarquias locais, suas associações ou federações e seus serviços, bem como as áreas metropolitanas;
– dos institutos públicos;
– das instituições de segurança social.

[100] Segundo o Relatório de Auditoria nº 19/201, 1ª Sec. do Tribunal de Contas (TC), sobre o Sector Empresarial na Área da Saúde (disponibilizado em 24/02/2012), os Hospitais EPE, apesar de empresas públicas, estão sujeitos a fiscalização prévia nos termos do artigo 5º, nº 1, alínea c), da aludida LOPTC, na redação introduzida pela referida Lei nº 48/2006. A fiscalização prévia passou a incidir sobre "(...) *os atos e contratos (...) das entidades de qualquer natureza criadas pelo Estado ou por quaisquer outras entidades públicas, para desempenhar funções administrativas originariamente a cargo da Administração Pública, com encargos suportados por transferência do orçamento da entidade que as criou, sempre que daí resulte a subtração de atos e contratos à fiscalização prévia do Tribunal de Contas (...)*". Na vigência da redação inicial da Lei nº 98/97, de 26 de Agosto, apenas estavam sujeitos aos poderes de controlo financeiro do Tribunal e não à sua jurisdição. De acordo com o citado Relatório, parece ter sido objetivo do legislador reconduzir certas entidades (sob a forma de empresas públicas), que formalmente se enquadram no nº 2 do artigo 2º da LOPTC, à submissão à fiscalização prévia. Pretendeu-se que o controlo prévio do TC se mantivesse nos casos em que, apesar das alterações de natureza formal, as características fundamentais dos atos de gestão pública permanecessem e que incluem aqueles que desenvolvem funções administrativas com necessidade de financiamento público.

bem como à atividade financeira exercida antes do encerramento da respetiva gerência (artigo 49º da LOPTC).

No âmbito da *fiscalização sucessiva*, o Tribunal de Contas verifica as contas, avalia os respetivos sistemas de controlo interno, aprecia a legalidade, economia, eficácia e eficiência da gestão financeira (artigo 50º e ss. da LOPTC).

Recorda-se que a *fiscalização prévia* tem por fim *verificar se* os contratos e outros instrumentos geradores de despesa *estão conformes com as leis* em vigor *e se* os respetivos encargos *têm cabimento* em verba orçamental própria. E que obriga todas as entidades do sector público administrativo e instituições de segurança social. Porém, os contratos abaixo de determinado valor estão dispensados da fiscalização prévia. As leis do Orçamento do Estado fixam, para vigorar em cada ano orçamental, o valor contratual, com exclusão do montante do IVA que for devido, abaixo do qual os referidos contratos ficam dispensados de fiscalização prévia (artigo 48º da LOPTC).

QUADRO 12 – Atos sujeitos e isentos de fiscalização prévia

Estão *sujeitos* a fiscalização prévia	Estão *isentos* de fiscalização prévia
✑ Todos os atos de que resulte o aumento da dívida pública fundada, bem como os atos que modifiquem as condições gerais de empréstimos visados, das entidades do sector público administrativo e instituições de segurança social. ✑ Os contratos de obras públicas, aquisições de bens e serviços, bem como outras aquisições patrimoniais originem despesa que excedam um montante a fixar pelas leis do Orçamento, quando reduzidos a escrito por força da lei. ✑ As minutas de contratos de valor igual ou superior aos fixados nas leis do Orçamento e cujos encargos, ou parte deles, tenham de ser satisfeitos no ato da sua celebração.	✑ Os contratos celebrados pelos organismos de direito público identificados no nº 2 e 3 do art. 2º da LOPTC. ✑ Os títulos definitivos dos contratos precedidos de minutas visadas. ✑ Os contratos de arrendamento, bem como os de fornecimento de água, gás e eletricidade ou celebrados com empresas de limpeza, de segurança de instalações e de assistência técnica. ✑ Os contratos adicionais aos contratos visados. ✑ Os contratos destinados a estabelecer condições de recuperação de créditos do Estado.

(artigo 46º e 47º da LOPTC)

De salientar ainda que os contratos e demais instrumentos sujeitos à fiscalização prévia podem produzir todos os efeitos antes do visto, exceto quanto aos pagamentos a que derem causa. Isto significa que não poderá haver lugar a pagamentos enquanto decorre a fiscalização prévia do contrato no Tribunal de Contas. Constituem exceção, isto é, não produzem quaisquer efeitos antes do visto ou declaração de con-

ASPETOS JURÍDICOS DAS COMPRAS PÚBLICAS

formidade, os actos, contratos e demais instrumentos cujo valor seja superior a € 950 000.[101]

Por outro lado, a recusa do visto do Tribunal de Contas implica a ineficácia jurídica dos contratos após a data da notificação da decisão. Sendo que, os trabalhos realizados ou os bens ou os serviços adquiridos após a celebração do contrato até à data da notificação da recusa do visto poderão ser pagos, desde que o respetivo valor não ultrapasse a programação contratualmente estabelecida para o mesmo período.

5.6. Controlo da despesa e segregação de funções

De acordo com a Lei de Enquadramento Orçamental (LEO), as despesas dos organismos do sector público administrativo deverão ser sujeitas a auditoria externa, pelo menos de oito em oito anos, abrangendo a avaliação da missão e objetivos, bem como a economia, eficiência e eficácia da despesa correspondente (nº 1 do artigo 62º da LEO).

Acresce que, os responsáveis pela execução orçamental têm a obrigação de elaborar, organizar e manter em funcionamento sistemas e procedimentos de controlo interno das operações de execução do Orçamento, os quais poderão envolver, nos casos em que tal se justifique, o recurso a serviços de empresas de auditoria (nº 5 do artigo 58º da LEO). O sistema e os procedimentos de controlo interno das operações de execução do Orçamento devem ser sujeitos a auditoria no quadro do funcionamento do Sistema de Controlo Interno, à luz dos respetivos princípios de coordenação e tendo presentes os princípios de auditoria internacionalmente consagrados (nº 2 do artigo 62º da LEO).

O controlo interno consiste na verificação, acompanhamento e avaliação da legalidade e regularidade financeira das receitas e das despesas públicas, bem como a apreciação da boa gestão dos dinheiros e outros activos públicos e da dívida pública.

---

[101] Esta limitação não é aplicável aos contratos celebrados na sequência de procedimento de ajuste direto por motivos de urgência imperiosa resultante de acontecimentos imprevisíveis pela entidade adjudicante, que não lhe sejam em caso algum imputáveis, e não possam ser cumpridos os prazos inerentes aos demais procedimentos previstos na lei (artigo 45º da LOPTC, com a redação da Lei nº 61/2011).

AS COMPRAS E A GESTÃO DE MATERIAIS

No âmbito do controlo da execução orçamental a LEO define os requisitos exigíveis na realização de qualquer despesa. Nenhuma despesa pode ser autorizada ou paga sem que, cumulativamente (nº 6 do artigo 42º):

- O facto gerador da obrigação de despesa respeite as normas legais aplicáveis;
- A despesa em causa disponha de inscrição orçamental, tenha cabimento na correspondente dotação, esteja adequadamente classificada e obedeça ao princípio da execução do orçamento por duodécimos, salvas, nesta última matéria, as exceções previstas na lei;
- A despesa em causa satisfaça o princípio da economia, eficiência e eficácia.

O cabimento afere-se pelas rubricas do nível mais desagregado da classificação económica e respeitando, se aplicável, o cabimento no programa, projeto ou atividade.

Salienta-se, também, que o respeito pelos princípios da economia, eficiência e eficácia, deverá ser verificado, em particular, em relação às despesas que, pelo seu elevado montante, pela sua continuidade no tempo, uma vez iniciadas, ou por qualquer outro motivo envolvam um dispêndio significativo de dinheiros públicos.

De referir, ainda, que actualmente, o enfoque do controlo da despesa é colocado nos pagamentos. A eficácia do controlo obriga, no entanto, a que este seja antecipado para o momento da assunção do compromisso, momento a partir do qual a despesa é incorrida, não havendo alternativa que não seja o pagamento. A ausência de registo da fatura, ou equivalente, no sistema contabilístico ou, simplesmente, o não pagamento, apenas conduzem à acumulação de pagamentos em atraso.

Acresce que no âmbito do controlo da despesa, as operações de execução do orçamento obedecem ao princípio da segregação das funções de liquidação e de cobrança, quanto às receitas, e de autorização da despesa, de autorização de pagamento e de pagamento, quanto às despesas. A segregação de funções deve ser assegurada pelos dirigentes dos organismos e pode estabelecer-se entre diferentes serviços ou entre diferentes agentes do mesmo serviço (número 1 e 2 do artigo 42º da LEO).

Sobre este assunto, o Manual de Auditoria e de Procedimentos do Tribunal de Contas (disponível no site do Tribunal de Contas) ilustra o seguinte:

- *"A segregação, separação ou divisão de funções tem como finalidade evitar que sejam atribuídas à mesma pessoa duas ou mais funções concomitantes com o objetivo de impedir ou pelo menos dificultar a prática de erros ou irregularidades ou a sua dissimulação.*
- *Este controlo baseia-se fundamentalmente na separação de funções incompatíveis entre si. No ciclo de uma operação que abrange o conjunto dos atos compreendidos entre o início e o seu termo, é de toda a conveniência que seja atribuída a uma pessoa uma tarefa específica da qual é a única responsável. A observância deste princípio justifica que a função contabilística deve estar separada da função operativa tendente a evitar que uma pessoa tenha simultaneamente a responsabilidade pelo controlo físico dos ativos e pelo seu registo contabilístico, situação que lhe permitiria facilmente cometer irregularidades".*

5.7. Responsabilidade pela execução orçamental

No âmbito da execução e estabilidade orçamental, destacam-se dois aspectos:

- A responsabilidade pela execução orçamental;
- O dever de informação para garantia da estabilidade orçamental.

A responsabilidade pela execução orçamental está prevista no estatuto do gestor público,[102] no estatudo do pessoal dirigente,[103] na Lei do Enquadramento Orçamental (LEO), na lei de compromissos[104] e na própria Constituição da República Portuguesa.[105] Estabelece-se que os gestores

---

[102] Os gestores públicos são penal, civil e financeiramente responsáveis pelos actos e omissões praticados durante a sua gestão, nos termos da lei (artigo 23º do Decreto-Lei 71/2007, de 27 de março – Estatuto do Gestor Público).

[103] No exercício das suas funções, os titulares de cargos dirigentes são responsáveis civil, criminal, disciplinar e financeiramente, nos termos da lei (artigo 15º da Lei 2/2004, de 15 de janeiro – Estatuto do Pessoal Dirigente).

[104] *Os titulares de cargos políticos, dirigentes, gestores ou responsáveis pela contabilidade que assumam compromissos em violação do previsto (...) incorrem em responsabilidade civil, criminal, disciplinar e financeira, sancionatória e ou reintegratória (...)* (Ver art. 11º da Lei nº 8/2012, de 21 de fevereiro).

[105] Ao abrigo, nomeadamente, dos artigos 22º, 117º e 271º da Constituição da República Portuguesa, artigo 70º da LEO, artigos 61º, 62º, 63º e 65º, da LOPTC, artigo 7º do Decreto-Lei nº 29-A/2011, de 1 de março (Decreto-Lei de execução orçamental para o ano de 2011), artigo

AS COMPRAS E A GESTÃO DE MATERIAIS

públicos, os dirigentes, bem como os funcionários e agentes do Estado e demais entidades públicas respondem civil, criminal e disciplinarmente pelas suas ações e omissões de que resulte violação das normas de execução orçamental. De igual modo, os titulares dos cargos políticos são responsáveis civil e criminalmente[106] pelos atos e omissões que pratiquem no âmbito do exercício dessas funções de execução.

Para verificar o cumprimento do princípio da estabilidade orçamental, o Ministro das Finanças pode exigir dos organismos que integram o sector público administrativo uma informação pormenorizada e justificada da observância das medidas e procedimentos que têm de cumprir. De salientar que, sempre que se verifique qualquer circunstância que envolva perigo de ocorrência de uma situação orçamental incompatível com o cumprimento das medidas de estabilidade, o organismo deve remeter imediatamente ao Ministro das Finanças uma informação pormenorizada e justificada acerca do ocorrido, identificando as receitas e as despesas que as originaram, e uma proposta de regularização da situação verificada (artigo 91º da LEO).

É importante sublinhar que o incumprimento das regras de assunção e autorização das despesas, constitui infração financeira prevista e punida pelo regime constante da Lei de Organização e Processo do Tribunal de Contas (LOPTC). A referida lei prevê uma responsabilidade financeira reintegratória e uma responsabilidade sancionatória[107]. Além da obrigação de ressarcir, o Tribunal de Contas pode aplicar multas pelas infrações apuradas.

4º do Decreto-Lei nº 65-A/2011, de 17 de maio (Complementa o Decreto-Lei nº 29-A/2011), e artigo 9º da Lei nº 67/2007, de 31 de dezembro (Regime da Responsabilidade Civil Extracontratual do Estado e demais Entidades Públicas), os dirigentes, gestores e responsáveis pela contabilidade que assumam compromissos ou emitam notas de encomenda ou documentos análogos que não obedeçam às orientações sobre assunção de despesas, incorrem em responsabilidade disciplinar, financeira (incluindo a responsabilidade sancionatória e reintegratória), civil e criminal por ato que violem as normas de execução orçamental.

[106] Sobre os crimes dos titulares de cargos políticos ver a Lei nº 34/87, de 16 de julho, alterada pela Lei nº 108/2001, de 28 de novembro.

[107] Art. 59º e seguintes sobre responsabilidade reintegratória, e art. 65º seguintes sobre responsabilidade sancionatória (Lei nº 98/97, de 26 de agosto, republicada pela Lei nº 48/2006, de 29 de agosto, com as alterações da Lei nº 35/2007, de 13 de agosto, da Lei nº 3-B/2010, de 28 de abril, e da Lei nº 61/2011, de 7 de dezembro – LOPTC).

A *responsabilidade financeira reintegratória*, de natureza civil, efetiva-se mediante processos de julgamento instruídos e decididos pelo Tribunal de Contas, e pode ocorrer sempre que se apurem:

– Situações de alcance, desvio de dinheiros ou valores públicos e pagamentos indevidos;
– Autorizações ou sancionamentos que, praticados dolosamente, impliquem a não liquidação, cobrança ou entrega de receitas com violação das disposições legais aplicáveis.

A *responsabilidade financeira sancionatória*, de natureza contraordenacional, efetiva-se mediante processos de julgamento instruídos e decididos pelo Tribunal de Contas, e verifica-se nos casos tipificados na lei, sendo puníveis os atos praticados quer com dolo quer com negligência.

Ainda no âmbito da legalidade e responsabilidade pela execução orçamental, importa salientar alguns aspectos do Regime da Responsabilidade Civil Extracontratual do Estado e Demais Entidades Públicas, publicado pela Lei nº 67/2007, de 31 de dezembro. Fixa-se que o Estado e as demais pessoas colectivas de direito público são exclusivamente responsáveis pelos danos que resultem de acções ou omissões ilícitas, cometidas com *culpa leve*, pelos titulares dos seus órgãos, funcionários ou agentes, no exercício da função administrativa e por causa desse exercício (nº 1 do artigo 7º).

Por outro lado, contempla-se a *responsabilidade solidária em caso de dolo ou culpa grave*. Os titulares de órgãos, funcionários e agentes são responsáveis pelos danos que resultem de acções ou omissões ilícitas, por eles cometidas com dolo ou com diligência e zelo manifestamente inferiores àqueles a que se encontravam obrigados em razão do cargo (nº 1 do artigo 8º). Neste caso, o Estado e as demais pessoas colectivas de direito público são responsáveis de forma solidária com os respectivos titulares de órgãos, funcionários e agentes (nº 2 do artigo 8º).

Acresce que existe responsabilidade do Estado e das demais pessoas colectivas de direito público quando os danos não tenham resultado do comportamento concreto de um titular de órgão, funcionário ou agente determinado, ou não seja possível provar a autoria pessoal da acção ou omissão, mas devam ser atribuídos a um funcionamento anormal do serviço (nº 3 do artigo 7º).

AS COMPRAS E A GESTÃO DE MATERIAIS

A *ilicitude e a culpa* são condições da responsabilidade individual. Sem prejuízo da demonstração de dolo ou culpa grave, *presume-se* a existência de *culpa leve* na prática de actos jurídicos ilícitos (nº 2 do artigo 10º). Consideram-se *ilícitas* as acções ou omissões dos titulares de órgãos, funcionários e agentes que violem disposições ou princípios constitucionais, legais ou regulamentares ou infrinjam regras de ordem técnica ou deveres objetivos de cuidado e de que resulte a ofensa de direitos ou interesses legalmente protegidos (artigo 9º). A *culpa* dos titulares de órgãos, funcionários e agentes deve ser apreciada pela diligência e aptidão que seja razoável exigir, em função das circunstâncias de cada caso, de um titular de órgão, funcionário ou agente zeloso e cumpridor (nº 1 do artigo 10º).

5.8. Impugnações administrativas

As impugnações administrativas das decisões relativas à formação dos contratos públicos regem-se pelo disposto nos artigos 267º a 274º do CCP e, subsidiariamente, pelo disposto no Código do Procedimento Administrativo – CPA (nº 1 do art. 267º do CCP).

Sem prejuízo de algumas especificidades definidas por lei, a impugnação administrativa deve ser apresentada no prazo de cinco dias a contar da respetiva notificação (art. 270º do CCP). Sendo que à contagem dos prazos aplicam-se as regras definidas no artigo 72º do CPA que de uma forma simples se pode concluir que "os prazos contam-se em dias úteis"[108].

As impugnações administrativas não suspendem a realização das operações subsequentes do procedimento em causa. Contudo, enquanto não forem decididas ou não tiver decorrido o prazo para a respetiva decisão, não se pode proceder (art. 272º do CCP):

– À decisão de qualificação;
– Ao início da fase de negociação;
– À decisão de adjudicação.

---

[108] À contagem dos prazos são aplicáveis as seguintes regras: Não se inclui na contagem o dia em que ocorrer o evento a partir do qual o prazo começa a correr; O prazo começa a correr independentemente de quaisquer formalidades, e suspende-se nos sábados, domingos e feriados; O termo do prazo que caia em dia em que o serviço perante o qual deva ser praticado o ato não esteja aberto ao público, ou não funcione durante o período normal, transfere-se para o primeiro dia útil seguinte. Na contagem dos prazos legalmente fixados em mais de seis meses incluem-se os sábados, domingos e feriados (art. 72º do CPA).

Por outro lado, quando a impugnação administrativa tiver por objeto a decisão de qualificação, a decisão de adjudicação ou a rejeição de qualquer dessas decisões, haverá lugar à audiência dos contrainteressados. Por esta via, o órgão competente deve, nos dois dias seguintes à respetiva apresentação, notificar os candidatos ou os concorrentes para, querendo, se pronunciarem no prazo de cinco dias, sobre o pedido e os seus fundamentos (art. 273º do CCP).

O prazo de decisão das impugnações administrativas é de cinco dias a contar da sua apresentação, equivalendo o silêncio à rejeição das mesmas (nº 1 do art. 274º do CCP). Porém, quando haja lugar a audiência dos contrainteressados, o prazo para a decisão conta-se do termo do prazo fixado para aquela audiência (nº 2 do art. 274º do CCP).

Poderá, ainda, haver lugar à impugnação judicial e ao recurso contencioso nos termos definidos na lei geral.[109] Também, são suscetíveis de impugnação direta o programa, o caderno de encargos ou qualquer outro documento conformador do procedimento pré-contratual, designadamente com fundamento na ilegalidade das especificações técnicas, económicas ou financeiras que constem desses documentos.[110]

O prazo para a interposição de recurso contencioso é de um mês a contar da notificação dos interessados ou, não havendo lugar à notificação, a partir da data de conhecimento do ato.

6. TRAMITAÇÃO DOS PROCEDIMENTOS
6.1. Ajuste direto
O ajuste direto é o procedimento em que a entidade adjudicante convida diretamente uma ou várias entidades à sua escolha a apresentar proposta, podendo com elas negociar aspetos da execução do contrato a celebrar

---

[109] Ver Decreto-Lei nº 134/98, de 15 de maio, com a redação da Lei nº 4-A/2003, de 19 de fevereiro, que estabelece os procedimentos a adotar em matéria de recursos no âmbito da celebração dos contratos de obras públicas, de prestação de serviços e de fornecimento de bens. Este diploma reforça as garantias dos administrados, permitindo-lhes recorrer contenciosamente de todo e qualquer ato administrativo praticado no decurso do processo de formação do contrato público, independentemente do tradicional recurso hierárquico.

[110] Vide art. 5º da Lei nº 4-A/2003, de 19 de fevereiro, que introduziu alterações ao Decreto-Lei nº 134/98, de 15 de maio.

(art. 112º CCP). Pode ser realizado, com ou sem negociação, segundo as seguintes modalidades (114º, 115º e 128º CCP):

- com convite a uma entidade;[111]
- com convite a mais de uma entidade;
- em regime simplificado.

A escolha do ajuste direto com base no critério *"valor do contrato"* (arts. 19º a 21º CCP), só permite a celebração de contratos de valor inferior aos limites estabelecidos no quadro 11.

Podem ser identificadas as seguintes fases no procedimento de ajuste directo:

- Convite e caderno de encargos;
- Apresentação das propostas;
- Negociações (se for o caso);
- Apresentação da versão final das propostas;
- Relatório preliminar;
- Audiência prévia;
- Relatório final;
- Adjudicação;
- Documentos de habilitação;
- Publicação na *Internet* (condição de eficácia, nomeadamente para efeitos de pagamentos).

Não podem ser convidadas entidades às quais a entidade adjudicante tenha adjudicado, no ano económico em curso e nos dois anos económicos anteriores, contratos cujo objeto seja constituído por prestações do mesmo tipo ou idênticas às do contrato a celebrar, e cujo preço contratual acumulado seja igual ou superior aos *limites* definidos (nº 2 do art. 113º CCP). Para o *limite dos três anos* económicos não contam os contratos celebrados na sequência de ajuste direto adotado em função do *"fundamento material"* que suporta a despesa (art. 24º a 30º do CCP), em função do

---

[111] Manda a prudência que, para salvaguarda dos princípios da transparência e publicidade, sejam convidadas, no mínimo, três entidades. O artigo 35º do Decreto-Lei nº 29-A/2011, de 1 de março, sobre a execução orçamental para 2011, estabeleceu a consulta obrigatória a pelo menos três entidades.

"tipo de contrato" (art. 31º do CCP) ou em função da *"entidade adjudicante"* (art. 33º do CCP).

Não podem igualmente ser convidadas a apresentar propostas as entidades que tenham executado obras, fornecido bens móveis ou prestado serviços à entidade adjudicante, a título gratuito, no ano económico em curso ou nos dois anos económicos anteriores, excepto se o tiverem feito ao abrigo do Estatuto do Mecenato (nº 5 do art. 113º CCP).

No ajuste direto o programa do procedimento é substituído pelo *convite* à apresentação de proposta, devendo indicar, entre outros, os seguintes dados:

– O fundamento da escolha do ajuste direto, quando adotado em função do *"fundamento material"*, em função do *"tipo de contrato"* ou em função da *"entidade adjudicante"*;
– O prazo para apresentação das propostas (inexistência de prazo mínimo legalmente fixado);
– O modo de apresentação das propostas.

Quando for convidada a apresentar proposta *mais de uma entidade*, o conteúdo do convite deve ainda indicar:
– Se as propostas serão objeto de negociação e, em caso afirmativo:
  • Os aspetos da execução do contrato a celebrar que a entidade adjudicante não está disposta a negociar;
  • Se a negociação decorrerá, total ou parcialmente, por via eletrónica e os respetivos termos;
– O critério de adjudicação e os eventuais fatores e subfactores que o densificam[112].

O convite deve ser acompanhado do caderno de encargos, afastando--se a regra do seu levantamento pelo concorrente contra pagamento de

---

[112] No ajuste direto deve ser indicado o critério de adjudicação e os eventuais fatores e sub-factores que o densificam, não sendo necessário indicar o modelo de avaliação das propostas – (cfr. alínea b) do nº 2 do artigo 115º alínea n) do nº 1 do art. 132º do CCP. Os fatores e subfactores que densificam o critério da proposta economicamente mais vantajosa (nº do art. 75º do CCP) e que abrangem todos os aspetos da execução do contrato submetidos à concorrência, não podem dizer respeito, direta ou indiretamente, a situações, qualidades, características ou outros elementos relativos aos concorrentes (v.g. a experiência dos concorrentes).

AS COMPRAS E A GESTÃO DE MATERIAIS

um preço. O convite e o caderno de encargos podem ser entregues diretamente ou enviados por correio ou por qualquer meio de transmissão escrita e eletrónica de dados.

Quando o prazo fixado para apresentação das propostas for inferior a nove dias, os *esclarecimentos* sobre as peças do procedimento podem ser efetuados até ao dia anterior ao termo daquele prazo.

Na fase de eventuais *negociações* devem ser tomados em consideração, entre outros, os seguintes aspetos:

- O objeto das negociações (atributos das propostas), aspetos da execução do contrato a celebrar submetidos à concorrência pelo caderno de encargos;
- Os concorrentes ou os seus representantes legais podem ser acompanhados por técnicos por eles indicados;
- A notificação dos concorrentes, com uma antecedência mínima de três dias, indicando a data, a hora e o local da negociação;
- O formato da negociação, quando parcial por via eletrónica[113], podendo decorrer em separado ou em conjunto com os diversos concorrentes;
- O princípio da igualdade de oportunidades aos concorrentes e o dever de sigilo do teor das atas e quaisquer outras informações prestadas pelos concorrentes durante a fase de negociação;
- A notificação imediata dos concorrentes depois da negociação para, em prazo a fixar, apresentarem as versões finais integrais das propostas.

Sempre que seja convidada mais que uma entidade, deve ser designado um júri (art. 125º CCP). É da responsabilidade do júri a elaboração do *relatório preliminar*, propondo a ordenação das propostas, após a análise das versões iniciais e finais, e depois da aplicação do critério de adjudicação. Compete-lhe ainda, a realização da *audiência prévia*[114] e a elaboração do

---

[113] Subalínea ii) da alínea a) do nº 2 do art. 115º do CCP.

[114] As competências do júri estão descritas no artigo 69º do CCP, designadamente, proceder à apreciação das candidaturas e das propostas, bem como elaborar os respetivos relatórios de análise. Acresce que o júri é, também, responsável pelo envio do relatório preliminar aos concorrentes (nº 1 do art. 123º do CCP). Contudo, entendemos que, antes da realização da audiên-

ASPETOS JURÍDICOS DAS COMPRAS PÚBLICAS

relatório final fundamentado, mantendo ou modificando o teor e as conclusões do relatório preliminar. Sempre que, no seguimento das observações dos concorrentes ou da exclusão de propostas, se verificar uma alteração da ordenação das mesmas constantes do relatório preliminar, o júri procede a *nova audiência prévia* restrita aos concorrentes interessados.

Quando tenha sido apresentada uma única proposta, não há lugar às fases de negociação e de audiência prévia, nem à elaboração dos relatórios preliminar e final, podendo ser pedidos esclarecimentos ao concorrente e convidá-lo a melhorar a sua proposta (art. 125º CCP).

Juntamente com a decisão de *adjudicação*, o órgão competente deve fixar um prazo razoável para o adjudicatário apresentar os documentos de habilitação exigidos. A decisão de adjudicação deve ser notificada, em simultâneo, a todos os concorrentes até ao termo do prazo da obrigação de manutenção das propostas. As notificações da decisão de adjudicação devem ser acompanhadas do relatório final de análise das prospostas (artigos 76º e 77º do CCP).

Pode ser exigido ao adjudicatário a apresentação de qualquer dos *documentos de habilitação* indicados no art. 81º do CCP. São, contudo, de apresentação obrigatória pelo adjudicatário no prazo fixado, sob pena de caducidade da adjudicação, os seguintes documentos (art. 126º CCP):

- Certidão de registo criminal (enquanto documento comprovativo da não condenação por crimes de participação em atividades de uma organização criminosa, corrupção, fraude e branqueamento de capitais (art. 55º/i);
- No caso de empreitada de obras públicas, acresce o alvará ou declaração emitida pelo Instituto da Construção e do Imobiliário.

O adjudicatário deve apresentar reprodução dos documentos de habilitação através de correio eletrónico ou de outro meio de transmissão escrita e eletrónica de dados (art. 83º CCP).

A eficácia do contrato, nomeadamente para efeitos de pagamentos, está condicionada à publicitação no *portal* da Internet *dedicado aos contratos*

---

cia prévia, o órgão competente para a decisão de contratar pode e deve proceder à avaliação do relatório preliminar, exarando visto ou devolvendo ao júri para correção.

públicos (art. 127º CCP). A entidade adjudicante deve publicar uma *ficha modelo* (anexo III ao Código) que contém os principais elementos do contrato, designadamente, o objeto do contrato, preço contratual, prazo e local da execução, fundamento da escolha do procedimento quando adotado com base no critério material. O Código prevê a criação de um portal na internet dedicado aos contratos públicos, que agregue informação sobre contratação pública (art. 127º). Para dar cumprimento a esta obrigação foi criado o *Portal dos Contratos Públicos* (www.base.gov.pt), cuja gestão é assegurada, conjuntamente, pelo Instituto da Construção e do Imobiliário (InCI) e pela Agência Nacional de Compras Públicas (ANCP).

Está previsto um *regime simplificado* do ajuste direto para a formação de contratos de locação ou aquisição de bens móveis ou serviços, quando o preço contratual não for superior a € 5000, podendo ser feita a adjudicação diretamente sobre a fatura ou documento equivalente (art. 128º). Este procedimento está dispensado da publicitação no *portal dos contratos públicos* (www.base.gov.pt), bem como das restantes formalidades exigidas para o regime geral aplicável ao ajuste direto. Todavia, são de salientar as seguintes limitações:

- O preço contratual tem, obrigatoriamente, de ser inferior a € 5000 e não é passível de revisão;
- O prazo de vigência do contrato não pode ter duração superior a um ano;
- O valor do contrato conta para efeitos do limite dos três anos económicos e dos restantes requisitos estabelecidos no nº 2 do art. 113º CCP (integra as disposições comuns aplicáveis ao ajuste direto regime geral e simplificado), que estabelece a proibição da repetição da adjudicação à mesma entidade adjudicante.

6.2. Concurso público
Sempre que o valor do contrato apresente montantes superiores aos indicados no quadro 11, a escolha do procedimento em função do "valor do contrato" pode recair sobre o concurso público.

Podem ser identificadas as seguintes fases no concurso público:

- Anúncio;
- Apresentação de propostas;

ASPETOS JURÍDICOS DAS COMPRAS PÚBLICAS

- Possível retirada e apresentação de nova proposta;
- Lista de concorrentes no portal da *Internet*;
- Facultada a consulta das propostas a todos os concorrentes (*login* + *password*);
- Avaliação das propostas;
- Relatório preliminar;
- Audiência prévia;
- Relatório final;
- Adjudicação;
- Notificação da decisão de adjudicação simultânea a todos os concorrentes com o relatório final;
- Notificação ao adjudicatário para a habilitação (electrónica) e prestar caução;
- Notificação simultânea a todos os concorrentes da apresentação dos documentos de habilitação, para consulta;
- Contrato (suporte informático e assinaturas electrónicas).

O concurso público inicia-se com a *publicação de anúncio* no Diário da República (DR), conforme modelo aprovado por portaria dos ministros responsáveis pela edição do DR e pelas áreas das finanças e das obras públicas (nº 1 do art. 130º). Nos contratos de concessão de obras públicas é, também, obrigatória a publicação de anúncio no JOUE (art. 131º).

A publicação do anúncio é efetuada em tempo real no caso dos concursos públicos urgentes e, nos demais casos, no prazo máximo de 24 horas (art. 3º/2 do Decreto-Lei nº 18/2008, de 29 de janeiro). A divulgação posterior do anúncio acima referido ou do seu resumo é facultativa, podendo ser utilizado qualquer outro meio incluindo a plataforma eletrónica utilizada pela entidade adjudicante (nº 2 do art. 130º).

O CCP procedeu à transposição da Diretiva nº 2004/17/CE, de 31 de março, do Parlamento Europeu e do Conselho, relativa à coordenação dos processos de adjudicação de contratos nos sectores da água, da energia, dos transportes e dos serviços postais, e da Diretiva nº 2004/18/CE, de 31 de março, do Parlamento Europeu e do Conselho, relativa à coordenação dos processos de adjudicação dos contratos de empreitada de obras públicas, dos contratos públicos de fornecimentos e dos contratos públicos de serviços. A aplicação das regras da contratação pública constantes destas

AS COMPRAS E A GESTÃO DE MATERIAIS

diretivas encontra-se delimitada pelos valores dos limiares fixados, a partir dos quais cada uma dessas diretivas é aplicável.[115]

Assim, na fase prévia à formação dos contratos, e sempre que forem atingidos os limiares comunitários fixados, as entidades adjudicantes referidas no art. 2º do CCP (sector público administrativo e os organismos de direitos público) devem enviar anúncio para publicação no Jornal Oficial da União Europeia (JOUE)[116].

Com o despacho de autorização para início do concurso há lugar à publicação da vontade de contratar. De referir que, tanto o concurso público como o concurso limitado por prévia qualificação iniciam-se com a *publicação de anúncio* no Diário da República (nº 1 do art. 130º e nº 1 do art. 162º CCP). Porém, a publicação de um anúncio, também, no Jornal Oficial da União Europeia (JOUE) é obrigatória sempre que os montantes sejam superiores aos valores indicados no quadro que segue.

QUADRO 13

Endidade adjudicante	Tipo de contrato	Valor do contrato*
Estado (Art. 2.º, n.º 1, alínea a))	Contratos especiais	< € 193.000
	Bens e serviços	< € 125.000
	Empreitadas	< € 4.845.000
Restantes spa e outros orgnanísmos de direito público	Bens e serviços	< € 193.000
	Empreitadas	< € 4.845.000

Para efeitos do quadro supra, consideram-se "contratos especiais" os indicados nas alíneas a) e b) do nº 2 do artigo 20º do CCP:

– Contratos de locação ou de aquisição de bens móveis excecionados pelo anexo V da Diretiva nº 2004/18/CE, a celebrar no domínio da defesa (vg.: material bélico);
– Contratos de aquisição de serviços que tenham por objeto:
  ▪ Serviços de investigação e desenvolvimento;
  ▪ Serviços de transmissão de programas televisivos e de emissões de rádio, serviços de interconexão e serviços integrados de telecomunicações;

---

[115] Os limiares comunitários para os contratos públicos foram fixados pelo Regulamento (CE) nº 1177/2009 da Comissão Europeia, de 30 de novembro. Ver secção Limiares Comunitários.
[116] Ver capítulo Limiares comunitários – Publicação no JOUE.

ASPETOS JURÍDICOS DAS COMPRAS PÚBLICAS

- Serviços mencionados no anexo II B da Diretiva citada (hotelaria e restauração, transporte ferroviário e marítimo, jurídicos, de educação e formação, etc.).

Sempre que o contrato for celebrado na sequência de procedimento com anúncio publicado no JOUE, a entidade adjudicante deve enviar ao Serviço de Publicações Oficiais das Comunidades Europeias, no prazo de 30 dias após a adjudicação, um anúncio conforme modelo constante do anexo III ou do anexo VI ao Regulamento CE nº 1564/2005, de 7 de setembro, da Comissão, consoante o caso (art. 78º do CCP).

O despacho de autorização do concurso deve, também, aprovar as peças do procedimento – o programa e o caderno de encargos. O conteúdo obrigatório do programa do concurso está previsto no art. 132º do CCP, sendo de realçar os seguintes aspectos:

- Indicar o *critério de adjudicação*, bem como, quando for adotado o da proposta economicamente mais vantajosa, o *modelo de avaliação das propostas* explicitando os fatores e eventuais subfactores relativos aos aspetos da execução do contrato a celebrar submetidos à concorrência, os coeficientes de ponderação e, relativamente a cada um dos fatores ou subfactores elementares, a respetiva escala de pontuação e a expressão matemática ou o conjunto ordenado de diferentes atributos suscetíveis de serem propostos que permita a atribuição das pontuações parciais[117];
- Indicar a possibilidade de adoção posterior de ajuste direto para o caso de repetição de obras similares (empreitada de obras públicas) ou de serviços similares (aquisição de serviços). A possibilidade de adoção posterior de ajuste direto para locação ou aquisição de bens móveis não carece de divulgação prévia nem de indicação no programa do concurso.

O programa do concurso e o caderno de encargos devem estar disponíveis para consulta dos interessados desde o dia da publicação do anún-

---

[117] No ajuste direto, o convite à apresentação de proposta deve indicar o critério de adjudicação e os eventuais fatores e subfactores que o densificam, não sendo, necessário um modelo de avaliação das propostas (alínea b) do nº 2 do art. 115º).

cio. As peças do concurso devem ser integralmente disponibilizadas na plataforma eletrónica utilizada pela entidade adjudicante. A aquisição das peças do concurso não constitui condição de participação no mesmo (art. 133º CCP).

A disponibilização das peças do concurso pode depender de pagamento de um preço adequado. Todavia, o preço pago à entidade adjudicante é devolvido aos concorrentes que o requeiram, nas condições estabelecidas no art. 134º do CCP.

Decorrido o prazo para apresentação das propostas e no dia imediato ao termo do mesmo, o júri procede à publicitação da lista dos concorrentes na plataforma eletrónica utilizada pela entidade adjudicante (art. 138º CCP). Foi eliminado o ato público de abertura das propostas previsto na legislação anterior.

No caso de contratos de locação ou de aquisição de *bens móveis* ou de *serviços*, a entidade adjudicante pode recorrer a um *leilão eletrónico* destinado a permitir aos concorrentes melhorar progressivamente os atributos das respetivas propostas. Só podem ser objeto de leilão eletrónico os atributos das propostas definidos apenas quantitativamente e cujos parâmetros base submetidos à concorrência, estejam fixados no caderno de encargos (art. 140º ss).

No caso de contratos de *concessão de obras públicas* ou de *serviços públicos*, a entidade adjudicante pode adotar uma fase de *negociação* das propostas (art. 149º ss).

A preparação do processo para adjudicação é da responsabilidade do júri designado a quem compete a elaboração do relatório preliminar, a audiência prévia e o relatório final (artigos 146º a 148º CCP).

Em caso de urgência na celebração de um contrato de locação ou de aquisição de *bens móveis* ou de *serviços de uso corrente*, a entidade adjudicante pode adotar o *concurso público urgente* (artigos 155º a 161º do CCP). Porém, o recurso a este procedimento está dependente da verificação de condições especiais, designadamente:

- O valor do contrato a celebrar seja inferior aos limiares comunitários;
- O critério de adjudicação seja o do mais baixo preço;
- A publicação do anúncio no Diário da República é efetuada em tempo real (nº 2 do art. 3º do Decreto-Lei nº 18/2008, de 29 de janeiro);

- O programa do concurso e o caderno de encargos devem constar do anúncio a publicar;
- O prazo mínimo para a apresentação das propostas é de vinte e quatro horas, desde que estas decorram integralmente em dias úteis;
- O prazo da obrigação de manutenção das propostas é de 10 dias, não havendo lugar a qualquer prorrogação;
- O adjudicatário deve apresentar os documentos de habilitação exigidos no prazo de dois dias a contar da data da notificação da adjudicação, sem prejuízo de o programa do procedimento poder fixar um prazo inferior.

A restante tramitação do concurso público urgente aproxima-se das regras aplicáveis ao concurso público com as necessárias adaptações.

6.3. Concurso limitado por prévia qualificação

O concurso inicia-se com a *publicação de anúncio* no Diário da República (DR), conforme modelo aprovado por portaria dos ministros responsáveis pela edição do DR e pelas áreas das finanças e das obras públicas (nº 1 do art. 167º). A publicação do anúncio é efetuada em tempo real no caso dos concursos públicos urgentes e, nos demais casos, no prazo máximo de 24 horas (art. 3º/2 do Decreto-Lei nº 18/2008, de 29 de janeiro).

Não resulta da lei qualquer obrigatoriedade de escolha do concurso limitado. A adoção deste tipo de procedimento depende da observância do princípio da proporcionalidade por parte do órgão competente para a decisão de contratar. O princípio da proporcionalidade estabelece que deve ser escolhido o procedimento mais adequado ao interesse público a prosseguir, ponderando-se os custos e os benefícios decorrentes da respetiva utilização.

O concurso limitado pode ser adotado nos casos em que pode ser escolhido o ajuste direto ao abrigo de critérios materiais[118] (art. 28º), com exceção daqueles em que só seja possível convidar uma entidade e no caso dos serviços de natureza intelectual previstos na alínea b) do nº 1 do art. 27º,

---

[118] Pode adotar-se o concurso público ou o concurso limitado por prévia qualificação, sem publicação do respetivo anúncio no *Jornal Oficial da União Europeia*, nos casos em que pode ser adotado o ajuste direto ao abrigo dos critérios materiais, conforme artigo 28º do CCP.

AS COMPRAS E A GESTÃO DE MATERIAIS

na medida em que os fundamentos destes critérios apenas fazem sentido para a escolha do ajuste direto.

Atendendo ao disposto no nº 4 do art. 164º, pode concluir-se que o concurso limitado por prévia qualificação apresenta-se como o procedimento mais adequado quando a entidade adjudicante pretende avaliar a capacidade técnica e ou financeira dos candidatos.

O procedimento do concurso limitado por prévia qualificação integra as seguintes fases:

- Apresentação das candidaturas e qualificação dos candidatos (artigos 167º a 188º);
- Apresentação e análise das propostas e adjudicação (artigos 189º a 192º).

A tramitação do procedimento segue as regras aplicáveis ao concurso público com as necessárias adaptações (nº 1 do art. 162º). No âmbito do concurso limitado não há lugar a fase de negociação das propostas (nº 2 do art. 162º).

6.4. Negociação

O procedimento de negociação inicia-se com a *publicação de anúncio* no Diário da República (DR), conforme modelo aprovado por portaria dos ministros responsáveis pela edição do DR e pelas áreas das finanças e das obras públicas (nº 1 do art. 197º). A publicação do anúncio é efetuada no prazo máximo de 24 horas (art. 3º/2 do Decreto-Lei nº 18/2008, de 29 de janeiro).

O procedimento de negociação só pode ser adotado em função dos critérios materiais definidos no artigo 29º, permitindo a celebração de contratos de qualquer valor nas seguintes situações:

- Desde que *todas as propostas apresentadas tenham sido excluídas* pelas razões materiais indicadas no nº 2 do art. 70º;
- Quando a *natureza ou os condicionalismos das prestações* que constituem o objeto do contrato a celebrar, *impeçam totalmente a fixação prévia e global de um preço base*;
- *Serviços de natureza intelectual ou serviços financeiros* nas condições definidas na alínea d) do nº 1 do art. 29º;

ASPETOS JURÍDICOS DAS COMPRAS PÚBLICAS

– *Nos casos em que pode ser adotado o ajuste direto ao abrigo de critérios materiais*, com exceção daqueles em que só seja possível convidar uma entidade e do caso dos serviços de natureza intelectual previstos na alínea b) do nº 1 do art. 27º.

O procedimento de negociação integra as seguintes fases:

– Apresentação das candidaturas e qualificação dos candidatos (aplicáveis as regras do concurso limitado – art. 193º);
– Apresentação e análise das versões iniciais das propostas (aplicáveis as regras do concurso público – vide artigos 200º, 139º e 146º a 148º);
– Negociação das propostas (aplicáveis as regras do ajuste direto relativas às negociações);
– Análise das versões finais das propostas e adjudicação (aplicáveis as regras dos artigos 152º a 154º do concurso público).

6.5. Diálogo concorrencial

O concurso público inicia-se com a *publicação de anúncio* no Diário da República (DR), conforme modelo aprovado por portaria dos ministros responsáveis pela edição do DR e pelas áreas das finanças e das obras públicas (nº 1 do art. 208º CCP). A publicação do anúncio é efetuada no prazo máximo de 24 horas (art. 3º/2 do Decreto-Lei nº 18/2008, de 29 de janeiro).

O diálogo concorrencial *só pode* ser adotado quando o *contrato* a celebrar seja *particularmente complexo*, impossibilitando a adoção do concurso público ou do concurso limitado por prévia qualificação (art. 30º).

No diálogo concorrencial não pode recorrer-se ao leilão eletrónico nem a uma fase de negociação (nº 2 do art. 204º).

O procedimento de diálogo concorrencial integra as seguintes fases:

– Apresentação das candidaturas e qualificação dos candidatos;
– Apresentação das soluções e diálogo com os candidatos qualificados;
– Apresentação e análise das propostas e adjudicação.

A tramitação do procedimento segue as regras aplicáveis ao concurso limitado por prévia qualificação com as necessárias adaptações e com as especificidades estabelecidas nos artigos 204º a 218º.

O critério de adjudicação das propostas só pode ser o da proposta economicamente mais vantajosa (nº 3 do art. 206º).

7. ACORDOS QUADRO

Apesar da natureza contratual do acordo quadro (art. 251º ss.), este *não tem por finalidade adquirir bens ou serviços, mas tão-somente regular contratos de aquisição de bens móveis e serviços* que, no futuro, venham a ser celebrados de acordo com as regras previamente fixadas nesse acordo.

Em regra, o prazo de vigência dos acordos quadro não pode ser superior a 4 anos (art. 256º). Excecionalmente, o caderno de encargos relativo ao acordo quadro pode fixar um prazo superior desde que tal se revele necessário ou conveniente em função da natureza das prestações, impondo-se, neste caso, a obrigação de fundamentação da decisão pela entidade adjudicante.

Só podem celebrar contratos ao abrigo de um acordo quadro, as partes nesse acordo quadro (nº 1 do art. 257º). Porém, enquanto o *adjudicatário* tem a obrigação de fornecer os bens ou serviços nas condições previstas à medida que a *entidade adjudicante* o requeira (art. 255º), a entidade adjudicante não é obrigada a celebrar contratos ao abrigo desse acordo quadro, salvo disposição em contrário do caderno de encargos.

Estão previstas duas modalidades de acordo quadro (252º):

- Com uma única entidade (acordo quadro fechado) – quando *estejam suficientemente especificados todos os aspetos* (de execução dos contratos a celebrar ao seu abrigo) que sejam submetidos à concorrência pelo caderno de encargos;
- Com várias entidades (acordo quadro aberto) – quando *não estejam totalmente contemplados ou não estejam suficientemente especificados todos os aspetos* acima referidos.

Isto é, não parece ser permitido celebrar um *acordo quadro fechado* com várias entidades, nem celebrar um *acordo quadro aberto* só com uma.

Para celebrar contrato ao abrigo da modalidade de *acordo quadro aberto* deve adotar-se o ajuste direto (art. 258º). Para celebração de contratos ao abrigo do *acordo quadro fechado* a entidade adjudicante deve dirigir aos adjudicatários do acordo quadro um convite à apresentação de propostas (art. 259º). Neste caso, o procedimento prossegue segundo as regras aplicáveis ao concurso público (avaliação das propostas, leilão eletrónico, preparação da adjudicação, etc.).

8. CENTRAIS DE COMPRAS

Tanto as entidades adjudicantes do "sector público administrativo"[119] como os "organismos de direito público"[120] podem constituir centrais de compras para centralizar a contratação pública (art. 260º).

A constituição de centrais de compras é uma prática comercial cada vez mais comum, com o objetivo principal de conseguir melhores condições comerciais junto de parceiros comerciais e de reduzir custos fixos. As centrais de compras destinam-se a (261º):

- Adjudicar propostas a pedido e em representação das entidades adjudicantes;
- Locar ou adquirir bens ou serviços por forma a promover o agrupamento de encomendas (procedendo-se posteriormente à distribuição pelas entidades adjudicantes);
- Celebrar acordos quadro (*contratos públicos de aprovisionamento*) que tenham por objeto a posterior celebração de contratos pelas entidades adjudicantes.

Encontram-se abrangidas pela contratação centralizada a efetuar por cada central de compras, as entidades adjudicantes previstas no diploma que regula o seu funcionamento (art. 262º).

Por força do disposto no nº 3 do artigo 260º do CCP, entrou em vigor o *Decreto-Lei nº 200/2008, de 9 de outubro*, que estabeleceu o regime jurídico aplicável à constituição, estrutura orgânica e funcionamento das centrais de compras.

À luz deste diploma, consideram-se centrais de compras os sistemas de negociação e contratação centralizados, destinados à aquisição de um conjunto padronizado de bens e serviços ou à execução de empreitadas

---

[119] Entidades que integram o nº 1 do art. 2º do CCP.
[120] Entidades que integram o nº 2 do art. 2º do CCP.

AS COMPRAS E A GESTÃO DE MATERIAIS

de obras públicas, em benefício das entidades adjudicantes enunciadas nos nºs 1 e 2 do artigo 2º do Código dos Contratos Públicos. Assim, determina-se que, para além do respeito pelas regras da contratação pública, as centrais de compras devem orientar-se pelos seguintes princípios:

a. Segregação das funções de contratação, de compras e de pagamentos;
b. Utilização de ferramentas de compras eletrónicas com funcionalidades de catálogos eletrónicos e de encomenda automatizada;
c. Adoção de práticas aquisitivas por via eletrónica baseadas na ação de negociadores e especialistas de elevada qualificação técnica, com vista à redução de custos;
d. Preferência pela aquisição de bens e serviços que promovam a proteção do ambiente e outros interesses constitucionalmente protegidos; e
e. Promoção da concorrência.

Por outro lado, consagra-se que os atos constitutivos das centrais de compras devem regular, nomeadamente, as matérias seguintes:

a. As atividades a desenvolver, o tipo ou tipos de contratos abrangidos e, se for caso disso, a identificação do sector de atividade a que se destina (âmbito objetivo);
b. As entidades abrangidas (âmbito subjetivo); e
c. A natureza obrigatória ou facultativa do recurso à central de compras por parte das entidades abrangidas.

O Decreto-Lei nº 200/2008 prevê, também, a possibilidade de as entidades gestoras das centrais de compras procederem à atribuição da gestão de algumas das suas atividades a terceiros, sendo, no entanto, necessário que, por um lado, estes ofereçam garantias de idoneidade, qualificação técnica e capacidade financeira adequada à gestão das atividades das centrais de compras em causa e que, por outro, tal possibilidade de atribuição se encontre expressamente prevista nos atos constitutivos das respetivas centrais de compras e o contrato de gestão seja reduzido a escrito.

Por fim, no que concerne especificamente ao Estado, define a articulação com o sistema nacional de compras públicas mantendo o regime consagrado no Decreto-Lei nº 37/2007, de 19 de fevereiro, relativamente à Agência Nacional de Compras Públicas, E. P. E. (ANCP).

ASPETOS JURÍDICOS DAS COMPRAS PÚBLICAS

Estabelece-se, ainda, a articulação com a central de compras do sitema de saúde. Neste âmbito, com a entrada em vigor do Decreto-Lei nº 108/ /2011, de 17 de novembro, definiu-se que a Serviços Partilhados do Ministério da Saúde, E. P. E. (SPMS)[121] é a central de compras para o sector específico da saúde, sendo-lhe aplicável o disposto no Decreto-Lei nº 200/ /2008. Assim, sem prejuízo das atribuições da Empresa de Gestão Partilhada de Recursos da Administração Pública, E. P. E. (*GeRAP*)[122], e da *ANCP*, em serviços partilhados transversais à Administração Pública, a *SPMS* exerce em exclusividade a atividade de disponibilização dos serviços partilhados específicos da área da saúde em matéria de compras e logística, financeiros, recursos humanos e tecnologias de informação e de comunicação aos estabelecimentos e serviços do Serviço Nacional de Saúde.[123]

---

[121] O Decreto-Lei nº 19/2010, de 22 de março, procedeu à criação e aprovação dos estatutos de Serviços Partilhados do Ministério da Saúde, E. P. E.

[122] A GeRAP, criada pelo Decreto-Lei nº 25/2007, de 7 de fevereiro, assegura a prestação de serviços partilhados à Administração Pública nas áreas dos recursos humanos, financeiros e tecnológicos, bem como as atribuições e competências da gestão do pessoal em situação de mobilidade especial.

[123] Ver nº 1 do artigo 4º do Decreto-Lei nº 19/2010, de 22 de março, com a redação do Decreto--Lei nº 108/2011, de 17 de novembro.

Parte III
Peças Processuais

A última parte deste trabalho está orientada essencialmente para a consulta no sentido de auxiliar na elaboração dos documentos e peças processuais,[124] de particular importância na tramitação dos procedimentos contratuais regulados pelo Código dos Contratos Públicos (CCP).

As diversas formações académicas e profissionais dos potenciais aplicadores do Código, tornam indispensável e útil esta orientação.

Com o objetivo de facilitar a preparação destes documentos, necessários à realização das despesas e contratação públicas, apresentamos algumas minutas, não dispensando a reflexão e decisão adequada a cada caso, corrigindo, modificando ou completando as sugestões nelas formuladas.

O CCP adequou o regime da contratação pública às exigências da atualidade e às possibilidades oferecidas pelos meios eletrónicos, *maxime* às impostas pelo *e-procurement*. Prosseguiu-se o objetivo da simplificação da tramitação procedimental pré-contratual através da aposta nas novas tecnologias de informação. Promoveu-se a desburocratização e intro-

---

[124] Apresentamos uma adaptação dos Modelos que integravam a Parte II de "Aquisições de Bens e Serviços na Administração Pública" (Bernardino, 2006) e das minutas constantes do Manual de Procedimentos "Contratação Pública de Bens e Serviços", da Secretaria-Geral do Ministério das Finanças e da Administração Pública (Sérvulo & Associados/Sociedade de Advogados, 2008).

AS COMPRAS E A GESTÃO DE MATERIAIS

duziu-se a participação procedimental através de meios eletrónicos. Nesse sentido, foi publicada a Portaria nº 701-G/2008, de 29 de julho, que definiu os requisitos e condições a que deve obedecer a utilização de plataformas eletrónicas pelas entidades adjudicantes.

Contudo, a elaboração destes documentos é essencial e constituem o suporte da fundamentação da despesa. São indispensáveis para o seu controlo e fiscalização, como garantia da legalidade e transparência da Administração Pública, apesar da desmaterialização do processo impulsionada por este Código.

PEÇAS PROCESSUAIS

1. INFORMAÇÃO/PROPOSTA

PARA INÍCIO DE PROCEDIMENTO

Despacho de Autorização

Informação de cabimento[125]	
Designação da Entidade	Data

Regime Contabilístico Aplicável *(a)*
Fonte de financiamento com a indicação das respectivas percentagens

Orçamento para o ano de	
Classificação Orgânica:	
Classificação Funcional:	
Classificação Económica:	
1	Dotação inicial
2	Reforços/Anulações
3	Congelamentos /Descongelamentos
4 = 1+2 -3	Dotação corrigida
5	Compromissos assumidos
6 = 4 -5	Dotação Disponível
7	Compromisso relativo à despesa em análise *(b)*
8 = 6 -7	Saldo Residual
Data *(c)*	

a) Indicar o plano de contas utilizado
b) Despesa no ano relativamente ao contrato em análise
c) A informação prestada nesta data coincide com os mapas de execução das respetivas rubricas
Identificação nominal e funcional ...
... (assinatura)

Informação/Proposta nº: _____

Assunto:
- *Escolha do tipo de procedimento;*
- *Aprovação das peças do procedimento;*
- *Designação do júri.*

Objetivo: Aquisição de _____(objeto do contrato a celebrar)
Classificação orçamental da despesa _____

[125] A *informação de cabimento* contém uma estimativa da despesa e constitui-se como uma intenção de gastar. Apenas podem ser assumidos compromissos de despesa após os competentes serviços de contabilidade exararem informação prévia de cabimento no documento de autorização da despesa em causa (nº 1 do art. 45º da LEO). As informações de cabimento e de compromisso, são datadas e subscritas pelo responsável pelos serviços de contabilidade com competência para o efeito (Resolução TC nº 14/2011-DR,2ª,156,16/08/2011).

AS COMPRAS E A GESTÃO DE MATERIAIS

1. Fundamentação da necessidade

Para prossecução das atribuições que estão cometidas a esta Instituição, torna-se inevitável proceder à aquisição dos bens/serviços acima referidos, para satisfação das necessidades[126] _____, submetendo-se à consideração superior a presente proposta que visa o seguinte:

2. Autorização da despesa e decisão de contratar

Para efeitos de prévia cabimentação da despesa inerente ao contrato a celebrar, estima-se que o respetivo preço contratual não deverá exceder _____ (*necessidade de compatibilização com o preço base, correspondente ao mais baixo dos três valores indicados no n.º 1 do artigo 47.º do CCP*), a satisfazer pela dotação _____ (*indicar a respetiva classificação orçamental e, no caso de a despesa se realizar em mais do que um ano económico, indicar a disposição legal habilitante ou o plano plurianual legalmente aprovado de que o contrato em causa constitui execução ou ainda o instrumento legalmente previsto que autoriza a repartição da despesa*) submetendo-se à consideração superior a presente proposta de decisão de contratar.

3. Escolha do procedimento

Nos termos da regra geral de escolha do procedimento (prevista no artigo 18.º do CCP) e do valor máximo do benefício económico que pode ser obtido pelo adjudicatário com a execução do contrato a celebrar (de acordo com os limites ao valor do contrato[127] constantes dos artigos 19.º a 21.º do CCP), propõe-se a adoção de um ajuste direto/concurso público sem anúncio no *JOUE*/concurso limitado sem anúncio no *JOUE*/concurso

---

[126] A fundamentação da despesa começa pela exigência de justificação da expressão de necessidades dos serviços utilizadores. Estabelecer o nexo de causalidade entre a despesa a realizar e as atribuições cometidas à instituição é um requisito indispensável. A relação de causalidade prova-se pela fundamentação. Os requisitos para a realização das despesas públicas encontram-se estabelecidos no art. 22.º do Decreto-Lei n.º 155/92, de 28 de junho e n.º 6 do art. 42.º da LEO (conformidade legal – o facto gerador da despesa respeite as normas legais aplicáveis; regularidade financeira – estar inscrita no orçamento, ter cabimento na correspondente dotação e adequada classificação económica; economia, eficácia e eficiência – na realização das despesas deverá ter-se em vista a obtenção do máximo rendimento com o mínimo de recursos, o acréscimo de produtividade e a sua utilidade).

[127] Cf. noção de valor do contrato estabelecida no artigo 17.º do CCP.

público com anúncio no *JOUE*/concurso limitado com anúncio no *JOUE* (*eliminar o que não interessar*), com base no disposto no/a_____ *[indicar a base legal]*, e com o seguinte fundamento:[128]_____*(indicar fundamentação – v.g. por ser o procedimento mais adequado ao interesse público a prosseguir, ponderando-se os custos e os benefícios decorrentes da respetiva utilização]*;
    ou

...propõe-se a adoção do ajuste direto/procedimento de negociação/ /diálogo concorrencial *(eliminar o que não interessar)* ao abrigo do critério material previsto _____ *(indicar base legal)*, em virtude de _____ *(dever agravado de fundamentação: demonstração da ocorrência das circunstâncias que permitem o recurso ao critério material invocado)*.
    ou

...propõe-se a adoção do concurso público urgente, nos termos previstos nos artigos 115º e seguintes do CCP, em virtude de _____ *(fundamentação: justificação da urgência e da qualificação de "uso corrente" relativa aos bens ou serviços a adquirir)*.

4. Aprovação das peças do procedimento

Para efeitos de aprovação[129], acompanham a presente informação o convite à apresentação das propostas e o caderno de encargos em anexo[130], dos quais se destaca:

- Fixação do preço base[131] em _____;
- Fixação de um prazo de vigência do contrato a celebrar superior a três anos *(se for o caso)* em virtude de _____ *(indicar fundamentação à luz do disposto nos artigos 48º e 440º do CCP)*;

---

[128] A fundamentação da escolha do procedimento é uma exigência constante do art. 38º do CCP. Verifica-se um dever agravado de fundamentação quando a escolha do ajuste direto tiver sido feita em função do critério material, isto é, quando seja feita ao abrigo do disposto nos artigos 24º a 27º e 31º a 33º (Cfr. Alínea c) do nº 1 do art. 115º do CCP).

[129] A figura da aprovação deve ser entendida como o ato pelo qual um órgão da Administração ativa exprime a sua concordância com um ato definitivo praticado por outro órgão administrativo, e lhe confere executoriedade (Amaral, 1984).

[130] O programa do procedimento e o caderno de encargos no concurso público, ou as restantes peças dos procedimentos indicadas no art. 40º do CCP. Ou, ainda, os elementos da solução da obra, no caso de empreitada de obras públicas, conforme nº 1 do art. 43º do CCP.

[131] A fixação deste parâmetro é facultativa. Cf. noção de preço base estabelecida no artigo 47º do CCP.

AS COMPRAS E A GESTÃO DE MATERIAIS

- Opção pelo critério de adjudicação da proposta economicamente mais vantajosa/do mais baixo preço[132]/*(eliminar o que não interessar)*.

Propõe-se ainda a aprovação do anúncio do procedimento[133], que se anexa.

5. Tramitação do processo
Relativamente à tramitação do processo, propõe-se que:
[no caso de ajuste direto]

- Sejam convidadas as seguintes entidades: _____
  (uma ou várias, sem limite de número) – tendo-se verificado que o(s) convite(s) não viola(m) os limites previstos no nº 2 e no nº 5 do artigo 113º do CCP;
- Seja adotada uma fase de negociação *(no caso de ter sido convidada mais do que uma entidade, eliminar se não interessar)*.

[no caso de concurso público ou limitado]

- Seja adotado um leilão eletrónico *(eliminar se não interessar)*.

6. Constituição do júri
Para a condução do procedimento propõe-se a designação do seguinte júri *(dispensável nos casos de ajuste direto em que é convidada apenas uma entidade)*:
⇨ Membros efetivos:
  • Presidente: _____
  • 1º Vogal: _____
  • 2º Vogal: _____

---

[132] O critério do mais baixo preço é obrigatório no caso do concurso público urgente (alínea *b*) do artigo 155º do CCP).

[133] O anúncio não é considerado peça do procedimento. Todos os procedimentos, com exceção do ajuste direto, são publicados no Diário da República mediante *anúncio* conforme modelo aprovado por portaria. A publicação do anúncio é efetuada em tempo real no caso dos concursos públicos urgentes e, nos demais casos, no prazo máximo de 24 horas (art. 3º/2 do Decreto-Lei nº 18/2008, de 29 de janeiro). A divulgação posterior do anúncio referido ou do seu resumo é facultativa, podendo ser utilizado qualquer outro meio incluindo a plataforma eletrónica utilizada pela entidade adjudicante.

PEÇAS PROCESSUAIS

O primeiro vogal substituirá o presidente nas suas faltas e impedimentos.

⇨ Membros suplentes:
- 1º Vogal: _____
- 2º Vogal: _____

7. Entidade competente para a decisão de contratar

O _____ *(identificar o órgão/entidade competente para autorizar a despesa)*[134] competente toma a decisão de contratar no uso de competência própria.

ou

O órgão competente toma a decisão de contratar no uso de delegação/ /subdelegação *(eliminar o que não interessar)* de competência, nos termos de _____ *(identificar a decisão de delegação ou subdelegação, incluindo o local da respetiva publicação).*

[Data e assinatura]

(Bernardino, 2006)

---

[134] A determinação do montante da despesa a realizar é indispensável para determinar a entidade competente para a autorizar e para praticar os diferentes atos associados à realização da despesa e ao regime de contratação pública. O CCP mantém em vigor o *regime de realização das despesas públicas* previsto nos artigos 16º a 22º e 29º do Decreto-Lei nº 197/99, de 8 de junho (alínea f) do nº 1 do art. 14º do Decreto-Lei nº 18/2008, de 29 de janeiro). Com a entrada em vigor da Lei Quadro dos Institutos Públicos (art. 38º da Lei nº 3/2004, de 15/1, republicada pelo Decreto-Lei nº 105/2007, de 3/4), em matéria de autorização de despesas, o conselho diretivo tem a competência atribuída na lei aos titulares dos órgãos dotados de *autonomia administrativa e financeira*, ainda que o instituto público apenas possua autonomia administrativa. Por outro lado, *considera-se delegada* nos conselhos diretivos dos institutos públicos dotados de autonomia financeira *a competência para autorização de despesas que*, nos termos da lei, *só possam ser autorizadas pelo ministro*, sem prejuízo de este poder, a qualquer momento, revogar ou limitar tal delegação de poderes.

AS COMPRAS E A GESTÃO DE MATERIAIS

2. CONVITE À APRESENTAÇÃO DE PROPOSTA – AJUSTE DIRETO

Exmo. Senhor

_____

_____

_____

Ofício nº ____, de ____

Assunto: Convite para apresentação de proposta[135]
Refª: Ajuste Direto nº _____

1. A entidade adjudicante... *[identificação: denominação, sede, NIPC, contactos obrigatórios: correio eletrónico e plataforma eletrónica utilizada]* convida-o a apresentar proposta no âmbito do ajuste direto, para a celebração do contrato de locação/aquisição de ... *[indicar bem/serviço]*

2. Informa-se que:

2.1. A decisão de contratar foi tomada por despacho de... *[indicar a data em que foi tomada a decisão de contratar] do... [identificação do órgão/entidade e, no caso de essa decisão ter sido tomada no uso de delegação ou subdelegação de competência, a qualidade em que aquele decidiu, com menção das decisões de delegação ou subdelegação e do local da respetiva publicação]*;

2.2. A adoção do ajuste direto teve por base o disposto no/a... *[indicar a base legal no caso de ser adotado em função do critério material artigos 24º a 27º e 31º a 33º do CCP]*;

2.3. Os esclarecimentos[136] necessários à boa compreensão e interpretação das peças do concurso são da competência do... *[indicar o órgão, podendo ser delegado no júri]*.

---

[135] Cfr. Art. 115º do CCP.

[136] Os esclarecimentos devem ser solicitados pelos interessados, por escrito, no primeiro terço do prazo fixado para apresentação das propostas, devendo ser prestados, também por escrito até ao termo do segundo terço (art. 50º do CCP).

PEÇAS PROCESSUAIS

3. Além dos documentos referidos nas alíneas a) e b) do nº 1 do artigo 57º do Código dos Contratos Públicos, as propostas devem ser constituídas pelos seguintes documentos[137]:

3.1. ...;

3.2. ...;

4. As propostas podem ser apresentadas até às 23:59 do dia ... no site www. ... *[indicar a plataforma eletrónica utilizada pela entidade adjudicante] ou* através de ... *[indicar meio de transmissão escrita e eletrónica de dados diferente do previsto no nº 1 do artigo 62º do CCP – por exemplo, correio eletrónico ou fax]*.

É de... dias o prazo da obrigação da manutenção das propostas. [Pode ser fixado um prazo superior a 66 dias no caso do art. 55º do CCP]

5. *[nos casos em que a caução seja exigível – cfr. nº 2 do artigo 88º]* A caução, destinada a garantir a celebração do contrato, bem como o exato e pontual cumprimento de todas as obrigações legais e contratuais, deve ser prestada:

5.1.   Por depósito em dinheiro ou em títulos emitidos ou garantidos pelo Estado Português à ordem de ... *[indicar entidade]*, nos termos do modelo constante do Anexo I ao presente Convite, que dele faz parte integrante;

5.2.   Mediante garantia bancária ou seguro-caução, nos termos dos modelos constantes dos Anexos II e III ao presente Convite, que dele fazem parte integrante.

ou

Não é exigida a prestação de caução desde que o adjudicatário, no prazo correspondente, apresente seguro da execução do contrato a celebrar *[ou declaração de assunção de responsabilidade solidária]* emitido nos termos previstos no nº 4 do artigo 88º do Código dos Contratos Públicos.

Quando for convidada a apresentar proposta mais do que uma entidade

6. As propostas serão *[ou não serão]* objeto de negociação.

---

[137] Indicação para, caso se justifique, juntar documentos que contenham os termos ou condições relativas a aspetos da execução do contrato não submetidos à concorrência, aos quais a entidade adjudicante pretende que os concorrentes se vinculem, nos termos da alínea c) do nº 1 do artigo 57º do CCP.

AS COMPRAS E A GESTÃO DE MATERIAIS

[*em caso afirmativo*] A entidade adjudicante não está disposta a negociar os seguintes aspetos da execução do contrato[138] [*preencher apenas se for o caso de a entidade adjudicante desejar ressalvar alguns aspetos da negociação*]:

6.1. ...;

6.2. ....

*A negociação decorrerá [*parcial ou totalmente*] por via eletrónica, nos seguintes termos[139]:... [*descrição*]

7. A adjudicação será feita segundo o critério do mais baixo preço.

ou

A adjudicação será feita segundo o critério da proposta economicamente mais vantajosa, densificado através dos seguintes fatores [e eventuais subfactores][140]:

7.1. ...;

    7.1.1. ...;

7.2. ....

Junta: CADERNO DE ENCARGOS
[Assinatura]

Nota: encontram-se assinalados com um asterisco os números/alíneas facultativos.

(Bernardino, 2006)(Sérvulo & Associados/Sociedade de Advogados, 2008)

---

[138] Indicar os aspetos da execução do contrato que, apesar de submetidos à concorrência, a entidade adjudicante não pretende negociar (subalínea i) da alínea a) do nº 2 do art. 115º) – pelo que, devem ser excluídas as versões finais das propostas que contenham atributos relativos a estes aspetos que sejam diferentes dos correspondentes atributos constantes das respetivas versões iniciais – cfr. artigo 121º, nº 1 do CCP.

[139] A notificação dos concorrentes para negociação deve ser feita com uma antecedência mínima de três dias, indicando a data, a hora e o local da negociação, bem como o respetivo formato (art. 120º do CCP). Quanto ao formato, a negociação, quando parcial por via eletrónica, pode decorrer em separado ou em conjunto com os diversos concorrentes.

[140] No ajuste direto deve ser indicado o critério de adjudicação e os eventuais fatores e subfactores que o densificam, não sendo necessário indicar o modelo de avaliação das propostas – (cfr. alínea b) do nº 2 do artigo 115º alínea n) do nº 1 do art. 132º do CCP. Os fatores e subfactores que densificam o critério da proposta economicamente mais vantajosa (nº 1 do art. 75º do CCP) e que abrangem todos os aspetos da execução do contrato submetidos à concorrência, não podem dizer respeito, direta ou indiretamente, a situações, qualidades, características ou outros elementos relativos aos concorrentes (v.g. a experiência dos concorrentes).

3. PROGRAMA DE CONCURSO PÚBLICO

Concurso público nº ....../....., para a aquisição de ...... *[indicar os bens/ /serviços]*

Artigo 1º
Entidade adjudicante
A entidade adjudicante é ... *[identificar a entidade adjudicante: designação, morada, endereço eletrónico, telefone, fax e plataforma eletrónica utilizada].*

Artigo 2º
Órgão que tomou a decisão de contratar
A decisão de contratar foi tomada por ... *[identificar o órgão que tomou a decisão de contratar e, no caso de esta ter sido tomada no uso de delegação ou subdelegação de competência, a qualidade em que aquele decidiu, com menção das decisões de delegação ou subdelegação e do local da respetiva publicação; indicar a data em que foi tomada a decisão de contratar; indicar o fundamento de escolha do concurso público, quando seja feita ao abrigo do disposto no artigo 28º do CCP].*

Artigo 3º
Órgão competente para prestar esclarecimentos
Os esclarecimentos necessários à boa compreensão e interpretação das peças do concurso são da competência do ... *[indicar o órgão].*

Artigo 4º
Documentos que constituem as propostas
1. Além dos documentos referidos nas alíneas *a)* e *b)* do nº 1 do artigo 57º do Código dos Contratos Públicos, as propostas devem ser constituídas pelos seguintes documentos:

a) ...;

b) ...;

[indicações sobre os termos ou condições das propostas relativos a aspetos da execução do contrato não submetidos à concorrência pelo caderno de encargos, aos quais a entidade adjudicante pretende que os concorrentes se vinculem, nos termos da alínea c) do nº 1 do artigo 57º do CCP]

AS COMPRAS E A GESTÃO DE MATERIAIS

*2. Os documentos referidos no número anterior *[ou apenas alguns deles, e/ou algum dos documentos referidos na alínea b) do nº 1 do artigo 57º do CCP]* podem ser redigidos em ... *[identificar língua(s) estrangeira(s) admitidas]*.

*3. Os documentos que integrem a proposta nos termos do nº 3 do artigo 57º do Código dos Contratos Públicos não podem ser redigidos em língua estrangeira.

Artigo 5º
Apresentação de propostas variantes

Não é admissível a apresentação de propostas variantes.

ou

É admissível a apresentação de propostas variantes, até um máximo de ... *[indicar o número]* por cada concorrente.

Artigo 6º
Prazo para a apresentação das propostas

As propostas podem ser apresentadas até às 23:59 do dia ... no *site* www. ... *[indicar a plataforma eletrónica utilizada pela entidade adjudicante]*.

*Artigo 7º
Prazo da obrigação de manutenção das propostas

É de ... dias *[indicar o número, superior a 66, mas não prorrogável]* o prazo da obrigação da manutenção das propostas.

Artigo 8º
Critério de adjudicação

A adjudicação será feita segundo o critério do mais baixo preço.

ou

A adjudicação será feita segundo o critério da proposta economicamente mais vantajosa, de acordo com o modelo de avaliação constante do Anexo I ao presente Programa, que dele faz parte integrante.

Artigo 9º
Documentos de habilitação

O adjudicatário deve entregar, no prazo de ... dias *[indicar o número]* a contar da notificação da decisão de adjudicação:

PEÇAS PROCESSUAIS

a) Os documentos de habilitação referidos nos n⁰s 1, 4 e 5 do artigo 81º do Código dos Contratos Públicos;

b) *... [descrever o(s) documento(s) adicional(is) exigidos ao abrigo do nº 6 do artigo 81º do CCP, desde que diretamente relacionados com o objeto do contrato a celebrar].*

*Artigo 10º
Leilão eletrónico

1. Serão objeto do leilão eletrónico os seguintes atributos das propostas:

a) ...;
b) ....

[indicar atributos definidos apenas quantitativamente e em relação aos quais o caderno de encargos fixe os parâmetros base dos respetivos aspetos da execução do contrato submetidos à concorrência – cfr. artigo 140º, nº 2 do CCP]

2. Os concorrentes podem propor novos valores relativos aos atributos das propostas objeto do leilão eletrónico do seguinte modo: ... *[indicar as condições para licitar, nomeadamente as diferenças mínimas exigidas entre licitações].*

3. O leilão obedece ainda às seguintes regras de funcionamento:

a) ...;
b) ....

[indicar regras, incluindo as informações relativas ao dispositivo eletrónico a utilizar e às modalidades e especificações técnicas de ligação dos concorrentes ao leilão – cfr. artigo 141º do CCP]

Artigo 11º
Caução
[nos casos em que a caução seja exigível – cfr. nº 2 do artigo 88º]

A caução, destinada a garantir a celebração do contrato, bem como o exato e pontual cumprimento de todas as obrigações legais e contratuais, deve ser prestada:

a) Por depósito em dinheiro ou em títulos emitidos ou garantidos pelo Estado Português à ordem de ... *[indicar entidade]*, nos termos do modelo constante do Anexo II ao presente Programa, que dele faz parte integrante;

b) Mediante garantia bancária ou seguro-caução, nos termos dos modelos constantes dos Anexos III e IV ao presente Programa, que dele fazem parte integrante.

AS COMPRAS E A GESTÃO DE MATERIAIS

ou

Não é exigida a prestação de caução desde que o adjudicatário, no prazo correspondente, apresente seguro da execução do contrato a celebrar *[ou declaração de assunção de responsabilidade solidária]* emitido nos termos previstos no nº 4 do artigo 88º do Código dos Contratos Públicos.

Artigo 12º
Devolução do preço das peças do procedimento

O preço pago pela disponibilização das peças do concurso será devolvido, nas situações previstas no artigo 134º do Código dos Contratos Públicos, aos concorrentes que o requeiram no prazo de ... dias *[indicar o número]* a contar da notificação da decisão de adjudicação.

*Artigo 13º
Preço anormalmente baixo

A partir de ... *[indicar um valor em euros ou uma percentagem por referência ao preço base fixado no caderno de encargos]*, o preço total resultante de uma proposta é considerado anormalmente baixo, para efeitos do disposto na alínea d) do nº 1 do artigo 57º do Código dos Contratos Públicos (*facultativo –cfr. Art. 71º*).

*Artigo 14º
Adjudicações de propostas por lotes

1. Serão adjudicadas propostas pelos seguintes lotes, melhor identificados no caderno de encargos:

a) ...

b) ...

[identificar os lotes, nomeadamente por remissão para as respetivas cláusulas do caderno de encargos]

2. Relativamente ao lote ... *[identificar lote]*, ... *[indicar eventuais regras específicas aplicáveis a cada lote]*.

Artigo 15º
Modalidade jurídica do agrupamento adjudicatário

Em caso de adjudicação, todos os membros do agrupamento adjudicatário, e apenas estes, devem associar-se, antes da celebração do contrato, na modalidade jurídica de ....

*Artigo 16º
Novos serviços
[não aplicável à locação e aquisição de bens]

Nos termos e para os efeitos do disposto na subalínea iv) da alínea a) do nº 1 do artigo 27º do Código dos Contratos Públicos, desde já se indica a possibilidade de adoção de um procedimento de ajuste direto para a celebração de um futuro contrato de aquisição de novos serviços que consistam na repetição de serviços similares objeto do presente concurso público.

*Artigo 17º
Despesas e encargos

As despesas e os encargos inerentes à redução do contrato a escrito, nomeadamente..., são da responsabilidade do adjudicatário.

Nota:

(1) Encontram-se assinalados com um asterisco os artigos/números/alíneas facultativos.

(2) O programa pode ainda conter quaisquer regras específicas sobre o procedimento de concurso público consideradas convenientes pela entidade adjudicante – desde que não tenham por efeito impedir, restringir ou falsear a concorrência (caso em que seriam ilegais) e não sejam desconformes às regras constantes do CCP (caso em que estas últimas prevaleceriam sobre as disposições do programa, nos termos do artigo 51º do CCP).

(3) As normas do programa do concurso prevalecem sobre quaisquer indicações constantes dos anúncios com elas desconformes.

(Sérvulo & Associados/Sociedade de Advogados, 2008)

AS COMPRAS E A GESTÃO DE MATERIAIS

4. CONVITE À APRESENTAÇÃO DE PROPOSTA – CONCURSO LIMITADO

Exmo. Senhor

_____

_____

_____

Ofício nº ___, de ___

Assunto: Convite para apresentação de proposta
Refª: Concurso Limitado nº _____

1. Na sequência da qualificação da candidatura apresentada por *[identificação da entidade convidada: denominação, sede, correio eletrónico]*, a entidade adjudicante... *[identificação: denominação, sede, NIPC, contactos obrigatórios: correio eletrónico e plataforma eletrónica utilizada]* convida-o a apresentar proposta no âmbito do concurso limitado adotado para a celebração do contrato de locação/aquisição de ... *[indicar bem/serviço]*

2. Informa-se que:

2.1.   O concurso limitado nº .../2008 foi publicitado através de publicação de anúncio nº ... no *DR* de ... *[data]* e no *JOUE [se tiver sido o caso]* em ... *[data]*;

2.2.   O caderno de encargos do concurso limitado encontra-se disponível para fornecimento no *site* www. ... *[indicar a plataforma eletrónica utilizada pela entidade adjudicante]*.

3. Além dos documentos referidos nas alíneas *a)* e *b)* do nº 1 do artigo 57º do Código dos Contratos Públicos, as propostas devem ser constituídas pelos seguintes documentos[141]:

3.1.   ...;

3.2.   ...;

---

[141] Indicação para, caso se justifique, juntar documentos que contenham os termos ou condições relativas a aspetos da execução do contrato não submetidos à concorrência, aos quais a entidade adjudicante pretende que os concorrentes se vinculem, nos termos da alínea c) do nº 1 do artigo 57º do CCP.

*Os documentos referidos no parágrafo anterior *[ou apenas alguns deles]* podem ser redigidos em ... *[identificar língua(s) estrangeira(s) admitidas]*.

*Os documentos que integrem a proposta nos termos do nº 3 do artigo 57º do Código dos Contratos Públicos não podem ser redigidos em língua estrangeira.

4. As propostas podem ser apresentadas até às 23:59 do dia ... no site www. ... [indicar a plataforma eletrónica utilizada pela entidade adjudicante].

*É de... dias o prazo da obrigação da manutenção das propostas. *[Pode ser fixado um prazo superior a 66 dias no caso do art. 55º do CCP]*

5. Não é admissível a apresentação de propostas variantes.

ou

É admissível a apresentação de propostas variantes, até um máximo de ... *[indicar o número]* por cada concorrente.

6. *[nos casos em que a caução seja exigível – cfr. nº 2 do artigo 88º]* A caução, destinada a garantir a celebração do contrato, bem como o exato e pontual cumprimento de todas as obrigações legais e contratuais, deve ser prestada:

7.3.   Por depósito em dinheiro ou em títulos emitidos ou garantidos pelo Estado Português à ordem de ... *[indicar entidade]*, nos termos do modelo constante do Anexo I ao presente Convite, que dele faz parte integrante;

7.4.   Mediante garantia bancária ou seguro-caução, nos termos dos modelos constantes dos Anexos II e III ao presente Convite, que dele fazem parte integrante.

ou

Não é exigida a prestação de caução desde que o adjudicatário, no prazo correspondente, apresente seguro da execução do contrato a celebrar *[ou declaração de assunção de responsabilidade solidária]* emitido nos termos previstos no nº 4 do artigo 88º do Código dos Contratos Públicos.

[Assinatura]

Notas:

(1) Encontram-se assinalados com um asterisco os números/alíneas facultativos.

(2) O convite pode ainda conter quaisquer regras específicas sobre o procedimento de concurso limitado consideradas convenientes pela entidade adjudicante – desde que não tenham por efeito impedir, restringir ou falsear a concorrência (caso

em que seriam ilegais) e não sejam desconformes às regras constantes do CCP (caso em que estas últimas prevaleceriam sobre as disposições do convite, nos termos do artigo 51º do CCP).

(3) As normas do convite prevalecem sobre quaisquer indicações constantes dos anúncios com elas desconformes, mas as normas do programa do concurso limitado prevalecem sobre as normas do convite em caso de divergência.

(Bernardino, 2006) (Sérvulo & Associados/Sociedade de Advogados, 2008)

5. PROGRAMA DE CONCURSO LIMITADO

Concurso limitado nº ....../...., para a aquisição de ......
[indicar os bens/serviços]

Artigo 1º
Entidade adjudicante
A entidade adjudicante é ... *[identificar a entidade adjudicante: designação, morada, endereço eletrónico, telefone, fax e plataforma eletrónica utilizada].*

Artigo 2º
Órgão que tomou a decisão de contratar
A decisão de contratar foi tomada por ... *[identificar o órgão que tomou a decisão de contratar e, no caso de esta ter sido tomada no uso de delegação ou subdelegação de competência, a qualidade em que aquele decidiu, com menção das decisões de delegação ou subdelegação e do local da respetiva publicação; indicar a data em que foi tomada a decisão de contratar; indicar o fundamento de escolha do concurso limitado, quando seja feita ao abrigo do disposto no artigo 28º do CCP].*

Artigo 3º
Órgão competente para prestar esclarecimentos
Os esclarecimentos necessários à boa compreensão e interpretação das peças do concurso são da competência do ... *[indicar o órgão].*

Artigo 4º
Qualificação dos candidatos
1. A qualificação dos candidatos assenta no modelo simples ou no modelo complexo (sistema de seleção).

*2. *[aplicável apenas no caso de a qualificação assentar no modelo complexo/sistema de seleção]* O número mínimo de candidatos a qualificar é de ... *[não pode ser inferior a 5]*

Artigo 5º
Requisitos mínimos
1. Os candidatos devem preencher os seguintes requisitos mínimos de capacidade técnica:

AS COMPRAS E A GESTÃO DE MATERIAIS

a) ...;

b) ....

[indicar os requisitos mínimos de capacidade técnica adequados à natureza das prestações objeto do contrato a celebrar, descrevendo situações, qualidades, características ou outros elementos de facto relativos aos candidatos, de forma não discriminatória – nomeadamente, por referência ao disposto nas alíneas a) a e) do nº 1 do artigo 165º do CCP]

2. Relativamente ao requisito mínimo de capacidade financeira a que se refere o nº 2 do artigo 165º do Código dos Contratos Públicos, o valor do fator f constante da expressão matemática prevista no anexo IV do referido Código é ... *[indicar um valor igual ou superior a 1 e igual ou inferior a 10, que deverá ser tanto menor quanto mais exigente se pretender que seja a aferição da capacidade financeira].*

*3. *[aplicável apenas nos casos em que a entidade adjudicante não fixa um preço base no caderno de encargos]* Tendo em conta que o caderno de encargos não fixa um preço base, estabelece-se que o valor económico estimado do contrato, exclusivamente para efeitos da avaliação da capacidade financeira dos candidatos, é ... *[indicar um valor em euros, o qual deverá corresponder a uma estimativa do benefício económico que o adjudicatário obterá com a celebração do contrato em causa].*

*4. Cumulativamente com o requisito mínimo de capacidade financeira a que se refere o nº 2 do artigo 165º do Código dos Contratos Públicos, os candidatos devem ainda preencher o(s) seguinte(s) requisito(s) mínimo(s):

a) ...;

b) ....

[indicar os requisitos mínimos adicionais de capacidade financeira, os quais devem reportar-se à aptidão estimada para mobilizar os meios financeiros previsivelmente necessários para o integral cumprimento das obrigações resultantes do contrato a celebrar – cfr. artigo 165º, nº 3 do CCP]

Artigo 6º
Documentos destinados à qualificação

1. Além da declaração referida no nº 1 do artigo 168º do Código dos Contratos Públicos, as candidaturas devem ser constituídas pelos seguintes documentos destinados à qualificação:

a) ...;

b) ....

*2. Os documentos referidos nas alíneas do número anterior *[ou apenas em algumas alíneas]* podem ser redigidos em ... *[identificar língua(s) estrangeira(s) admitidas]*.

Artigo 7º
Prazo para a apresentação das candidaturas

As candidaturas podem ser apresentadas até às 23:59 do dia ... no *site* www. ... *[indicar a plataforma eletrónica utilizada pela entidade adjudicante]*.

*Artigo 8º
Prazo para a decisão de qualificação

É de ... dias *[indicar o número, superior a 44, mas não prorrogável]* o prazo para a decisão de qualificação.

*Artigo 9º
Critério de qualificação

[aplicável apenas no caso de a qualificação assentar no modelo complexo/sistema de seleção]

A qualificação será feita de acordo com o modelo de avaliação constante do Anexo I ao presente Programa, que dele faz parte integrante.

Artigo 10º
Critério de adjudicação

A adjudicação será feita segundo o critério do mais baixo preço.

ou

A adjudicação será feita segundo o critério da proposta economicamente mais vantajosa, de acordo com o modelo de avaliação constante do Anexo II ao presente Programa, que dele faz parte integrante.

Artigo 11º
Documentos de habilitação

O adjudicatário deve entregar, no prazo de... dias *[indicar o número]* a contar da notificação da decisão de adjudicação:

a) Os documentos de habilitação referidos nos nºs 1, 4 e 5 do artigo 81º do Código dos Contratos Públicos;

*b) ... *[descrever o(s) documento(s) adicional(is) exigidos ao abrigo do nº 6 do artigo 81º do CCP, desde que diretamente relacionados com o objeto do contrato a celebrar].*

*Artigo 12º
Leilão eletrónico

1. Serão objeto do leilão eletrónico os seguintes atributos das propostas:

a) ...;

b) ....

[indicar atributos definidos apenas quantitativamente e em relação aos quais o caderno de encargos fixe os parâmetros base dos respetivos aspetos da execução do contrato submetidos à concorrência – cfr. artigo 140º, nº 2 do CCP]

2. Os concorrentes podem propor novos valores relativos aos atributos das propostas objeto do leilão eletrónico do seguinte modo: ... *[indicar as condições para licitar, nomeadamente as diferenças mínimas exigidas entre licitações].*

3. O leilão obedece ainda às seguintes regras de funcionamento:

a) ...;

b) ....

[indicar regras, incluindo as informações relativas ao dispositivo eletrónico a utilizar e às modalidades e especificações técnicas de ligação dos concorrentes ao leilão]

Artigo 13º
Devolução do preço das peças do procedimento

O preço pago pela disponibilização das peças do concurso será devolvido, nas situações previstas no artigo 134º do Código dos Contratos Públicos, aos concorrentes que o requeiram no prazo de ... dias *[indicar o número]* a contar da notificação da decisão de adjudicação.

*Artigo 14º
Adjudicações de propostas por lotes

1. Serão adjudicadas propostas pelos seguintes lotes, melhor identificados no caderno de encargos:

a) ...

b) ...

[identificar os lotes, nomeadamente por remissão para as respetivas cláusulas do caderno de encargos]

2. Relativamente ao lote ... *[identificar lote]*, ... *[indicar eventuais regras específicas aplicáveis a cada lote]*.

Artigo 15º
Modalidade jurídica do agrupamento adjudicatário

Em caso de adjudicação, todos os membros do agrupamento adjudicatário, e apenas estes, devem associar-se, antes da celebração do contrato, na modalidade jurídica de ....

*Artigo 16º
Novos serviços
[não aplicável a locação ou aquisição de bens]

Nos termos e para os efeitos do disposto na subalínea iv) da alínea a) do nº 1 do artigo 27º do Código dos Contratos Públicos, desde já se indica a possibilidade de adoção de um procedimento de ajuste direto para a celebração de um futuro contrato de aquisição de novos serviços que consistam na repetição de serviços similares objeto do presente concurso público.

*Artigo 17º
Despesas e encargos

As despesas e os encargos inerentes à redução do contrato a escrito, nomeadamente..., são da responsabilidade do adjudicatário.

Notas:

(1) Encontram-se assinalados com um asterisco os artigos/números/alíneas facultativos.

(2) O programa pode ainda conter quaisquer regras específicas sobre o procedimento de concurso público consideradas convenientes pela entidade adjudicante – desde que não tenham por efeito impedir, restringir ou falsear a concorrência (caso em que seriam ilegais) e não sejam desconformes às regras constantes do CCP (caso em que estas últimas prevaleceriam sobre as disposições do programa, nos termos do artigo 51º do CCP).

(3) As normas do programa do concurso prevalecem sobre quaisquer indicações constantes dos anúncios com elas desconformes.

(Sérvulo & Associados/Sociedade de Advogados, 2008)

AS COMPRAS E A GESTÃO DE MATERIAIS

6. RELATÓRIO PRELIMINAR

1. Aos... dias do mês de... do ano... pelas... horas, no gabinete..., reuniu o júri designado para o procedimento... nº..., adotado para a celebração do contrato de locação/aquisição de ... *[indicar bem/serviço]*, constituído pelos seguintes membros:
- Presidente...
- 1ºVogal...
- 2º Vogal...

2. Para efeitos de audiência prévia, o júri elaborou o presente relatório preliminar[142], onde se registam os resultados da análise e avaliação das propostas apresentadas.

3. Foram prestados esclarecimentos e efetuadas retificações às peças do procedimento, tendo sido disponibilizados no termos do artigo 50º do CCP. *(quando aplicável)*

4. Foram prestados e divulgados esclarecimentos pelos seguintes concorrentes, nos termos do disposto no artigo 72º do CCP: *(quando aplicável)*
a) ...;
b) ...

5. Foram excluídas as propostas apresentadas pelos seguintes concorrentes, pelos motivos indicados:
a) ... *(identificação do concorrente)* – ... *(motivo de exclusão: fundamentação por recurso a alguma das situações previstas nos nºs 2 e 3 do artigo 146º do CCP, no nº 2 do artigo 70º e no nº 2 do artigo 122º)*;
b) ...

6. Com vista à determinação do mérito das propostas admitidas, o júri procedeu à análise detalhada das mesmas, com base no critério e/ou modelo de avaliação das propostas previamente fixado. Assim, e aten-

---

[142] As competências do júri estão descritas no artigo 69º do CCP, designadamente, proceder à apreciação das candidaturas e das propostas, bem como elaborar os respetivos relatórios de análise. Acresce que o júri é, também, responsável pelo envio do relatório preliminar aos concorrentes (nº 1 do art. 123º do CCP). Contudo, entendemos que, antes da realização da audiência prévia, o órgão competente para a decisão de contratar pode e deve proceder à avaliação do relatório preliminar, exarando visto ou devolvendo ao júri para correção.

dendo às pontuações finais obtidas, as propostas ficaram ordenadas, para efeitos de adjudicação, da forma que seguidamente se indica:

1º ... (identificação do concorrente) – ... (*classificação obtida: fundamentação por recurso ao modo de atribuição das pontuações parciais em cada fator ou subfactor elementar fixado no modelo de avaliação divulgado no programa do procedimento; no caso de ajuste direto com dispensa de modelo de avaliação, o ónus de fundamentação é agravado*);

2º ...

Concorrentes	Fatores - Ponderação - Pontuação				Pontuação final	Classificação
Propostas admitidas	Qualidade	Preço	Prazo de entrega	...		
	... pontos	... pontos	... pontos	... pontos		
A						
B						

7. Decorrido o prazo de audiência prévia sem qualquer observação por parte dos concorrentes e não se verificando alteração superveniente, o teor do presente relatório deve ser considerado como relatório final para ser submetido ao órgão/entidade competente para a decisão de contratar.

[Data e assinaturas]

(Bernardino, 2006)

AS COMPRAS E A GESTÃO DE MATERIAIS

7. RELATÓRIO FINAL

1. Aos... dias do mês de... do ano... pelas... horas, no gabinete..., reuniu o júri designado para o procedimento... nº..., adotado para a celebração do contrato de locação/aquisição de ... *[indicar bem/serviço]*, constituído pelos seguintes membros:
- Presidente...
- 1ºVogal...
- 2º Vogal...

2. A reunião teve por finalidade elaborar o relatório final[143] *após ponderação das observações dos concorrentes (itálico a eliminar no caso de não terem sido apresentadas observações)* e submeter à aprovação do órgão/entidade competente para a decisão de contratar.

3. Em tempo oportuno, o júri procedeu à análise das propostas admitidas e, em função da aplicação do critério e/ou modelo de avaliação das propostas previamente fixado, ordenou os concorrentes, para efeitos de adjudicação conforme consta do relatório preliminar.

4. Realizada a audiência prévia nos termos do artigo 123º e/ou 153º do CCP, apresentaram observações os seguintes concorrentes (*ou, não foram apresentadas observações*): ...

5. Ponderadas as observações dos concorrentes, o júri mantém o teor e as conclusões do relatório preliminar considerando que os motivos apresentados pelo/s concorrente/s, designadamente, ... não alteram a classificação dos concorrentes nem o ordenamento das propostas pelos seguintes fundamentos: ...

ou

Ponderadas as observações dos concorrentes, o júri modifica o teor e as conclusões do relatório[144] preliminar da seguinte forma:

---

[143] No ajuste direto, quando tenha sido apresentada uma única proposta, não há lugar às fases de negociação e de audiência prévia, nem à elaboração dos relatórios preliminar e final, podendo porém, o concorrente ser convidado a melhorar a sua proposta (art. 125º do CCP).
[144] No caso de o relatório final conter uma ordenação das propostas diferente daquela que constava do relatório preliminar, ou no caso de no relatório final o júri propor a exclusão de propostas diferentes das que constavam do relatório preliminar, o relatório final deve ser submetido a nova audiência prévia como se de um "segundo relatório preliminar" se tratasse, restrita aos concorrentes interessados (Nº 2 do art. 124º do CCP).

a) Foi excluída a proposta apresentada pelo concorrente... (*identificação*) – ... (*motivo de exclusão: fundamentação por recurso a alguma das situações previstas nos n°s 2 e 3 do artigo 146º do CCP, no n° 2 do artigo 70º e no n° 2 do artigo 122º*);

b) Corrigida a pontuação parcial em cada fator ou subfactor elementar fixado no modelo de avaliação divulgado, foi alterada a classificação final obtida pelo concorrente...

6. Assim, e atendendo ao critério e/ou modelo de avaliação das propostas previamente fixado, obtêm-se as pontuações finais a seguir indicadas, ficando as propostas ordenadas, para efeitos de adjudicação, da forma que seguidamente se indica:

1º ... (identificação do concorrente) – ... (*classificação obtida: fundamentação por recurso ao modo de atribuição das pontuações parciais em cada fator ou subfactor elementar fixado no modelo de avaliação divulgado no programa do procedimento; no caso de ajuste direto com dispensa de modelo de avaliação, o ónus de fundamentação é agravado*);

2º ...

[Data e assinaturas]

(Bernardino, 2006)

AS COMPRAS E A GESTÃO DE MATERIAIS

8. GUIA DE DEPÓSITO BANCÁRIO

Euros _____ €

Vai _____ (*nome do adjudicatário*), com sede em _____ (*morada*), depositar na _____ (*sede, filial, agência ou delegação*) do Banco _____ a quantia de _____ (*por algarismos e por extenso*) em dinheiro/em títulos _____ (*eliminar o que não interessar*), como caução exigida para _____ (*identificação do procedimento*), nos termos dos nºs 3 e 4 do artigo 90º do Código dos Contratos Públicos. Este depósito, sem reservas, fica à ordem de _____ (*entidade adjudicante*), a quem deve ser remetido o respetivo conhecimento.

[*Data e assinatura do(s) representante(s) legal(ais)*]

(Sérvulo & Associados/Sociedade de Advogados, 2008)

9. GARANTIA BANCÁRIA/SEGURO DE CAUÇÃO

Garantia bancária/seguro de caução nº _____

Em nome e a pedido de _____ *(adjudicatário)*, vem o(a) _____ *(instituição garante)*, pelo presente documento, prestar, a favor de _____ *(entidade adjudicante beneficiária)*, uma garantia bancária/seguro-caução *(eliminar o que não interessar)*, até ao montante de _____ *(por algarismos e por extenso)*, destinada(o) a caucionar o integral cumprimento das obrigações assumidas pelo(s) garantido(s) no âmbito do _____ *(identificação do procedimento)*, nos termos dos nºs 6 e 8/7 e 8 *(eliminar o que não interessar)* do artigo 90º do Código dos Contratos Públicos.

A presente garantia corresponde a 5% do preço contratual e funciona como se estivesse constituída em moeda corrente, responsabilizando-se o garante, sem quaisquer reservas, por fazer a entrega de toda e qualquer importância, até ao limite da garantia, logo que interpelado por simples notificação escrita por parte da entidade beneficiária.

Fica bem assente que o banco/companhia de seguros *(eliminar o que não interessar)* garante, no caso de vir a ser chamado(a) a honrar a presente garantia, não poderá tomar em consideração quaisquer objeções do(s) garantido(s), sendo-lhe igualmente vedado opor à entidade beneficiária quaisquer reservas ou meios de defesa de que o garantido se possa valer face ao garante.

A presente garantia permanece válida até que seja expressamente autorizada a sua libertação pela entidade beneficiária, não podendo ser anulada ou alterada sem esse mesmo consentimento e independentemente da liquidação de quaisquer prémios que sejam devidos.

[*Data e assinatura do(s) representante(s) legal(ais)*]

(Sérvulo & Associados/Sociedade de Advogados, 2008)

AS COMPRAS E A GESTÃO DE MATERIAIS

10. CLAUSULADO CONTRATUAL

Informação de compromisso[145]		CONTRATO nº ____/_____
Designação da Entidade	Data	*(numeração anual e sequencial)*

Regime Contabilístico Aplicável *(a)*
Fonte de financiamento com a indicação das respectivas percentagens

Orçamento para o ano de
Classificação Orgânica:
Classificação Funcional:
Classificação Económica:

1	Dotação inicial
2	Reforços/Anulações
3	Congelamentos /Descongelamentos
4 = 1+2 -3	Dotação corrigida
5	Compromissos assumidos
6 = 4 -5	Dotação Disponível
7	Compromisso relativo à despesa em análise *(b)*
8 = 6 -7	Saldo Residual
Data *(c)*	

a) Indicar o plano de contas utilizado
b) Despesa no ano relativamente ao contrato em análise
c) A informação prestada nesta data coincide com os mapas de execução das respetivas rubricas
Identificação nominal e funcional ...
... (assinatura)

CONTRATO DE AQUISIÇÃO DE _____ *(identificação dos bens ou serviços)*
Entre:

_____ *(identificação da entidade adjudicante, com indicação dos respetivos representantes, do título a que intervêm e dos atos que os habilitam para a celebração do contrato)*, Primeiro Outorgante,

e

[145] A informação de compromisso pode ser aposta no documento a submeter a "visto" e no respectivo duplicado ou apresentada, em documento autónomo, acompanhado de cópia (Resolução, 2011). O processo a remeter ao Tribunal de Contas para efeitos de fiscalização prévia deve ser instruído com as informações de *cabimento* e de *compromisso*, datadas e subscritas pelo responsável pelos serviços de contabilidade com competência para o efeito. Deve ser emitido *"um número de compromisso válido e sequencial que é refletido na ordem de compra, nota de encomenda, ou documento equivalente, e sem o qual o contrato ou a obrigação subjacente em causa são (...) nulos"* (Ver lei dos compromissos, nomeadamente os artigos 3º a 9º e 11º da Lei nº 8/2012, de 21 de fevereiro).

242

_____ *(identificação do adjudicatário, com indicação dos respetivos representantes, do título a que intervêm e dos atos que os habilitam para a celebração do contrato)*, Segundo Outorgante,

Tendo em conta:

a) A decisão de adjudicação _____ *(identificação do ato de adjudicação, nomeadamente por referência à respetiva data e ao órgão competente para a decisão de contratar)*, relativa ao procedimento _____ *(identificação do procedimento pré-contratual, por exemplo: "Concurso público n.º ...")*;

b) O subsequente ato de aprovação da minuta do contrato _____ *(identificação do ato de aprovação, nomeadamente por referência à respetiva data e ao órgão competente para a decisão de contratar)*;

c) A caução prestada pelo Segundo Outorgante mediante _____ *(referência à modalidade de prestação da caução)* no valor de _____; e

Considerando que:

a) A despesa inerente ao contrato será satisfeita pela dotação orçamental _____ *(indicar a respetiva classificação – no caso de tal despesa se realizar no ano económico da celebração do contrato)*/ao abrigo de _____ *(indicar disposição legal habilitante ou do plano plurianual legalmente aprovado de que o contrato em causa constitui execução ou instrumento, legalmente previsto, que autoriza aquela repartição de despesa – no caso de tal despesa se realizar em mais de um ano económico)*;

b) O Segundo Outorgante aceitou introduzir os seguintes ajustamentos ao contrato:_____ *(apenas se for o caso – cf. artigos 99º a 103º do CCP)*;

c) O Primeiro Outorgante afastou os seguintes termos ou condições da proposta adjudicada, nos termos do n.º 4 do artigo 96º do CCP *(apenas se for o caso e com indicação do respetivo motivo: porque não são estritamente necessários à execução do contrato ou porque são desproporcionados)*:_____.

É celebrado o presente contrato, nos termos das seguintes cláusulas:

Cláusula 1ª
Objeto do contrato

O Segundo Outorgante obriga-se a fornecer ao Primeiro Outorgante o(s) seguinte(s) bem(ns)/a prestar ao Primeiro Outorgante o(s) seguinte(s) serviço(s) *(eliminar o que não interessar)*: _____ *(descrição tão completa quanto possível das prestações principais que incumbem ao adjudicatário).*

Cláusula 2ª
Preço contratual

1. Pelo fornecimento do(s) bem(ns) previsto(s) na cláusula anterior *ou* Pela prestação do(s) serviço(s) previsto(s) na cláusula anterior *(eliminar o que não interessar)*, o Primeiro Outorgante obriga-se a pagar ao Segundo Outorgante o preço de _____ no prazo ___ dias a contar da recepção, conferência e aceitação da fatura.[146]

2. O atraso de pagamento confere ao Segundo Outorgante o direito aos juros de mora calculados nos termos da lei.

Cláusula 3ª
Prazo de execução

O Segundo Outorgante obriga-se a fornecer o(s) bem(ns)/prestar o(s) serviço(s) no prazo de _____.

[Data e assinaturas]

Notas:
- Pode anexar-se uma reprodução do caderno de encargos nos termos previstos no nº 3 do artigo 96º;
- Fazem parte integrante do contrato todos os documentos previstos no nº 2 do art. 96º.

(Sérvulo & Associados/Sociedade de Advogados, 2008) e (Bernardino, 2006)

---

[146] É obrigatória a inclusão, nos contratos de aquisição de bens e serviços celebrados por serviços e organismos da administração direta e indireta do Estado ou por empresas públicas, da menção expressa às datas ou aos prazos de pagamento, bem como as consequências que, nos termos da lei, advêm dos atrasos de pagamento (nº 5 do artigo 33º do Decreto-Lei nº 29-A/2011, de 1 de março – lei de execução orçamental).

BIBLIOGRAFIA

AMARAL, D. F. (1984). *Direito Administrativo, Lições aos alunos do curso de Direitos de 1983/84.* Lisboa.

BENTO, V. (2011). *Economia, Moral e Política.* Lisboa: Fundação Francisco Manuel dos Santos.

BERNARDINO, M. (2006). *Aquisição de Bens e Serviços na Administração Pública.* Coimbra: Edições Almedina.

BRUEL, O. (1985). *Politique de l'achat et gestion des aprovisionements.* Paris: Dunod.

CARVALHO, J. C., & RAMOS, T. (2009). *Logística na Saúde.* Lisboa: Edições Sílabo.

CORREIA, J. M. (1987). *Legalidade e Autonomia Contratual nos Contratos Administrativos.* Coimbra: Livraria Almedina.

DANTY-LAFRANCE, J. *Estratégia e Política do Aprovisionamento.* Coleção Management: Editorial Enciclopédia.

GHIAVENATO, I. (1979). *Teoria geral da administração, 2ª ed.* São Paulo: McGraw Hill.

GRILO, A., & LAPÃO, L. (maio/junho de 2010). Compras Públicas em Sistemas de Informação na Saúde. *Tecno Hospital, revista de engenharia e gestão da saúde,* pp. 18-22.

HEINRITZ, S. F., & FARREL, P. V. (1986). *Compras – Princípios e Aplicações.* Atlas.

HERDEIRO, V., & MORAIS, P. (março/abril de 2010). Um novo paradígma para a logística hospitalar. *Tecno Hospitalar, revista de engenharia e gestão da saúde,* p. 14 a 18.

JACKMAN, A. (2005). *Como negociar.* Lisboa: Plátano.

KENNEDY, G. (1998). *Negociação.* Linda-a-Velha: Abril/Controljornal.

LIMA, P. (março/abril de 2010). Sistemas avançados de gestão da cadeia de abastecimento hospitalar. *Tecno Hospital, revista de engenharia e gestão da saúde,* pp. 19-22.

LIPSEY, R. G. (1980). *An Introduction to Positive Economics.*

LUBBEN, R. (1989). *Just-in-Time. Uma Estratégia Avançada de Produção.* S. Paulo: McGraw-Hill.

LYSONS, C. K. (1990). *O Aprovisionamento na Empresa*. Lisboa: Editorial Presença.

MILES, L. (1966). *L' analyse de la valeur*. Paris: Dunod.

MINISTÉRIO DA SAÚDE. (2009). Indicadores SNS 30 anos.

MINTZBERG, M. (1982). *Structure et dynamique des organizations*. Paris: Les Éditions d'Organisation.

MISHRA, B. K., & RAGHUNATHAN, S. (2004). *Retailer – vs. vendor-managed inventory and brand competition. Management Science*. Wikipédia.

NABAIS, C. (1997). *Análise de Balanços*. Lisboa: Presença.

PAULINO, A. (28 de maio de 2007). A compra – abordagem técnica. Lisboa, Portugal.

PFEFFER, J. (1981). *Power in Organizations*. Pitman Publishing.

RAMBAUX, A. S. *A Gestão Económica dos Stocks*. Lisboa: Pórtico.

REIS, L. d., & PAULINO, A. (1994). *Gestão de Stocks e Compras*. Lisboa: Editora Internacional.

REIS, VASCO P. (2007). *Gestão em Saúde: Um Espaço de Diferença*. Lisboa: ENSP.

REIS, VASCO P. (ano VII, julho/dezembro). Organização interna dos hospitais: o caso dos Açores. *Revista Gestão Hospitalar, nº 24/25*.

RESOLUÇÃO, nº 14 (DR, 2ª, 156) (Tribunal de Contas 16 de agosto de 2011).

ROCHA, J. N. (1992/1993). Ciência da Organização. Teoria da Administração. *Lições aos alunos do XXIII Curso de Administração Hospitalar*.

ROCHA, J. N. (1985). *O Hospital: Estru-* tura, dinâmica de gestão, Desenvolvimento Organizacional. Três propostas convergentes. Lisboa.

RODRIGUES, J. N. (2008). Os segredos da Toyota desvendados. *Expresso, Economia, de 5 de julho de 2008, 29*.

SÁ, V. e. (1988). *The Impact of Key Sucess Factors on Company Performance*. Long Range Planning.

SANTOS, A. (1998). *Outsourcing e Flexibilidade – Uma ferramenta de gestão para o século XXI*. Lisboa: Texto Editora.

SÉRVULO & ASSOCIADOS/SOCIEDADE DE ADVOGADOS, RL. (2008). *Manual de Procedimentos "Contratação Pública de Bens e Serviços" – Do início do procedimento à celebração do contrato*. Lisboa: Secretaria-Geral do Ministério das Finanças e da Administração Pública.

SILVA, J. M. (1984). *Programa de Estudos da Cadeira de Administração Hospitalar da Escola Nacional de Saúde Pública*. Lisboa: ENSP.

SIMCHI-LEVI, D., & KAMINSKY, P. (2003). *Designing and managing the supply chain: concepts, strategies and case studies*. New York: Wikipédia.

TAVARES, L. V., ROSA, M. M., GRAÇA, P. M., & COSTA, A. A. (dezembro 2009). *Estudo dos impactos tecnológicos da contratação pública eletrónica*. Observatório de Prospetiva da Engenharia e da Tecnologia – OPET.

VÉDRINE, J.-P. (maio de 2001). *A função marketing, in Panorma da Gestão de André Boyer*. Barcelos: Civilização Editora.

VICENTE, L. M., & SANTOS, M. C. (1967). *Aprovisionamento, Gestão de*

Stocks, Compras e Recepção. Lisboa: INII (LNETI).

WEBBER, ROSS A. (1975). *Management. Homewood (Illinois)*. Richard Irwin.

WILLIAMSON, O. (October, 1979). *Transaction Cost Economics: The Governance of Contratual Relations*. Journal of Law and Economics.

ZERMATI, P. (2000). *A Gestão de Stocks*. Lisboa: Editorial Presença.

ÍNDICE

PREFÁCIO	7
INTRODUÇÃO	17
PARTE I GESTÃO DE MATERIAIS E APROVISIONAMENTO	19
1. A GESTÃO DE MATERIAIS NAS EMPRESAS	21
1.1. As Origens das Teorias da Gestão	21
1.2. Gestão das Organizações	28
1.3. A Gestão e a Estratégia	38
1.3.1. Estratégia da Organização	38
1.3.2. Particularidades da Gestão em Saúde	46
1.3.3. Particularidades da Gestão de Materiais	50
2. GESTÃO DE MATERIAIS, LOGÍSTICA E APROVISIONAMENTO	54
2.1. Dimensões da Gestão Logística	59
2.2. Organização interna da Função Aprovisionamento	62
2.3. Fases do processo de compra	67
3. ELEMENTOS DA POLÍTICA DE APROVISIONAMENTO	70
3.1. Política de produto e definição de qualidade	71
3.2. Política de clientes	71
3.3. Política de fornecedores	74
4. TEMAS ELEMENTARES DA GESTÃO DE MATERIAIS	78
4.1. Gestão de produtos	78
4.2. Análise ABC	82
4.3. Procurement	84
4.4. A Negociação	87
4.4.1. Objetivos da negociação e relação de forças dos negociadores	87

AS COMPRAS E A GESTÃO DE MATERIAIS

4.4.2. Atitude do negociador	90
4.4.3. Etapas da negociação	92
4.4.4. Tipos de negociação	94
4.5. Gestão de Stocks	95
4.6. Internalização ou Externalização	100
5. A DISTRIBUIÇÃO	105
5.1. A Distribuição e a Gestão de Fluxos	106
5.2. Distribuição – instrumento da Política de Marketing	108
5.3. Métodos de distribuição	110
5.4. A Distribuição e a Consignação	113
5.5. A Distribuição e o Stock Gerido pelo Fornecedor	114
5.6. A Distribuição e o "just-in-time"	116
5.7. O Sistema "kanban"	118
PARTE II ASPETOS JURÍDICOS DAS COMPRAS PÚBLICAS	121
1. ESPECIFICIDADES DA CONTRATAÇÃO PÚBLICA	122
1.1. Introdução à contratação pública	122
1.2. Âmbito de aplicação	124
1.3. Contratos excluídos	126
1.4. Aspetos a considerar	130
2. REGIME DE REALIZAÇÃO DAS DESPESAS PÚBLICAS	133
2.1. Autorização e processo de execução da despesa	133
2.2. Princípio da unidade da despesa	136
2.3. Fundamentação da despesa e competência para a sua realização	136
2.4. Regra da anualidade das despesas	142
2.5. Despesas especiais	145
2.5.1. Despesas com seguros	145
2.5.2. Contratos de arrendamento	146
2.5.3. Despesas com medicamentos	147
3. PRINCÍPIOS A OBSERVAR NA CONTRATAÇÃO PÚBLICA	149
3.1. O contrato administrativo e os princípios de direito privado	149
3.2. Princípios que enformam os contratos administrativos	151
3.3. Regime jurídico do contrato administrativo	156
3.4. Poder de autoridade reconhecido ao contraente público	159
4. REGRAS GERAIS DOS PROCEDIMENTOS PRÉ-CONTRATUAIS	163
4.1. Escolha do procedimento	163
4.2. Valor do contrato, preço base e preço contratual	168

ÍNDICE

4.3. Decisão de contratar, publicitação e as peças do procedimento 169
4.4. Limiares comunitários – Publicação no JOUE 172
4.5. Qualificação das propostas 174
4.6. Impedimentos 176
4.7. As propostas dos concorrentes 177
5. REGIME MATERIAL DA FORMAÇÃO DOS CONTRATOS 178
5.1. Adjudicação 178
5.2. Documentos de habilitação do adjudicatário 181
5.3. Caução e celebração do contrato 181
5.4. Renovação do contrato 182
5.5. Informação de cabimento/compromisso e fiscalização do Tribunal de Contas 183
5.6. Controlo da despesa e segregação de funções 189
5.7. Responsabilidade pela execução orçamental 191
5.8. Impugnações administrativas 194
6. TRAMITAÇÃO DOS PROCEDIMENTOS 195
6.1. Ajuste direto 195
6.2. Concurso público 200
6.3. Concurso limitado por prévia qualificação 205
6.4. Negociação 206
6.5. Diálogo concorrencial 207
7. ACORDOS QUADRO 208
8. CENTRAIS DE COMPRAS 209

PARTE III PEÇAS PROCESSUAIS 213
1. Informação/Proposta 215
2. Convite à apresentação de proposta – ajuste direto 220
3. Programa de concurso público 223
4. Convite à apresentação de proposta – concurso limitado 228
5. Programa de concurso limitado 231
6. Relatório Preliminar 236
7. Relatório final 238
8. Guia de depósito bancário 240
9. Garantia bancária/seguro de caução 241
10. Clausulado contratual 242

BIBLIOGRAFIA 245